Ethikrichtlinien und Whistleblowing – Arbeitsrechtliche Aspekte der Einführung eines Compliance-Systems

Europäische Hochschulschriften

Publications Universitaires Européennes
European University Studies

Reihe II
Rechtswissenschaft

Série II Series II
Droit
Law

Bd./Vol. 5011

PETER LANG
Frankfurt am Main · Berlin · Bern · Bruxelles · New York · Oxford · Wien

Mike Schulz

Ethikrichtlinien und Whistleblowing – Arbeitsrechtliche Aspekte der Einführung eines Compliance-Systems

PETER LANG
Internationaler Verlag der Wissenschaften

Bibliografische Information der Deutschen Nationalbibliothek
Die Deutsche Nationalbibliothek verzeichnet diese Publikation in der Deutschen Nationalbibliografie; detaillierte bibliografische Daten sind im Internet über http://dnb.d-nb.de abrufbar.

Zugl.: Augsburg, Univ., Diss., 2009

D 384
ISSN 0531-7312
ISBN 978-3-631-59904-4

www.peterlang.de

Meinen Eltern

Vorwort

Die vorliegende Arbeit wurde im Sommersemester 2009 von der juristischen Fakultät der Universität Augsburg als Dissertation angenommen. Rechtsprechung und Literatur konnten bis April 2009 berücksichtigt werden.

An dieser Stelle möchte ich Frau Prof. Dr. *Martina Benecke* aufrichtig für ihre Bereitschaft danken, dieses Thema im Rahmen einer Dissertation zu betreuen. Sie hat die Arbeit stets mit wissenschaftlicher Präzision geleitet. Bedanken möchte ich mich auch bei Herrn Prof. Dr. *Michael Kort* für die zügige Erstellung des Zweitgutachtens.

Ebenso danke ich Herrn Dr. *Knut Müller*, meinem Arbeitgeber während der Erstellung der Dissertation. Er unterstütze mich durch konstruktive Anregungen und stete Gesprächsbereitschaft. Frau *Martina Dempf* danke ich für die Erstellung der Grafiken.

Besonders herzlicher Dank gebührt meinen Eltern, denen ich diese Arbeit widme. Ihre uneingeschränkte Förderung meiner Ausbildung und ihre liebevolle Unterstützung haben die Anfertigung der vorliegenden Arbeit erst ermöglicht.

München, im Dezember 2009 *Mike B. Schulz*

Inhaltsverzeichnis

„Der größte Lump im ganzen Land – das ist und bleibt der Denunziant“
(Hoffmann von Fallersleben)

Kapitel 1

Einführung

A. Ethikrichtlinien und Whistleblowing

Begriffe wie Corporate Compliance[1] und Wirtschaftskriminalität sind heutzutage in aller Munde. Von Korruptionsskandalen wie bei Volkswagen und Siemens aufgeschreckt, verschärfen Konzerne die internen Kontrollen. Unternehmen fürchten Gesetzesverstöße der Mitarbeiter und sind dazu übergegangen, Compliance-Organisationen zu implementieren[2]. Die Arbeitgeber setzen verstärkt auf Hinweisgebersysteme zur Verhinderung bzw. Aufdeckung von Wirtschaftskriminalität. In diesem Zusammenhang fallen immer wieder zwei Stichworte: Ethikrichtlinien und Whistleblowing.

I. Ethikrichtlinien

Es scheint, als erobert ein neuer Trend aus den USA den Wirtschaftsstandort Deutschland: Die Einführung von Ethikrichtlinien. Sind Ethikrichtlinien das Gebot der Neuzeit? Sind Ethikrichtlinien das neue „Wundermittel“ in Zeiten hoher Wirtschaftskriminalität? Ganz nüchtern betrachtet: Nein! Ethisch korrektes Verhalten ist keine Entdeckung der Neuzeit – vielmehr seit jeher Grundlage jedes nachhaltigen wirtschaftlichen Handelns. Unternehmenserfolg steht schon immer im Einklang mit ethischen Normen und Werten wie Integrität, Loyalität, Respekt und Gesetzestreue. Von einem neuen Trend kann nicht gesprochen werden, vielmehr von *altem Wein in neuen Schläuchen.*

Internationale Konzerne setzen verstärkt auf die Einführung von Ethikregeln, insbesondere in Zeiten hoher Wirtschaftskriminalität. Mit Ethik- bzw. Verhaltensrichtlinien definieren die Unternehmen einheitliche Verhaltensstandards für ihre Mitarbeiter. Im Zuge der globalisierten Marktwirtschaft macht die Einführung von ethischen Standards auch in Deutschland nicht halt. An Ethik herrscht kein Mangel, zumindest nicht auf dem Papier. Deutsche Unternehmen gehen verstärkt dazu über, Ethikrichtlinien[3] einzuführen. Die deutsche Bundesbank hat

---

[1] Allgemein zu dem Begriff Corporate Compliance siehe *Kort*, NZG 2008, 81; *Mengel/Hagemeister*, BB 2006, 2466 f.

[2] Dazu allgemein *Fockenbrock/Fröndhoff/Terpitz*, Konzerne verschärfen Kontrollen, Handelsblatt vom 26.2. 2008, S. 1.

[3] Auch als Compliance-Richtlinien, Verhaltenskodex, Code of Ethics, Business Conduct Guidelines, Ethical Conduct Commitments oder Code of Conduct etc. bezeichnet.

einen Ethik-Beauftragten ernannt[4]. Es wird von der *„Rückkehr der Ethik“* gesprochen[5]. Besondere Aktualität gewinnt das Thema Wirtschaftsethik durch die zuletzt aufgedeckten Bestechungs-, Bilanz- und Lustreisenskandale[6]. Die Financial Times titelte beispielsweise: *„Der Korruptionssumpf bei Siemens ist noch tiefer als gedacht[7].“* Selbst Jahre nach Aufdeckung der Skandale erschüttern immer wieder neue Erkenntnisse und Verflechtungen das Vertrauen der Bevölkerung[8]. Vor diesem Hintergrund ist es verständlich, wenn der Ruf nach Ethik laut(er) wird – nicht nur aus der Bevölkerung, sondern auch aus Managerkreisen. Zeitgleich herrscht heutzutage vielerorts Verwunderung über das Ausmaß an ethischen Vorgaben auf dem Weg zu einer heilen Welt[9].

Bei aller Internationalität sind bei der Einführung von Verhaltensstandards jedoch die nationalen Rechtsvorschriften zu beachten. Schwerpunkt dieser Untersuchung bildet die Einführung einer Ethikrichtlinie unter Beachtung nationaler Rechtsvorschriften. In dieser Arbeit sollen Ethik- bzw. Verhaltensrichtlinie jedoch nicht isoliert betrachtet werden, sondern im Zusammenhang und Zusammenspiel mit dem Phänomen des Whistleblowing.

II. Whistleblowing

Whistleblowing ist nicht nur eine rechtlich interessante, sondern auch eine äußerst emotional geprägte Thematik. Whistleblowing sorgt für Diskussionsstoff, erregt die Gemüter und wird oftmals voreilig verurteilt und pauschal in ein schlechtes Licht gerückt. Das zwingt dazu, sich bereits bei den einleitenden Gedanken vertieft mit dem Themenbereich auseinander zusetzen, um eine objektive rechtliche Auseinandersetzung zu gewährleisten. Whistleblowing ist weder ein neues noch unbedeutendes Phänomen. Seit Jahren beschäftigt dieses Thema die US-amerikanischen Medien sowie die dortige juristische Fachliteratur. Der Begriff Whistleblowing rückt auch zunehmend in Deutschland in den Blickpunkt der Öffentlichkeit. Nicht zuletzt durch erste Entscheidungen der deutschen Arbeitsgerichte[10] in Sachen Ethikrichtlinien, die sich zumindest auch am Rande mit der rechtlichen Bewertung so genannter Whistleblowing-Hotlines beschäfti-

---

[4] Vgl. Eifel Zeitung vom 27.6.2007, Ethische Instanz für den Kapitalmarkt, verfügbar unter: http://www.eifel-zeitung.de/index.asp?command=lesen&id=28903 (letzter Abruf: 28.2.2009).

[5] *Bernhardt*, DB 2004, Gastkommentar in Heft 25 vom 18.6.2004.

[6] Vgl. dazu: http://www.ethikverband.de/cms/front_content.php?client=1&lang=1&idcat=53&idart=187 (letzter Abruf: 28.2.2009).

[7] Verfügbar unter: http://www.ftd.de/meinung/kommentare/179173.html (letzter Abruf: 9.7.2008).

[8] Stellvertretend für eine Vielzahl immer neuer Fälle seien die mutmaßlichen Millionenzahlungen des Siemens-Konzerns an die Arbeitnehmerorganisation AUB erwähnt: *Hage*, Wenn Betriebsräte handzahm werden, Manager Magazin vom 14.4.2008, verfügbar unter: http://www.manager-magazin.de/unternehmen/artikel/0,2828,546824,00.html (letzter Abruf: 28.2.2009).

[9] *Bernhardt*, DB 2004, Gastkommentar in Heft 25 vom 18.6.2004.

[10] BAG vom 22.7.2008 – 1 ABR 40/07, NZA 2008, 1248 ff.; LAG Düsseldorf vom 14.11.2005 – 10 TaBV 46/05, DB 2006, 162 ff.

gen, setzen sich auch deutsche Unternehmen in wachsendem Maße mit den Chancen und Risiken des Whistleblowing auseinander.

Ein Whistleblower weist auf ihm bekannt gewordene Missstände oder ihm bekannt gewordenes Fehlverhalten innerhalb seines Arbeitsumfeldes hin[11]. Der Begriff erfasst Äußerungen gegenüber unternehmensinternen und unternehmensexternen Stellen. Internes Whistleblowing umfasst sowohl Meldungen an den unmittelbaren Vorgesetzten als auch Meldungen – unter Überspringen der Hierarchieebene – an die Geschäftsleitung sowie extra dafür eingerichtete, dem Unternehmen zurechenbare Stellen. Bei dem Offenbaren illegaler Verhaltensweisen gegenüber staatlichen Stellen, Medien oder sonstigen Teilen der Öffentlichkeit spricht man von externem Whistleblowing. Neben der Benennung konkreten Fehlverhaltens umfasst der Begriff des Whistleblowing auch die Mitteilung von Missständen innerhalb des Arbeitsumfeldes, wie zum Beispiel menschenunwürdige Zustände und ungebührliche Pflegeverhältnisse in Altenheimen[12].

Der Begriff des Whistleblowers existiert nicht im deutschen Sprachgebrauch. Whistleblowing wird umgangssprachlich nicht korrekt, aber häufig, mit „Verpfeifen" in Verbindung gebracht. *„Weiße Kragen verpfeifen[13]"*, *„Regeln fürs Verpfeifen[14]"*, *„Verpfeifen des Arbeitgebers[15]"* oder *„Verpfeifen kommt zuletzt[16]"* sind einige Beispiele aus den Medien und der juristischen Fachliteratur. Auch wenn diese Wortwahl von zahlreichen Autoren vorrangig als Stilmittel eingesetzt wird, um mit provokanter und auffälliger Schlagzeile Interesse zu wecken, wird durch die falsche und irreführende Bezeichnung[17] ein verzerrtes, negatives Bild des Whistleblowers in der Öffentlichkeit erzeugt. Whistleblower sind im Meinungsbild der Bevölkerung Personen, die aus niedrigen Motiven andere verpfeifen, wie der Spitzel oder der Verräter. Ganz anders hingegen in den USA. Dort gelten Whistleblower als wohlmeinende Informanten und werden von den Medien als Volkshelden gefeiert[18]. In Deutschland wird der Begriff mit Illoyalität[19] und Verrat durch die Mitarbeiter assoziiert. Dies hat sicherlich nicht zuletzt historische Gründe. Erinnerung an die NS- und Stasi-Vergangenheit werden wach. Whistleblowing wird unweigerlich mit Denunziantentum gleich-

---

[11] Zur ausführlichen Begriffsbestimmung von Whistleblowing siehe Kapitel 4 A. I.

[12] Vergleiche dazu einen öffentlich diskutierten Fall aus 2008, als Reportage und Bericht verfügbar unter: http://www.3sat.de/dynamic/sitegen/bin/sitegen.php?tab=2&source=/vivo/126767/index.html (letzter Abruf: 6.6.2009).

[13] *Jordanova-Duda*, Weiße Kragen verpfeifen, Der Tagesspiegel vom 28. Juni 2002.

[14] *Sauer*, Personal 2005, 56.

[15] *Schmitt*, Whistleblowing – "Verpfeifen" des Arbeitgebers.

[16] *Lamparter*, Verpfeifen kommt zuletzt, Die Zeit vom 23. November 2006, S. 27.

[17] Zu Übersetzungsversuchen siehe Kapitel 4 A. II.

[18] So ging die Auszeichnung als „Person of the year" im Jahre 2002 an drei Whistleblower, vgl. Time Magazin vom 30.12.2002.

[19] *Berndt/Hoppler*, BB 2005, 2623 m.w.N.

gestellt und insoweit argwöhnisch und ablehnend beurteilt[20]. Dementsprechend gering ist das Interesse, ein solches Verhalten durch unternehmensintern eingerichtete Verfahren und Systeme zu fördern[21]. Die Sentenz von Hoffmann von Fallersleben, *„Der größte Lump im ganzen Land – das ist und bleibt der Denunziant“*, scheint auch heutzutage tief verwurzelt im Bewusstsein der deutschen Bevölkerung.

Erstaunlich an diesem Stimmungsbild ist, dass Whistleblowing – wenn auch nicht bewusst wahrgenommen – schon lange Bestandteil unseres gesellschaftlichen Lebens ist. Aufklärung von Fehlverhalten und Missständen ist oftmals auf anonyme Hinweise aus der Bevölkerung zurückzuführen[22]. Bundesländer setzen bei der Korruptionsbekämpfung auf Mitteilungen aus der Bevölkerung und haben dazu Internetplattformen eingerichtet, mit deren Hilfe der Staat anonyme Meldungen der Bürger unterstützt und fördert[23]. Zu denken ist ferner an die Diskussion über die Wiedereinführung der Kronzeugenregelung im Strafprozess und die neue Bonusregelung des Bundeskartellamtes in Kartellsachen, wonach erste Hinweisgeber mit Bußgeldreduzierung bzw. -befreiung belohnt werden[24].

Für die Praxis in Unternehmen stellt sich vorrangig die Frage: Whistleblowing, mieses Denunziantentum? Oder eine sinnvolle Kontrolleinrichtung, der man sich gezielt bedienen sollte? Eine Antwort gibt die Gegenüberstellung der Interessen direkt betroffener Arbeitnehmer und Arbeitgeber.

1. Interessen des Arbeitnehmers

Wie verhält sich ein Mitarbeiter, der in seinem Arbeitsumfeld auf Missstände oder Fehlverhalten aufmerksam wird? Oftmals äußern sich Hinweisgeber gegenüber ihren direkten Vorgesetzten. Wie soll sich der Beschäftigte jedoch verhalten, wenn er von seinem Chef nicht ernst genommen wird, keine Abhilfe zu erwarten ist oder er sich an den direkten Vorgesetzten nicht wenden kann, da dieser selbst in die Sache involviert ist?

Dem betroffenen Arbeitnehmer stehen drei Handlungsalternativen zur Verfügung. Er geht an die Öffentlichkeit, nimmt den Missstand oder das Fehlverhalten „sehenden Auges“ hin oder überspringt bei seiner Mitteilung Hierarchieebe-

---

[20] *Schönefeldt*, Personalführung 2005, 36.

[21] *Berndt/Hoppler*, BB 2005, 2623.

[22] Beispielsweise waren es meist anonyme Hinweise aus der Bevölkerung, welche Behörden auf die Spur des so genannten „Gammelfleischs“ brachten.

[23] Neben dem Landeskriminalamt Niedersachsen, welches seit Ende 2003 mit diesem Modell arbeitet, nimmt auch das Bundesland Brandenburg bei der Bekämpfung der Wirtschaftskriminalität Hinweise aus der Bevölkerung entgegen. Seit Sommer 2006 kann bei der Internetwache der Polizei anonym Anzeige erstattet werden, vgl. http://www.tagesspiegel.de/brandenburg/nachrichten/korruption/83867.asp (letzter Abruf: 25.2.2009).

[24] Ausführlich dazu siehe *Ohle/Albrecht*, WRP 2006, 866 ff.

nen und wendet sich beispielsweise an die Geschäftsführung. Jede dieser Verhaltensweisen birgt ein signifikantes arbeitsrechtliches Risiko in sich.

Wer extern Abhilfe sucht, geht das hohe Risiko ein, entlassen zu werden – für ein Handeln, das ausgesprochen loyal und uneigennützig sein kann. Regelmäßig kommt hier der Verstoß gegen arbeitsvertragliche Treuepflichten in Betracht. Neben arbeitsrechtlichen Konsequenzen droht bei externem Whistleblowing die Gefahr strafrechtlicher Verantwortlichkeit. § 17 UWG stellt den Verrat von Betriebs- oder Geschäftsgeheimnissen unter Strafe. Das Einschalten der Öffentlichkeit kann zu Verstößen gegen datenschutzrechtliche Normen führen. Weisen die verletzten Normen zudem Schutzcharakter im Sinne des § 823 Abs. 2 BGB auf, kommen zivilrechtliche Schadensersatzansprüche in Betracht[25]. Das „sehenden Auges“ Hinnehmen von rechtlichem Fehlverhalten der Arbeitskollegen und die Nichtanzeige gegenüber dem Arbeitgeber kann im Einzelfall eine ordentliche Kündigung rechtfertigen[26]. Eine unterbliebene Meldung an den Vorgesetzten kann eine strafrechtliche Verantwortlichkeit des Mitarbeiters wegen pflichtwidrigem Unterlassen begründen[27]. Zuletzt ist die dritte Handlungsalternative, das Überspringen von Hierarchieebenen, in vielen Unternehmen explizit verboten, selten gern gesehen und oftmals mit der Gefahr der Verletzung arbeitsvertraglicher Nebenpflichten verbunden.

Es gibt keine nationalen Vorschriften, die dem Whistleblower gesetzlichen Schutz garantieren[28]. Dadurch kann Whistleblowing zum „Spiel mit dem Feuer“ werden. Nicht selten riskieren Hinweisgeber ihre wirtschaftliche Existenz. Selbst in den Vereinigten Staaten, wo Whistleblowing einen weitaus höheren Stellenwert als hier genießt, verlieren 70 Prozent der Informanten ihren Arbeitsplatz[29]. Davon zeugen zahlreiche Beispiele, zum Teil auch prominenter Whistleblower der westlichen Welt[30]. Erfahrungen in den USA und England belegen, dass Whistleblower nicht nur den Arbeitsplatz, sondern auch oft ihre Eh-

---

[25] *Bürkle*, DB 2004, 2158 (2159).

[26] LAG Hamm vom 29.7.1994 – 18 (2) Sa 2016/93, BB 1994, 2352. In dieser Entscheidung rechtfertigte die Nichtanzeige eines Diebstahls den Ausspruch einer ordentlichen verhaltensbedingten Kündigung.

[27] *Schmidt-Salzer*, BB 1992, 1866 (1874).

[28] In diesem Zusammenhang ist die geplante Änderung des § 612a BGB im Auge zu behalten. Unter der Überschrift „Anzeigerecht“ bezweckt die geplante Neufassung den Schutz der Arbeitnehmer vor Sanktionen. Speziell zur beabsichtigten Regelung siehe *Steinkühler/Raif*, AuA 2008, 406 ff.; *Schmitt-Rolfes*, AuA 2009, 7. Der Entwurf des § 612a BGB ist jedoch zurückgezogen worden und wird vorerst auch nicht in der geplanten Form umgesetzt werden, vgl. *Maschmann*, AuA 2009, 72 (76).

[29] *Schönefeldt*, Personalführung 2005, 36 (39).

[30] Stellvertretend für eine Vielzahl von Fällen ein Beispiel auf politisch höchster Ebene: Paul van Buitenen, ehemaliger niederländischer Beamter der Europäischen Kommission, deckte Betrügereien einiger Mitglieder der Kommission auf. Dies hatte die schwerwiegende Sanktion seiner eigenen Beurlaubung zur Folge, da er durch die Preisgabe der Informationen dem Ansehen des Amtes geschadet hat und sein Berufsgeheimnis verletzt hat. *Schreiber* titelte in ihrem Presseartikel: *„Der Bote wird geköpft“*, vgl. Der Spiegel, 2/1999 vom 11.1.1999, S.122.

re, Freunde, ihr Haus und die Gesundheit verlieren[31]. Es steht daher im existenziellen Interesse der Arbeitnehmer, ein geordnetes Verfahren mit exakten Verhaltensanweisungen für Mitarbeiter zu schaffen, welche sich in der prekären Situation befinden, entweder „sehenden Auges“ Missstände und Fehlverhalten hinzunehmen oder sich dem Risiko der Offenbarung auszusetzen. Dies hilft letztlich, das arbeitsrechtliche Risiko des Arbeitnehmers zu minimieren.

2. Interessen des Arbeitgebers

Der Arbeitgeber ist ebenso einem signifikanten arbeitsrechtlichen Risiko ausgesetzt. Aufgrund der unsicheren Rechtslage kann die Wirksamkeit einer Kündigung aufgrund Whistleblowing nicht mit Sicherheit prognostiziert werden. Das birgt die Gefahr langer Kündigungsschutzprozesse und hoher Abfindungen.

Externes Whistleblowing begründet für den Arbeitgeber aus wirtschaftlichen Gesichtspunkten ein unkalkulierbares Gefahrenpotenzial. Wendet sich ein Mitarbeiter an die Öffentlichkeit, wird dadurch der Ruf des Unternehmens beeinträchtigt. Dies kann die Beziehungen zu den Geschäftspartnern und Anteilseignern belasten. Zudem ist schlechte Reputation abschreckend für potenzielle Investoren und Kunden. Die negative Publizität verstärkt sich meist durch die Aktivität der Behörden (z.B. Staatsanwaltschaft, Kartellamt, Aufsichtsamt) und die Berichterstattung in den Medien. Der in der Öffentlichkeit hervorgerufene negative Eindruck lässt sich – wenn überhaupt – nur schwer revidieren. Das Interesse des Arbeitgebers besteht darin, externes Whistleblowing so weit wie (rechtlich) möglich, auszuschließen und vorrangig eine interne Aufklärung und Aufarbeitung der Vorfälle sicher zu stellen.

3. Gegenüberstellung der Interessen

Die aufgezeigten Interessenlagen der Arbeitnehmer und Arbeitgeber sind weitgehend deckungsgleich. Den Betroffenen ist es daran gelegen, das signifikante arbeitsrechtliche Risiko zu minimieren. Sowohl Mitarbeiter, die Missstände oder Fehlverhalten ans Tageslicht bringen, als auch Arbeitgeber, die daraufhin arbeitsrechtliche Sanktionen einleiten, agieren auf rechtlich unsicherer Basis. Die Beteiligten wollen die negativen wirtschaftlichen Konsequenzen, die mit externem Whistleblowing verbunden sind, vermeiden. Dies gilt ebenfalls aus Sicht der Beschäftigten, denn schlechte Unternehmensreputation kann dazu führen, dass ernsthafte wirtschaftliche Schwierigkeiten auftreten, die letztlich Rationalisierungsmaßnahmen zur Folge haben. Daher liegt es im wohlverstandenen Ei-

---

[31] *Leisinger*, Whistleblowing und Corporate Reputation Management, 5; *Alford*, Whistleblowers – broken lives and organizational power; Ein Report aus den *„Untiefen der Arbeitswelt“* verfügbar unter: http://www.manager-magazin.de/magazin/artikel/0,2828,562441-3,00.html (letzter Abruf: 25.2.2009).

geninteresse von Arbeitnehmer und Arbeitgeber, externes Whistleblowing auszuschließen und gleichzeitig zu erreichen, dass sich zunächst unternehmensinterne Stellen mit den Vorfällen befassen. Durch eine vorrangige interne Kommunikation und Aufklärung kann bei berechtigten Anliegen effizienter Abhilfe geschaffen werden, als durch Einschaltung externer Stellen. Externe Stellen müssen oftmals zunächst langwierige Sachverhaltsaufklärung betreiben, bevor entsprechende Maßnahmen eingeleitet werden können. Das gilt besonders für korrupte Praktiken, deren Enttarnung den Ermittlungsbehörden größte Schwierigkeiten bereitet. Alle Beteiligten haben ein Interesse daran, dass die Existenz des Unternehmens möglichst weder durch Reputationsverlust noch durch unzureichendes Risikomanagement gefährdet wird. Dazu bietet internes Whistleblowing die Möglichkeit, mit geordnetem Kommunikationsaustausch das richtige Maß an interner Selbstregulierung zu sichern und damit ein Minimum an externem Einfluss zu erreichen[32]. Vorrangige Zielsetzung ist es, Beeinträchtigungen des Unternehmensimages wenn möglich auszuschließen und intern frühzeitig rechtliches Fehlverhalten zu verhindern bzw. aufzuklären sowie Missstände zu beheben. Zusätzlich wirkt ein strukturiertes Whistleblowing-System als präventives Element zur Vermeidung illegaler Handlungen[33].

Die positiven Aspekte des internen Whistleblowing dürfen jedoch nicht darüber hinwegtäuschen, dass mit der Einführung und Nutzung eines Whistleblowing-Systems auch entsprechende Gefahren verbunden sind. Missbräuchliches Denunziantentum kann nicht ausgeschlossen werden, ebenso Persönlichkeitsrechtsverletzungen der durch die Hinweise beschuldigten Personen[34]. Umso mehr kommt es darauf an, organisatorische und rechtliche Maßnahmen zu treffen, die den Prozess des Whistleblowing sinnvoll und effektiv strukturieren sowie unterstützen und zudem geeignet sind, die vorhandenen Risiken zu minimieren bzw. wenn möglich auszuschließen. Whistleblowing ist nicht als Bedrohung oder notwendiges Übel anzusehen, sondern vielmehr als wünschenswertes Element und Möglichkeit, erkannte Risiken zu beheben, beobachtetes Fehlverhalten aufzuklären und damit letztlich Schaden vom Unternehmen abzuwenden.

Im Ergebnis überwiegen die positiven Aspekte und Chancen des internen Whistleblowing. Hauptaufgabe der Unternehmen ist die Koordinierung des internen Whistleblowing durch die Organisation eines effektiv strukturierten Hinweisgebersystems im Rahmen des Compliance-Managements.

---

[32] *Weber-Rey*, AG 2006, 406.
[33] *Schönefeldt*, Personalführung 2005, 36 (40).
[34] *Breinlinger/Krader*, RDV 2006, 60.

III. Ethikrichtlinien und Whistleblowing als Baustein der Compliance

Zahlreiche Compliance-Systeme der „Neuzeit“ bestehen nicht isoliert aus Ethikrichtlinien bzw. nicht isoliert aus technischen Einrichtungen, welche Whistleblowing ermöglichen, sondern kombinieren die Einführung einer Ethikrichtlinie mit der Verpflichtung zum Whistleblowing. Dadurch soll ethisch einwandfreies Verhalten sichergestellt werden bzw. die Wahrscheinlichkeit für die Aufdeckung illegaler Handlungen erhöht werden. Die Installierung eines geordneten und strukturierten Verfahrens eröffnet die Möglichkeit, die Gefahr von Verstößen gegen gesetzliche Vorschriften zu verringern und die Chancen der Aufdeckung insbesondere wirtschaftskrimineller Handlungen zu vergrößern[35]. Die Einführung von Ethikrichtlinien und die Verpflichtung zum Whistleblowing im Rahmen eines Compliance-Systems werfen spannende und interessante arbeitsrechtliche Fragestellungen auf.

B. Untersuchungsgegenstand und Themenkonkretisierung

Ziel ist die Einrichtung eines gut organisierten, innerbetrieblichen Frühwarnsystems als integraler Bestandteil der Unternehmenspolitik. Ein mögliches Instrument dazu und Gegenstand der Untersuchung ist ein Compliance-System, welches neben der Einführung von Ethik- bzw. Verhaltensrichtlinien die Installierung einer so genannten Whistleblowing-Hotline vorsieht. Das Compliance-System ist bei genauerer Betrachtung durch drei Besonderheiten gekennzeichnet, welche im Folgenden in drei *Stufen* dargestellt werden[36]. Für jede der *Stufen* gelten eigenständige arbeitsrechtliche Besonderheiten und Anforderungen, weshalb sich eine getrennte Untersuchung und Betrachtung anbietet.

Stufe 1 des Compliance-Systems sieht die Einführung einer Ethikrichtlinie vor. Ein Verhaltenskodex soll sicherstellen, dass sich die Mitarbeiter ethisch korrekt entsprechend der geltenden Gesetze verhalten. Die alleinige Einführung von Verhaltensrichtlinien bietet jedoch keine Garantie für strukturierte Risikokommunikation, weshalb in einem nächsten Schritt innerhalb der Ethikrichtlinie eine besondere Klausel eingeführt wird.

In *Stufe 2* des Compliance-Systems erfolgt die Statuierung einer Meldeverpflichtung innerhalb der Ethikrichtlinie – die so genannte Whistleblower-Klausel. Die Whistleblower-Klausel sieht vor, dass Verstöße gegen den Verhaltenskodex, also schwerpunktmäßig das rechtliche Fehlverhalten von anderen Mitarbeitern, an eine konkret bezeichnete Stelle zu melden sind. Die Anzeige-

[35] *Berndt/Hoppler*, BB 2005, 2623.

[36] Die *Stufen* sind in diesem Zusammenhang nicht als aufeinanderfolgende Abschnitte zu verstehen. In der Praxis fallen *Stufe 1* und *Stufe 2* zusammen.

verpflichtung soll dafür Sorge tragen, dass Fehlverhalten besonders im Bereich der Wirtschaftskriminalität innerhalb des Unternehmens schnellstmöglich aufgeklärt wird[37].

Stufe 3 ist gekennzeichnet durch die Einrichtung eines Kommunikationskanals. Gegenstand der Untersuchung ist die Installierung einer Whistleblowing-Hotline. Die so genannte Whistleblowing-Hotline dient zur Entgegennahme und Behandlung der Mitarbeiteranzeigen. Die technische Einrichtung ermöglicht es den Arbeitnehmern, telefonisch Verstöße gegen den Kodex zu melden, um damit zum einen der Anzeigeverpflichtung nachzukommen und zum anderen das Unternehmen zum Handeln zu veranlassen[38].

Das System kann zu effizientem Risikomanagement und Risikocontrolling als Teil der Compliance beitragen[39]. Reputationsschäden fallen geringer aus bzw. bleiben aus, wenn das Unternehmen selbst einen aktiven Part zur Aufdeckung und Bekämpfung von rechtlichem Fehlverhalten beiträgt. Ein Hinweisgebersystem dient zugleich der Steigerung der Wettbewerbsfähigkeit des Unternehmens, da es die Gefahr der Verhängung von Unternehmens- bzw. Kartellstrafen verringert[40]. Damit steht ein Whistleblowing-System letztlich auch im Einklang mit der europarechtlichen Zielsetzung. Die europäische Politik ist auf die Förderung der Wettbewerbsfähigkeit europäischer Unternehmen und Wachstum des europäischen Marktes gerichtet (Lissabon-Strategie[41])[42]. Interne Risikokommunikation hilft, Produktivität zu erhöhen, Kosten zu sparen, Investitionen zu begünstigen[43] und stärkt das Vertrauen der Kapitalmärkte in das Unternehmen.

Von praktisch größtem Interesse ist, wie das oben dargestellte Compliance-System nach deutschem Recht zulässigerweise in Unternehmen eingeführt werden kann. Der Untersuchungsgegenstand der Arbeit konkretisiert sich auf die Probleme des deutschen Arbeitsrechts, die mit der Einführung einer Ethikrichtlinie und der Implementierung einer Whistleblowing-Hotline verbunden sind. Ziel der Arbeit ist es, die mit der Einrichtung des Compliance-Systems verbun-

---

[37] *Wisskirchen/Körber/Bissels*, BB 2006, 1567.
[38] *Weber-Rey*, AG 2006, 406.
[39] *Behrendt/Kaufmann*, CR 2006, 642 (644).
[40] Die EU-Kommission verhängte beispielsweise im Jahr 2007 eine Geldbuße gegen ThyssenKrupp in Höhe von ca. 480 Millionen Euro, vgl. http://www.welt.de/wirtschaft/article794165/Die_hoe- chsten_Kartellstrafen.html (letzter Abruf: 27.2.2009).
[41] Die Lissabon-Strategie ist ein auf einem Sondergipfel der europäischen Staats- und Regierungschefs im März 2000 in Lissabon verabschiedetes Programm, das zum Ziel hat, die EU innerhalb von 10 Jahren, also bis 2010, zum wettbewerbsfähigsten und dynamischsten wissensbasierten Wirtschaftsraum der Welt zu machen. Das Strategiepapier ist verfügbar unter: http://ec.europa.eu/growthandjobs/pdf/COM2004_029_de.pdf (letzter Abruf: 27.2.2009).
[42] *Weber-Rey*, AG 2006, 406 (407).
[43] *Rohde-Liebenau*, Whistleblowing, 7.

dene Vielzahl arbeitsrechtlicher Probleme zu benennen, zu untersuchen und praktisch brauchbaren Lösungen zuzuführen.

Schwerpunkt der Bearbeitung sind die arbeitsrechtlichen Probleme und Aspekte bei der freiwilligen Einführung einer Ethikrichtlinie im Rahmen des Compliance-Managements. Im Zentrum der Untersuchung steht neben der Einführung eines Verhaltenskodex die so genannte Whistleblower-Klausel, d.h. die in der Ethikrichtlinie statuierte Anzeigeverpflichtung, rechtliches Fehlverhalten der Mitarbeiter zu melden. Zentrale Fragestellung der Arbeit ist – weder von der Rechtsprechung noch der Literatur bisher beantwortet –, inwieweit sich eine Verpflichtung zur Anzeige des Fehlverhaltens Dritter aus den vertragsimmanenten Nebenpflichten des Arbeitnehmers ergibt. Anders formuliert: Besteht eine Verpflichtung des Arbeitnehmers zum internen Whistleblowing aufgrund arbeitsvertraglicher Rücksichtnahmepflichten nach §§ 242, 241 Abs. 2 BGB? Die Bearbeitung beschränkt sich auf die Einführung des Compliance-Systems im nationalen Konzern/Unternehmen, so dass internationale Bezüge weitestgehend nicht untersucht werden. Der Sektor des öffentlichen Dienstes wird von der Bearbeitung ausgeschlossen. Detailspezifische Besonderheiten einiger Berufsgruppen, Branchen oder Tendenzunternehmen werden nicht berücksichtigt.

C. Gang der Untersuchung

In Kapitel 2 werden zunächst Grundlagen dargestellt. Neben dem geschichtlichen Ursprung des Compliance-Systems und Ausführungen zur Wirtschaftskriminalität in Deutschland wird grundlegend in die Thematik Ethik- bzw. Verhaltensrichtlinien eingeführt. Der weitere Gang der Untersuchung ist an den einzelnen Stufen des Compliance-Systems ausgerichtet. So setzt sich Kapitel 3 mit der *Stufe 1* des Compliance-Systems, der Einführung einer Ethikrichtlinie auseinander. Dabei wird untersucht, wie die Verhaltensrichtlinien wirksam in das Arbeitsverhältnis einbezogen werden können und inwieweit die Einführung kollektivrechtlich der Mitbestimmung des Betriebsrats unterliegt. In Kapitel 4 wird *Stufe 2* des Compliance-Systems, die Statuierung einer Anzeigeverpflichtung innerhalb der Ethikrichtlinie, rechtlich bewertet. Letztlich beinhaltet Kapitel 5 Ausführungen zur *Stufe 3* des Compliance-Systems, der Einrichtung eines Kommunikationskanals in Form einer Whistleblowing-Hotline. Die Untersuchung findet ihren Abschluss in einer Zusammenfassung und Schlussbetrachtung in Kapitel 6.

„Das Wissen um Gut und Böse scheint Ziel aller Ethik zu sein“
(Dietrich Bonhöffer)

Kapitel 2

Grundlagen

A. Geschichtlicher Hintergrund

Die Anfänge des Whistleblowing wurzeln im US-amerikanischen Recht. Erste legislative Regelungen, die im False Claim Act zu finden sind, gehen auf die Zeiten des US-amerikanischen Bürgerkriegs zurück[44]. Eine mit Whistleblowing in Zusammenhang stehende Gesetzgebung ist im Jahre 2002 im Sarbanes-Oxley Act verabschiedet worden. Der Präsident der Vereinigten Staaten, George W. Bush, soll bei Unterzeichung des Sarbanes-Oxley Acts gesagt haben, es sei *„...die am weitesten reichende Reform amerikanischer Geschäftspraktiken seit den Zeiten Franklin Delano Roosevelts*[45]*.“* Der Sarbanes-Oxley Act war die Reaktion des amerikanischen Gesetzgebers auf eine Reihe von Unternehmenszusammenbrüchen, einhergehend mit gravierenden Folgen für die US-amerikanische Wirtschaft. Im Jahre 2002 wurden drei Frauen vom Time Magazine zu den *„Persons of the year“* gewählt[46]. Unter Ihnen Sherron Watkins. Sherron Watkins war die stellvertretende Leiterin der internen Revision des Energieriesen Enron. Vergeblich informierte sie ihre Vorgesetzten über falsche Bilanzierungen im Unternehmen. Daraufhin wandte sie sich in einem Schreiben an den CFO des Unternehmens – ebenfalls ergebnislos. Vorläufiges Ergebnis ihrer Bemühungen war, dass Sherron Watkins in der Hierarchieebene zurückgestuft wurde[47]. Die Unternehmensleitung ging ihren Hinweisen nicht nach und schenkte den Informationen keine Beachtung. Folge war der Untergang eines Imperiums. Der Energiegigant und seine 14 Tochterunternehmen mussten kurze Zeit später Konkurs anmelden[48]. Der Konzern teilte im November 2001 mit, dass Gewinne der vergangenen Jahre viel zu hoch angegeben und Schulden in Milliardenhöhe nicht in der Bilanz ausgewiesen worden waren[49]. Der Untergang hatte katastrophale wirtschaftliche Ausmaße zur Folge. Tausende von Arbeitsplätzen – auch auf Zuliefererseite – gingen verloren und Anteilseigner erlitten herbe Verluste. Ein ähnlich gelagerter Sachverhalt war bei dem Konkurs von

---

44 Vertiefend zu der geschichtlichen Entwicklung in den USA vgl. *Weber-Rey*, AG 2006, 406 (408); *Ledergerber*, Whistleblowing unter dem Aspekt der Korruptionsbekämpfung, 9 ff., 75 ff.; *Großbach/Born*, AuR 1989, 374 ff.; *Graser*, Whistleblowing, 14 ff.

45 *Sauer*, DöD 2005, 121 (122).

46 Vgl. dazu *Deiseroth*, Betrifft Justiz 2004, 296.

47 Eine ausführliche Schilderung der Vorfälle findet sich in dem Werk von *Fox Loren*, Enron. The Rise and Fall.

48 Siehe hierzu: www.faz.net, *„Enron stellt Konkursantrag“* vom 3.12.2001.

49 *Sauer*, Personal 2005, 56.

WorldCom anzutreffen[50]. Beide Skandale haben nach Schätzungen mit einem Schlag ca. 64 Mrd. US-Dollar Wirtschaftkapital „vernichtet“[51]. Die Reaktion auf die Ereignisse folgte schließlich im Sarbanes-Oxley Act, der das Whistleblowing im Wege der staatlichen Regulierung für verschiedene Bereiche regelt. Die Bezeichnung leitet sich aus den Namen des Demokraten Paul Sarbanes[52] und dem Republikaner Michael Oxley[53] ab, welche den Gesetzesvorschlag gemeinsam einbrachten. Mit dieser Initiative verfolgte der amerikanische Gesetzgeber das übergeordnete Ziel, das erschütterte Vertrauen der Anleger infolge der Bilanzskandale wiederherzustellen.

Das dieser Untersuchung zu Grunde liegende Compliance-System hat seinen Ursprung in dem US-amerikanischen Sarbanes-Oxley Act und den damit in Zusammenhang stehenden Regelungen. Der Sarbanes-Oxley Act enthält sowohl Regelungen zum Whistleblowing, als auch bezüglich der Einführung eines Code of Ethics. Beispielsweise beinhaltet Section 301 (4) Sarbanes-Oxley Act[54] die Aufforderung, ein System zur Behandlung und Bearbeitung von Beschwerden einzuführen, die bezüglich fragwürdiger Praktiken der Rechnungslegung und Wirtschaftsprüfung eingehen, unter Wahrung der Anonymität der Hinweisgeber und Vertraulichkeit der Botschaften. Zum Schutz vor Vergeltungsmaßnahmen sollen diese Mitteilungen anonym erfolgen. Wie jedoch genau das Verfahren aussehen soll, schreibt die Regelung nicht vor. Grundsätzlich muss jedoch jede Person – sowohl interner Mitarbeiter als auch externer Wirtschaftsprüfer – die Möglichkeit haben, sich bei einer unternehmensinternen Stelle über finanzrechtliche oder bilanztechnische Gesetzesverstöße zu beschweren. In Section 806 Sarbanes-Oxley Act[55] wird der Whistleblower einer börsennotierten Gesellschaft ausdrücklich unter zivilrechtlichen Schutz gestellt, für den Fall, dass er von der Whistleblowing-Hotline Gebrauch macht. Konkret wird jedem Mitarbeiter der Gesellschaft untersagt, den Whistleblower in irgendeiner Form unter Druck zu setzen oder zu diskriminieren. Neben zivilrechtlichem Schutz genießt der Whistleblower auch strafrechtlichen Schutz. Gemäß § 18 U.S.C. § 1513 (e)

---

[50] Der Konkurs von WorldCom löste einen der weltweit größten Börsenskandale aus. Durch die US-Börsenaufsicht wurden Fehlbuchungen in Höhe von 11 Mrd. US-Dollar aufgedeckt.

[51] Vertiefend zu den wirtschaftlichen Auswirkungen *Berndt/Hoppler*, BB 2005, 2623 (2626).

[52] Bis 2007 US-Senator des US-Bundesstaates Maryland.

[53] US-amerikanischer Abgeordneter für den Staat Ohio im amerikanischen Kongress.

[54] *„Each audit comittee shall establish procedures for the receipt, retention and treatment of complaints received by the issuer regarding accounting, internal accounting controls or auditing matters; and the confidential anonymous submission by employees of the issuer of concerns regarding questionable accounting or auditing matters"*, verfügbar unter: http://thecompliancepartners.com/klmbill2.html#bill2-4 (letzter Abruf: 27.2.2009).

[55] Auszugsweise heißt es in Section 806 SOX (18 U.S.C. § 1514A): *„No Company... or any officer, employee, contractor, subcontractor, or agent of such company, may discharge, demote, suspend, threaten, harass or in any other manner discriminate against an employee in the terms and conditions of employment because of any lawful act done by the employee"*, verfügbar unter: http://www.sox-online.com/act_section_806.html (letzter Abruf 27.2.2009).

können Diskriminierungen gegenüber Whistleblowern zu Geldstrafen sowie Haftstrafen bis zu 10 Jahren führen. Section 406 des Sarbanes-Oxley Acts[56] sieht die Einführung eines Code of Ethics vor[57].

Der Sarbanes-Oxley Act zwingt auch deutsche Unternehmen – soweit sie oder ihre Muttergesellschaft an US-Börsen notiert sind – dazu, dafür Sorge zu tragen, dass rechtswidriges Fehlverhalten innerhalb des Unternehmens schnellstmöglich intern aufgedeckt wird und zu diesem Zweck ein System zur Behandlung und Bearbeitung von Beschwerden eingeführt wird. Das ist auch der Grund, warum zunächst vereinzelte deutsche Unternehmen – je nach gesetzlicher Verpflichtung – dazu übergegangen sind, dem Sarbanes-Oxley Act entsprechende Hinweisgebersysteme einzuführen, was wesentlich zur Steigerung des nationalen Bekanntheitsgrades beigetragen hat. Heute ist der Trend eher dahingehend, dass die Einführung von ethischen Standards gepaart mit einer Whistleblowing-Hotline freiwillig im Zuge des Compliance-Managements erfolgt – unabhängig davon, ob eine internationale gesetzliche Verpflichtung besteht.

Festzuhalten bleibt, dass der Ursprung des dieser Untersuchung zugrundeliegenden Compliance-Systems in den Unternehmenszusammenbrüchen von Enron und WorldCom sowie der darauf folgenden US-amerikanischen Gesetzgebung zu finden ist.

B. Wirtschaftskriminalität in deutschen Unternehmen

Die Installierung eines geordneten und strukturierten Hinweisgebersystems dient dazu, die Gefahr von Verstößen gegen gesetzliche Vorschriften zu verringern und die Chancen der Aufdeckung insbesondere wirtschaftskrimineller Handlungen zu vergrößern[58]. In der Financial Times ist in einem Leitartikel zu lesen: *„Schmiergeld bei Siemens, Korruption bei VW, Bestechung bei Rewe: Wer geglaubt hat, dass in deutschen Unternehmen weniger getrickst wird als anderswo, der ist naiv. Obwohl das Image der Deutschen im Ausland gut ist, häufen sich die Korruptionsskandale[59].“* Ist die Wirtschaftskriminalität in Deutschland in der Tat derart verbreitet? Wird in Deutschland genau so viel „getrickst“ wie anderswo?

Die aktuelle aus dem Jahr 2008 von PricewaterhouseCoopers veröffentlichte Studie zur Wirtschaftskriminalität belegt einen rasanten Anstieg wirtschaftsdelinquenten Verhaltens in Deutschland. Im Zeitraum 2005 bis 2007 sind in

[56] Verfügbar unter: http://law.justia.com/us/cfr/title17/17-2.0.1.1.11.5.30.6.html (letzter Abruf: 27.2.2009).
[57] Dazu ausführlich in diesem Kapitel unter C. II. 1.
[58] *Berndt/Hoppler*, BB 2005, 2623.
[59] *Amann*, Wie Deutschlands Konzerne schmieren, Financial Times Deutschland vom 20.11.2006, verfügbar unter: http://www.ftd.de/unternehmen/industrie/133501.html (letzter Abruf: 27.2.2009).

Deutschland mit 49 % nahezu die Hälfte aller Unternehmen von Wirtschaftskriminalität betroffen gewesen[60]. Das Risiko, Opfer wirtschaftsdelinquenten Verhaltens zu werden, steigt mit der Größe des Unternehmens nachweislich an. 44 % der deutschen Unternehmen unter 200 Mitarbeitern berichten über strafrechtliche Vorfälle. Die Betroffenheit erhöht sich auf 54 % der Unternehmen, wenn die Mitarbeiteranzahl 1000 übersteigt. In Großunternehmen mit über 5000 Mitarbeitern liegt die Quote bei 61 %[61]. Die in deutschen Unternehmen dominierenden Deliktarten sind mit 33 % Unterschlagung und Betrug. Daneben zählen Produktpiraterie und Industriespionage mit 18 %, Korruption mit 10 %, Geldwäsche mit 7 % und Falschbilanzierung mit 4 % zu den vorherrschenden Deliktsarten. Im weltweiten Vergleich aller Branchen dominierten ebenfalls Unterschlagung und Betrug mit 43 % vor Produktpiraterie und Industriespionage mit 15 %, Korruption mit 13 %, Falschbilanzierung mit 12 % und Geldwäsche mit 4 %[62].

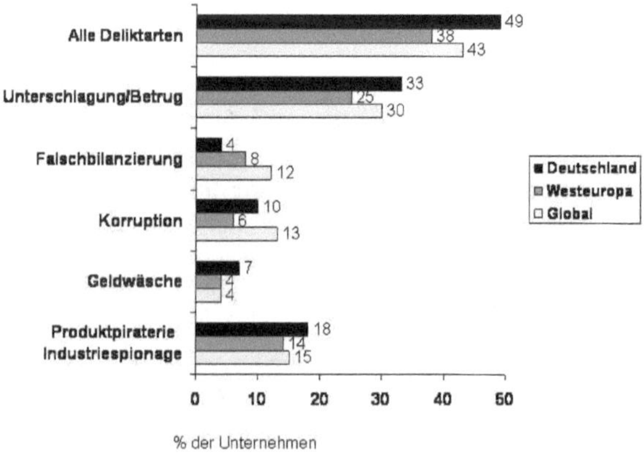

Abb. 1. Deliktarten im internationalen Vergleich

Schwer zu beziffern ist der Schaden, der Unternehmen jedes Jahr durch wirtschaftskriminelle Handlungen entsteht. Nach *Bussmann/Salvenmoser* beträgt der Gesamtschaden, der in deutschen Unternehmen aufgedeckten Wirtschaftskrimi-

[60] *Bussmann/Salvenmoser*, CCZ 2008, 192.
[61] *Bussmann/Salvenmoser*, CCZ 2008, 192.
[62] Vgl. dazu Abb. 1: Deliktsarten im internationalen Vergleich. Quelle: *Bussmann/Salvenmoser*, CCZ 2008, 192.

nalität hochgerechnet ca. 6 Milliarden Euro pro Jahr[63]. Die Blindschätzungen fallen weit höher aus. Nach *Schwind* beläuft sich die Hell- und Dunkelfeldschätzung für die deutsche Wirtschaft im Jahr 2006 auf einen Schaden von rund 230 Milliarden Euro durch wirtschaftskriminelles Verhalten[64]. Bei den Schätzungen handelt es sich jedoch wegen der Unsicherheit der Schätzungsgrundlagen um Blindschätzungen[65]. Bei Wirtschaftsstraftaten ist von einer hohen Dunkelziffer auszugehen. Die Ursache liegt zum einen in mangelnder Kooperation von Seiten der Wirtschaft und zum anderen in der Tatsache, dass die zur Abschätzung des Dunkelfeldes erforderlichen Forschungen mit den derzeit verfügbaren Methoden (Täter- und Opferbefragung) kaum durchführbar sind[66]. Im Rahmen der Prävention zur Verhinderung von Wirtschaftskriminalität greifen Unternehmen auf unterschiedliche Maßnahmen zurück. 61 % der deutschen Unternehmen verfügen über ethische Richtlinien, 37 % über Compliance-Programme etc. [67].

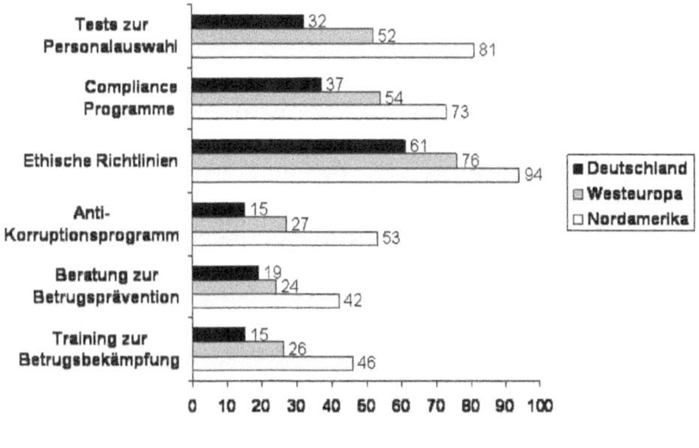

Abb. 2. Maßnahmen zur Prävention von Wirtschaftskriminalität

[63] Die Hochrechnung beinhaltet Managementkosten in Höhe von 1,75 Milliarden Euro. Managementkosten sind die Kosten, welche zur Bewältigung der Kriminalitätsfolgen (z.B. Prozesskosten, Ausgaben für Untersuchungen) anfallen, vgl. *Bussmann/Salvenmoser*, CCZ 2008, 192 (193).

[64] *Schwind*, Kriminologie, 442 f.

[65] *Schwind*, Kriminologie, 443.

[66] *Schwind*, Kriminologie, 441.

[67] Vgl. dazu Abb. 2: Maßnahmen zur Prävention von Wirtschaftskriminalität. Quelle: *Bussmann/Salvenmoser*, CCZ 2008, 192 (193).

Die Ergebnisse der aktuellen Studie von PricewaterhouseCoopers belegen zudem, dass die Einführung von ethischen Richtlinien und Compliance-Programmen eine wichtige Voraussetzung für Kriminalprävention ist. Die positiven Auswirkungen zeigen sich in der folgenden Abbildung in dem Rückgang der Wirtschaftskriminalität bei Unternehmen mit Wirtschaftsethik und Compliance-Programmen[68].

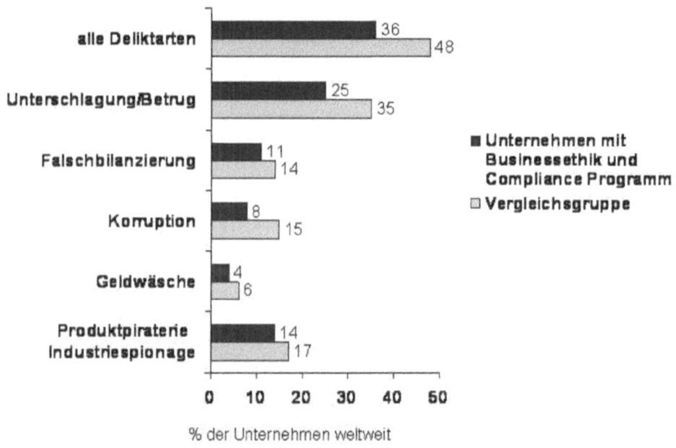

Abb. 3. Wirkung von Wirtschaftsethik und Compliance Programmen

Aufgrund der Studien lassen sich eindeutige Ergebnisse formulieren: Die Verfasser der Studie kommen zu dem Ergebnis, dass die Einführung von Wirtschaftsethik und Compliance-Programmen vor direkten und indirekten Schadensrisiken schützen kann[69]. Insbesondere unterstreichen die Ergebnisse der Studie die Bedeutung von Compliance-Systemen. Wirtschaftskriminalität ist ein unkalkulierbarer Faktor, der jedes Unternehmen treffen kann – unabhängig von der Größe des Unternehmens. Zwar wurde aufgezeigt, dass, je größer das Unternehmen, desto größer die Gefahr ist, Opfer wirtschaftsdelinquenten Verhaltens zu werden. Das bedeutet aber nicht, dass die Gefahr bei kleineren Unternehmen

[68] Vgl. Abb. 3: Wirkung von Wirtschaftsethik und Compliance-Programmen. Quelle: *Bussmann/Salvenmoser*, CCZ 2008, 192 (194).
[69] *Bussmann/Salvenmoser*, CCZ 2008, 192 (196).

zu vernachlässigen ist. Auch hier zeigen die Zahlen, wie oben dargestellt, mit 44 % ein signifikant hohes Schadensrisiko.

Das dieser Untersuchung zugrundeliegende Compliance-System fördert die Bekämpfung der Wirtschaftskriminalität. Das Hinweisgebersystem dient sowohl präventiv zur Vermeidung von wirtschaftsdelinquentem Verhalten, als auch zur Aufklärung und Aufdeckung bereits begangenen Unrechts. Gut organisierte Hinweisgebersysteme können einen nicht unerheblichen Beitrag im Kampf gegen Wirtschaftskriminalität leisten. *„Hinweisgebersysteme garantieren, dass relevante Informationen ungefiltert an unabhängige Empfänger weitergeleitet werden – eine Win-Win-Situation für Informant und Unternehmen[70].“*

C. Grundlegende Einführung in die Thematik Ethik- bzw. Verhaltensrichtlinien

Die Untersuchung nähert sich den zentralen arbeitsrechtlichen Problemkreisen des Compliance-Systems, indem zunächst der Schwerpunkt des Systems, die Ethikrichtlinie, in den Mittelpunkt gestellt wird und in diesem Zusammenhang grundsätzliche Fragen aufgearbeitet werden. Neben einer Begriffsumschreibung und der Darstellung des Sinn und Zwecks ethischer Standards (**dazu I.**), werden die unterschiedlichen Motivationen zur Einführung einer Ethikrichtlinie aufgezeigt (**dazu II.**) und eine Kategorisierung einer Ethikrichtlinie erarbeitet (**dazu III.**).

I. Begriffsumschreibung und Sinn und Zweck einer Ethikrichtlinie

1. Der Begriff der Ethikrichtlinie

Bis heute verfügt der Begriff Code of Conduct bzw. Ethikrichtlinie über keine autorisierte Definition bzw. Begriffsbestimmung im Deutschen. Diese Tatsache lässt wahlweise zwei Rückschlüsse zu. Entweder weiß jeder, womit er es bei Ethikrichtlinien zu tun hat, oder es handelt sich um das Problem, dass es sich bei Ethik um nichts Greifbares handelt, das einem bestimmten Schema oder einer konkreten Definition zugänglich ist. Letztere Ansicht wird durch die Tatsache gestützt, dass sich selbst im Ursprungsland, den Vereinigten Staaten, keine explizite Definition entwickelt hat, sondern vielmehr der Begriff der Ethikrichtlinie umschrieben wird. Nach der „Business Definition“ eines Wirtschaftswörterbuchs ist ein Code of Conduct

> *„a statement and description of required behaviors, responsibilities and actions expected of employees of an organization or of members of a professional body. A*

[70] *Nestler/Salvenmoser/Bussmann*, Wirtschaftskriminalität 2007, 35.

code of conduct usually focuses on ethical and socially responsible issues and applies to individuals, providing guidance on how to act in cases of doubt or confusion[71]*."*

Die Securities and Exchange Commission hat im Anschluss an die Section 406 des Sarbanes-Oxley Acts (15 U.S.C. § 7264) den Begriff „Code of Ethics" wie folgt umschrieben:

„§ 229.406 (Item 406) Code of ethics

(a) ...

(b) For purposes of this Item 406, the term code of ethics means written standards that are reasonably designed to deter wrongdoing and to promote:

(1) Honest and ethical conduct, including the ethical handling of actual or apparent conflicts of interest between personal and professional relationships;

(2) Full, fair, accurate, timely, and understandable disclosure in reports and documents that a registrant files with, or submits to, the Commission and in other public communications made by the registrant;

(3) Compliance with applicable governmental laws, rules and regulations;

(4) The prompt internal reporting of violations of the code to an appropriate person or persons identified in the code; and

(5) Accountability for adherence to the code...[72]*."*

Die Umschreibungen aus dem Wirtschaftswörterbuch und dem Sarbanes-Oxley Act zeigen deutlich, dass aufgrund des Facettenreichtums eine konkrete Definition nicht möglich ist – und daher einer Begriffsumschreibung der Vorzug gebührt. Die zitierten Beschreibungen aus dem Wirtschaftswörterbuch und dem Sarbanes-Oxley Act kennzeichnen einen Code of Conduct übereinstimmend durch zwei zentrale Tatbestände. Ein Code of Conduct ist geprägt durch einzelne Verhaltensanweisungen mit Tätigkeitsbezug, welche vor ethischem bzw. moralischem Hintergrund erfolgen. Diese beiden Schwerpunkte bilden die Grundlage für die Begriffsumschreibung einer Ethikrichtlinie, welche den nachfolgenden Untersuchungen zu Grunde liegt.

a) Verhaltensanweisungen mit Tätigkeitsbezug

Ein Ethikkodex enthält Verhaltensanweisungen für Beschäftigte, welche sich direkt oder zumindest indirekt auf die auszuübende Tätigkeit beziehen. Die Regelungsrichtungen können vielfältiger Natur sein. Ethische Standards geben Anleitung für die „tagtäglich" – in Ausübung der Tätigkeit – zu treffenden Entscheidungen. Ethische Standards definieren, was „gut und böse" ist, was getan bzw. unterlassen werden sollte bzw. welche Vorgehensweise in Zweifelsfällen zu empfehlen ist, wie mit Interessenskonflikten umzugehen ist. Ebenso werden

---

[71] Vgl. Business Dictionary, verfügbar unter: http://dictionary.bnet.com/definition/Code+Of+Con-duct.html (letzter Abruf: 28.2.2009).

[72] Verfügbar unter: http://law.justia.com/us/cfr/title17/17-2.0.1.1.11.5.30.6.html (letzter Abruf: 28.2.2009).

in sensiblen Bereichen, primär in Bereichen, in denen wirtschaftsdelinquentes Verhalten droht, exakte Arbeitsweisen definiert. Mit Hilfe von Ethikrichtlinien wird den Mitarbeitern ein Denksystem an die Hand gegeben, vergleichbar mit der Aufstellung bestimmter „Spielregeln" für den Arbeitsalltag im Unternehmen. Ethikrichtlinien können verbindlich ausgestaltet sein als Verhaltensanweisungen, aber auch unverbindlich als Verhaltensrichtlinien.

b) Ethischer bzw. moralischer Hintergrund

Die Verhaltensanweisungen „zum richtigen Handeln" erfolgen auf Grundlage ethischer und moralischer Wertmaßstäbe. Bei den ganz allgemein gehaltenen Begriffen der Ethik und Moral ist eine Konkretisierung notwendig – aber nur eingeschränkt möglich. So lassen sich verschiedene Bereiche nennen, welche vorrangig die Hintergründe für die Einführung von Ethikrichtlinien bilden, wobei eine abschließende Aufzählung nicht möglich ist, letztlich auch keinen Sinn macht. Wertmaßstäbe aus ethischer und moralischer Sicht sind gesetzliche Verpflichtungen, sowie wirtschaftliche, (zwischen-) menschliche, soziale, präventive und ökologische Aspekte. Die Hintergründe für Ethikrichtlinien sind schwerpunktmäßig in diesen Bereichen zu finden.

c) Begriffsumschreibung

Vor dem Hintergrund obiger Ausführungen lässt sich der Begriff der Ethikrichtlinie in folgender Begriffsumschreibung zusammenfassen:

> *Ethikrichtlinien sind Verhaltensanweisungen oder Verhaltensrichtlinien für Mitarbeiter eines Unternehmens mit direktem und/oder indirekten Tätigkeitsbezug – insbesondere für das Verhalten bei (drohenden) Interessenskonflikten oder in Zweifelsfällen – auf Grundlage gesetzlicher oder vertraglicher Verpflichtungen, wirtschaftlicher, (zwischen-) menschlicher, sozialer, präventiver oder ökologischer Aspekte bzw. ähnlicher ethischer, moralischer Wertmaßstäbe.*

Im Folgenden wird die vorbenannte, bewusst weit gefasste Begriffsumschreibung der Ethikrichtlinie verwendet, die dem praktischen Erfordernis entspricht, dass eine Ethikrichtlinie flexibel auf die „ethischen Wünsche" des jeweiligen Unternehmens abgestimmt werden kann[73].

---

[73] Ein Verhaltenskodex enthält zudem regelmäßig Darstellungen über die Unternehmensphilosophie, d.h. über allgemeine ethisch und moralische Programmansätze oder Zielvorgaben und Selbstverpflichtungen des Unternehmens, welche jedoch weder verbindliche Verhaltensanweisungen noch unverbindliche Verhaltensrichtlinien an die Mitarbeiter enthalten. Da die alleinige Darstellung von Unternehmensgrundsätzen für die Arbeitnehmer keine arbeitsrechtlichen Problemkreise berührt, ist bewusst darauf verzichtet worden, die Begriffsum-

2. Sinn und Zweck einer Ethikrichtlinie

„Braucht man Ethik? Nur, wenn der Anstand fehlt![74]*"* Oder ist die Einführung von ethischen Standards ein wirtschaftlich sinnvolles Instrument – nicht weil der Anstand fehlt – sondern weil damit darüber hinausgehende Ziele verfolgt und realisiert werden können?

Ziel von Ethikrichtlinien ist es, die Unternehmensreputation zu verbessern. Ethische Standards dienen als Leitbild des Handelns und entfalten vertrauenserweckende Außenwirkung, insbesondere gegenüber Anteilseignern, Kunden, Geschäftspartnern und potenziellen Investoren. Die Einhaltung ethischer Standards gewährleistet ein gewisses Maß an Integrität der Mitarbeiter und macht das Handeln transparent. Sich ethischen Standards zu verschreiben, dient als Ausdruck einer werbewirksamen Unternehmenskultur[75]. Die Geschäftspraktiken werden offengelegt und damit durchschaubar für die Öffentlichkeit. Ethische Standards sollen einwandfreie und verantwortungsbewusste Verhaltensweisen sicherstellen. Neben der Förderung des Unternehmensimages dienen Ethikrichtlinien gleichzeitig der Erhaltung der Reputation. Sie sollen dafür Sorge tragen, dass rechtliches Fehlverhalten von Beschäftigten möglichst ausgeschlossen bzw. gering gehalten wird. Durch spezielle Verhaltensregeln werden die Mitarbeiter auf geltende Standards hingewiesen und so für regelwidriges Verhalten sensibilisiert. Es wird ein Wertebewusstsein geschaffen. Das minimiert die Gefahr, dass sich illegales Verhalten von Mitarbeitern nachteilig auf die Geschäfte, den guten Ruf und die Marktstellung auswirkt. Ethikrichtlinien sollen letztlich Gewähr für Motive wie Integrität, Transparenz, Diskriminierungsfreiheit, Aufrichtigkeit, Vertrauenswürdigkeit etc. bieten. Zudem stehen einheitliche Standards oftmals in dem originären Eigeninteresse internationaler Konzerne. Einheitliche Standards dienen neben der einheitlichen Steuerbarkeit des Konzerns in bestimmten Fragen bezüglich des Mitarbeiterverhaltens vor allem auch dem Ziel, die Steuerbarkeit des Konzerns und die Bewertung der Leistungsfähigkeit einzelner Konzerneinheiten durch die Konzernzentrale zu vereinfachen[76].

II. Motivationen zur Einführung einer Ethikrichtlinie

Die Gründe für die Einführung eines Verhaltenskodex können vielfältiger Natur sein. Neben der Verpflichtung zur Einführung eines Code of Conduct aufgrund internationaler gesetzlicher Verpflichtung, können deutsche Unternehmen Ethik-

schreibung auch auf abstrakte Unternehmensgrundsätze zu erstrecken, vgl. dazu später in diesem Kapitel unter C. III. 6. b).

[74] *Leicht*, Kommentar für die Zeit Online, verfügbar unter: http://www.zeit.de/2004/21/ethik (letzter Abruf: 28.2.2009).

[75] *Borgmann*, NZA 2003, 352.

[76] *Bachner/Lerch*, AiB 2005, 229.

richtlinien einführen, um nationale gesetzliche Verpflichtungen zu erfüllen. Zudem kommt die freiwillige Einführung einer Ethikrichtlinie als Baustein der Compliance in Betracht.

1. Die Einführung einer Ethikrichtlinie aufgrund internationaler gesetzlicher Verpflichtung

Eine Verpflichtung zur Einführung einer Ethikrichtlinie ergibt sich aus dem Sarbanes-Oxley Act. Die Vorschriften des Sarbanes-Oxley Acts gelten zunächst für alle an der New Yorker Börse gehandelten US-Aktiengesellschaften[77]. Daneben erstreckt sich der Anwendungsbereich auch auf deutsche Unternehmen, deren Aktien in den USA gehandelt werden, die also der amerikanischen Börsenaufsicht, der Securities and Exchange Commission, unterliegen[78]. Das gilt auch für deutsche Unternehmen, die als Tochtergesellschaften eines amerikanischen börsennotierten Mutterunternehmens fungieren[79]. Speziell sieht Section 406[80] des Sarbanes-Oxley Acts die Einführung eines Code of Ethics vor. Eine Konkretisierung erfährt der Sarbanes-Oxley Act insbesondere durch die New York Stock Exchange Listed Company Manuals[81]. Unter dem Stichwort *„Corporate Governance Rules"* in Section 303 A (10) heißt es:

> *„Listed companies must adopt and disclose a code of business conduct and ethics for directors, officers and employees, and promptly disclose any waivers of the code for directors or executive officers[82]."*

In der Anmerkung zu der Section 303 A (10) New York Stock Exchange Listed Company Manual kommt zum Ausdruck, dass ein solcher Code ethisch einwandfreies Verhalten der Mitarbeiter nicht ersetzen kann. Dennoch fördert ein *„code of business conduct end ethics"* die Auseinandersetzung mit dem Thema Ethik und fördert damit die Entwicklung einer verantwortungsbewussten Unternehmenskultur[83].

---

77 *Schlachter*, FS Richardi, 1067; *Büssow/Taetzner*, BB 2005, 2437.

78 *Behrendt/Kaufmann*, CR 2006, 642 (643); *Büssow/Taetzner*, BB 2005, 2437; *Schlachter*, FS Richardi, 1067; *Triskatis*, Ethikrichtlinien im Arbeitsrecht, 60; *Regelin/Fisher*, IStR 2003, 276.

79 *Behrendt/Kaufmann*, CR 2006, 642 (643); *Büssow/Taetzner*, BB 2005, 2437; *Triskatis*, Ethikrichtlinien im Arbeitsrecht, 60; *Regelin/Fisher*, IStR 2003, 276 (287).

80 Verfügbar unter: http://law.justia.com/us/cfr/title17/17-2.0.1.1.11.5.30.6.html (letzter Abruf: 28.2.2009).

81 Alle an der New Yorker Börse gelisteten Unternehmen unterfallen dem Anwendungsbereich des New York Stock Exchange Listed Company Manuals.

82 Verfügbar unter: http://www.nyse.com/pdfs/section303A_final_rules.pdf (letzter Abruf: 28.2.2009*) Hervorhebung* durch den Verfasser.

83 Vgl. dazu Anmerkung zur Section 303 A (10) New York Stock Exchange Listed Company Manual, verfügbar unter: http://www.nyse.com/pdfs/section303A_final_rules.pdf (letzter Abruf: 28.2.2009).

Zusammenfassend besteht für ein deutsches Unternehmen aufgrund der Section 406 Sarbanes-Oxley Act eine internationale gesetzliche Verpflichtung zu Einführung einer Ethikrichtlinie, wenn

- das deutsche Unternehmen an der New Yorker Börse gelistet ist, oder
- wenn das deutsche Unternehmen ein Tochterunternehmen eines US-amerikanischen börsennotierten Unternehmens ist[84].

2. Die Einführung einer Ethikrichtlinie zur Erfüllung nationaler gesetzlicher Verpflichtungen

Auf nationaler Ebene bestehen zum Zeitpunkt[85] keine gesetzlichen Vorschriften, welche ausdrücklich die Verpflichtung zur Einführung einer Ethikrichtlinie vorsehen[86]. Gleichfalls lässt sich feststellen, dass zahlreiche nationale Regelungen existieren, welche dem Arbeitgeber auf der einen Seite Verpflichtungen auferlegen – insbesondere Organisationsverpflichtungen – und auf der anderen Seite den einzelnen Unternehmen den Freiraum belassen, selbst zu entscheiden, welche Mittel zur Erfüllung der Verpflichtung eingesetzt werden. Dieser vom Gesetzgeber vorgesehene Gestaltungsspielraum für Unternehmen ist der Anknüpfungspunkt für das Instrument der Ethikrichtlinie. Eine Ethikrichtlinie ist ein vielseitig einsetzbares Instrument. Die Einführung eines Code of Conduct kann im Einzelfall dazu geeignet sein, bestimmte gesetzliche Verpflichtungen zu erfüllen, ohne dass von Gesetzes wegen die Implementierung einer Ethikrichtlinie vorgeschrieben ist. Zur Veranschaulichung werden im Folgenden einige ausgewählte Verpflichtungen aufgezeigt. Die Darstellung erhebt nicht den Anspruch auf Vollständigkeit – vielmehr soll das Bewusstsein für die vielseitige Einsetzbarkeit einer Ethikrichtlinie geschaffen bzw. geschärft werden.

a) Die Einführung einer Ethikrichtlinie zur Erfüllung der Organisationspflichten nach §§ 31 ff. WpHG und §§ 25 ff. KWG

Auf nationaler Ebene sind Unternehmen aus dem Bereich der Finanzdienstleistungen – Wertpapierdienstleistungsunternehmen und Kreditinstitute – angehalten, bestehende gesetzliche Verpflichtungen zur Regelung und Überwachung des Mitarbeiterverhaltens zu erfüllen. Nach § 33 Abs. 1 WpHG ist ein Wertpapierdienstleistungsunternehmen verpflichtet, angemessene Grundsätze aufzustellen, Mittel vorzuhalten und Verfahren einzurichten, die darauf ausgerichtet sind, sicherzustellen, dass das Wertpapierdienstleistungsunternehmen selbst und seine

[84] Vertiefend dazu: *Behrendt/Kaufmann*, CR 2006, 642 (644); *Triskatis*, Ethikrichtlinien im Arbeitsrecht, 60.
[85] Stand: April 2009.
[86] Vertiefend dazu mit Bezugnahme auf das Europarecht sowie das Verfassungsrecht: *Triskatis*, Ethikrichtlinien im Arbeitsrecht, 41 ff.

Mitarbeiter den Verpflichtungen des WpHG nachkommen, wobei insbesondere eine dauerhafte und wirksame Compliance-Funktion einzurichten ist, die ihre Aufgaben unabhängig wahrnehmen kann. Zur Umsetzung dieser Verpflichtung dienen in der Praxis Verhaltensrichtlinien, wie die angebotenen Wertpapierdienstleistungen mit der erforderlichen Sachkenntnis, Sorgfalt und Gewissenhaftigkeit im Interesse der Kunden zu erbringen sind, einschließlich exakter Verhaltensanweisungen im Umgang mit Kundenbeschwerden[87]. Zu diesem Zwecke sind Mitarbeiter stetig zu schulen. Die Verhaltensregeln sind schriftlich niederzulegen und praktisch brauchbar zu gestalten[88].

Neben § 33 Abs. 1 WpHG regelt § 25a KWG besondere organisatorische Pflichten der Kreditinstitute. Nach § 25a Abs. 1 Nr. 2 Alt.1 KWG muss ein Kreditinstitut über eine ordnungsgemäße Geschäftsorganisation verfügen. Die ordnungsgemäße Geschäftsorganisation beinhaltet insbesondere die schriftliche Dokumentation von Verhaltensregeln[89]. Nach einer Bekanntmachung des Bundesaufsichtsamtes für Kreditwesen und des Bundesaufsichtsamtes für den Wertpapierhandel vom 7.6.2000 haben Kreditinstitute Verhaltensregeln für Mitarbeiter in Bezug auf Mitarbeitergeschäfte zu erlassen[90].

Weder die §§ 31 ff. WpHG noch die §§ 25 ff. KWG beinhalten eine ausdrückliche Pflicht zum Erlass von Ethik- bzw. Verhaltensrichtlinien. Die Praxis zeigt dennoch, dass Unternehmen aus dem Bereich der Finanzdienstleistungen dazu übergegangen sind, spezielle Verhaltensregeln bzw. Verhaltensanweisungen zu erlassen, um damit gesetzliche Verpflichtungen zu erfüllen.

b) Die Einführung einer Ethikrichtlinie zur Erfüllung der Organisationspflichten nach § 12 Abs. 1 AGG

Nach § 12 Abs. 1 Satz 1 AGG ist der Arbeitgeber verpflichtet, die erforderlichen Maßnahmen zum Schutz vor Benachteiligungen wegen eines in § 1 AGG genannten Grundes zu treffen. Dieser Schutz hat auch vorbeugende Maßnahmen zu umfassen, vgl. § 12 Abs. 1 Satz 2 AGG. Die Gesetzesbegründung liefert erste Anhaltspunkte dafür, welche Anforderungen an erforderliche Maßnahmen zu stellen sind, ohne jedoch konkrete Maßnahmen zu benennen[91]. Einigkeit herrscht darüber, dass der Arbeitgeber durch die Einführung einer Ethikrichtlinie

---

[87] Vgl. dazu die Richtlinie zur Konkretisierung der Organisationspflichten von Wertpapierdienstleistungsunternehmen gemäß § 33 Abs. 1 WpHG vom 25.10 1999, Bundesanzeiger Nr. 210 vom 6.11.1999, S. 18453.

[88] *Koller* in Assmann/Schneider, WpHG, § 33 Rn. 5.

[89] *Braun* in Boos/Fischer/Schulte-Mattler, KWG, § 25a Rn. 254 ff.

[90] Bundesanzeiger Nr. 131 vom 15.7.2000, S. 13790.

[91] Auszugsweise heißt es in der Gesetzesbegründung: *„Welche Maßnahmen geboten sind, kann je nach der Größe des Betriebes unterschiedlich zu beurteilen sein... Zu denken ist sowohl an organisatorische Maßnahmen als auch an eine Aufklärung über die Problematik der Benachteiligung“*, vgl. BT-Drs. 16/1780 S. 37, verfügbar unter: http://dip.bundestag.de/btd/16/017/1601780.pdf (letzter Abruf: 28.2.2009).

grundsätzlich der Organisationspflicht nach § 12 Abs. 1 AGG entsprechen kann[92]. Das Instrument der Ethikrichtlinie ermöglicht es dem Arbeitgeber, konkrete Verhaltensanweisungen mit direktem oder indirektem Tätigkeitsbezug für die Beschäftigten des Unternehmens einzuführen, mit dem Ziel, die Beschäftigten vor Benachteiligungen zu schützen sowie über die Problematik der Benachteiligung aufzuklären. Die weitaus schwierigere Frage ist, welche inhaltlichen und sonstigen Anforderungen an eine Ethikrichtlinien zu stellen sind. Richtigerweise muss die Ethikrichtlinie bestimmten Voraussetzungen gerecht werden, um die Präventionspflicht nach § 12 Abs. 1 Satz 2 AGG in Verbindung mit § 12 Abs. 1 Satz 1 AGG zu erfüllen[93]. Gleichzeitig besteht durch die Einführung der Ethikrichtlinie die Möglichkeit, die Exkulpation nach § 12 Abs. 2 Satz 2 AGG herbeizuführen. Dazu müssen jedoch zusätzliche Voraussetzungen erfüllt sein[94].

c) Die Einführung einer Ethikrichtlinie zur Erfüllung weiterer Verpflichtungen

Daneben wird die Einführung von Ethikrichtlinien beispielsweise im Zusammenhang mit den Verpflichtungen aus § 161 Satz 1 AktG, § 130 Abs. 1 Satz 1 OWiG, § 3 Abs. 1 Satz 1 ArbSchG, § 91 Abs. 2 AktG und § 93 Abs. 1 AktG diskutiert[95].

---

[92] *Schneider/Sittard*, NZA 2007, 654 ff.; *Voggenreiter* in Rudolf/Mahlmann, Gleichbehandlungsrecht, § 8 Rn. 122; *Bauschke*, AGG, § 12 Rn. 11; *Wisskirchen/Jordan/Bissels*, DB 2005, 2190 (2193); *Wisskirchen*, DB 2006, 1491 (1496); *Kock*, MDR 2006, 1088 (1092).

[93] Bezüglich der Ausgestaltung einer Ethikrichtlinie wird auf die ausführliche und zutreffende Darstellung von *Schneider/Sittard*, NZA 2007, 654 (655) verwiesen, wonach zusammengefasst folgendes zu beachten ist: Inhaltlich ist darauf zu achten, dass sämtliche Benachteiligungsgründe i.S.d. § 1 AGG abgedeckt werden, diese verständlich formuliert sind und deutlich wird, dass Benachteiligungen nach § 3 AGG zu unterbleiben haben. Die Beschäftigten müssen in Kenntnis gesetzt werden, dass Benachteiligungen als Verletzung vertraglicher Pflichten anzusehen sind, vgl. § 7 Abs. 3 AGG, und dadurch arbeitsrechtliche Konsequenzen drohen. Bei der Formulierung der Richtlinie ist darauf zu achten, dass die wesentlichen Inhalte klar und verständlich formuliert sind. Aus Beweisgründen ist das Führen eines Nachweises empfehlenswert, dass die Ethikrichtlinie allen Arbeitnehmern zugegangen ist.

[94] Bezüglich der Ausgestaltung wird ebenfalls auf die ausführliche und zutreffende Darstellung von *Schneider/Sittard*, NZA 2007, 654 (655) verwiesen, wonach folgende zusätzliche Anforderungen zu beachten sind: Neben dem Zugang muss der Arbeitgeber nachweisen, dass die Arbeitnehmer den Inhalt der Ethikrichtlinie zur Kenntnis genommen und verstanden haben. Den Beschäftigten muss in der Richtlinie die Möglichkeit aufgezeigt werden, dass Fragen zu Diskriminierungen gestellt werden können (interaktives Element). Ob dies durch Einrichtung einer Beschwerdestelle, Beauftragung eines Gleichbehandlungsbeauftragten etc. geschieht, bleibt dem Arbeitgeber überlassen. Neben dem regelmäßigen Hinweis auf die Geltung der Ethikrichtlinie, ist deutlich hervorzuheben, dass es sich um Anti-Diskriminierungsvorgaben handelt.

[95] Zum Diskussionsstand bezüglich der Vorschriften § 161 Satz 1 AktG, § 130 Abs. S. 1 OWiG und § 3 Abs. 1 Satz 1 ArbSchG vgl. *Triskatis*, Ethikrichtlinien im Arbeitsrecht, 53 ff.; *Wagner*, Ethikrichtlinien, 20 ff. im Hinblick auf § 91 Abs. 2 AktG, § 93 Abs. 1 AktG.

d) Die Einführung einer Ethikrichtlinie zur Erfüllung berufsethischer Verpflichtungen

Ebenso sind Verhaltensrichtlinien dazu geeignet, bestehende nationale berufsethische Anforderungen und Verpflichtungen zu erfüllen. Rechtsanwälte sind angehalten, die Anforderungen aus §§ 43a, 59b BRAO zu erfüllen. Zwar sind die Rechtsanwälte zur Beachtung berufsrechtlicher Vorgaben unmittelbar verpflichtet. Die konkrete organisatorische Umsetzung der Verpflichtung wird in größeren Einheiten jedoch oftmals durch interne Verhaltensrichtlinien koordiniert[96]. Eine Verpflichtung für Wirtschaftsprüfer, Maßnahmen zu ergreifen, welche eine unparteiische und unabhängige Ausübung der Prüfungstätigkeit vorsehen, ergibt sich aus dem System der Qualitätskontrolle, vgl. §§ 57a ff. WPO. Auch hier sind die Wirtschaftsprüfer zur Beachtung berufsrechtlicher Vorgaben unmittelbar verpflichtet. Dennoch wird die Umsetzung der Verpflichtungen in größeren Wirtschaftsprüfungsgesellschaften durch interne Verhaltensanweisungen gewährleistet[97].

3. Die freiwillige Einführung einer Ethikrichtlinie als Baustein der Compliance

Sollte keine gesetzliche Verpflichtung bestehen bzw. das Instrument Verhaltenskodex nicht zur Pflichterfüllung eingesetzt werden, steht es Unternehmen dennoch zur Disposition, Ethikrichtlinien einzuführen. Ethikrichtlinien können von der Geschäftsleitung als Baustein der Compliance eingesetzt werden, mit dem Ziel, Verstöße des Unternehmens gegen gesetzliche Pflichten zu verhindern und das Bewusstsein für unternehmensspezifische Gefahrenbereiche zu schaffen[98]. Zum anderen kann mit Verhaltensregeln ein ethisches Bekenntnis als Teil der Corporate Identity[99] abgeben werden[100]. Das Image eines Unternehmens ist mitentscheidend für die Stellung am Markt und den Markterfolg. Ethische Maßstäbe erhöhen die Glaubwürdigkeit der Unternehmensführung in der Öffentlichkeit[101]. Letztlich ist und bleibt es eine unternehmerische Entscheidung, die von der jeweiligen Geschäftsleitung zu treffen ist.

---

96 Vertiefend dazu *Borgmann*, NZA 2003, 352.
97 *Borgmann*, NZA 2003, 352.
98 *Lampert* in Hauschka, Corporate Compliance, § 9 Rn. 18.
99 Als Corporate Identity wird die Unternehmensidentität oder Firmenpersönlichkeit einer Organisation bezeichnet, welche die Gesamtheit aller Charakteristika eines Unternehmens repräsentiert.
100 *Kock*, MDR 2006, 673.
101 *Deiseroth*, Betrifft Justiz 2004, 296 (304).

4. Zwischenergebnis

Die Motivationen für die Einführung eines Verhaltenskodex können unterschiedlicher Natur sein. Wie aufgezeigt, sind Ethikrichtlinien ein vielfältig einsetzbares Instrument. Dadurch erlangt eine Unternehmensethik besondere Bedeutung für die anwaltliche Beratungspraxis. Verhaltensrichtlinien sind auf dem besten Weg, sich als neues Gestaltungsinstrument in der Arbeitgeberberatung zu etablieren. Inwieweit sich mit der Einführung ethischer Standards auch die beabsichtigten Erfolge einstellen, bleibt abzuwarten. Ebenso bleibt abzuwarten, ob die Einführung einer Ethik in jedem Fall den sinnvollsten und effizientesten Weg darstellt, um Pflichten zu erfüllen oder Erfolge zu realisieren.

III. Die Inhalte einer Ethikrichtlinie – Kategorisierung

Ethikrichtlinien enthalten eine Vielzahl unterschiedlicher Verhaltensanweisungen oder Verhaltensrichtlinien. Für jede einzelne Ethikrichtlinie ist zu prüfen, ob und wie sie in das individuelle Arbeitsverhältnis eingeführt werden kann und ob Mitbestimmungsrechte des Betriebsrats bestehen. Das führt mitunter zu aufwendigen Prüfungsverfahren. Vor diesem Hintergrund ist der Wunsch verständlich, Ethikrichtlinien in verschiedene Kategorien einzuteilen, um anhand der Zugehörigkeit zu einer Kategorie konkret und effizient bestimmen zu können, welche arbeitsrechtlichen Grundlagen für die jeweilige Kategorie gelten.

Eine Ethikrichtlinie enthält eine Vielzahl inhaltlich unterschiedlicher Regelungen aus unterschiedlichen eigenständigen Regelungsbereichen[102]. Eine Kategorisierung anhand der Regelungsbereiche wird dem praktischen Bedürfnis nicht gerecht und ist deshalb nicht zielführend. Allein aufgrund der Feststellung, dass Richtlinien einem bestimmten Regelungsbereich zuzuordnen sind, z.B. Umgang mit Geschäftspartnern und Dritten, können keine rechtlichen Grundsätze abgeleitet werden, mit welchem Instrument die Regelungen eingeführt werden können bzw. ob Mitbestimmungsrechte des Betriebsrats bestehen. Damit scheidet eine Kategorisierung anhand der Regelungsbereiche aus.

Zur einheitlichen Darstellung der verschiedenen inhaltlichen Ausprägungen einer Ethikrichtlinie bietet sich eine an Arbeitsvertrag und Gesetz orientierte Kategorisierung an. Eine exakte Kategorisierung erleichtert die in der Praxis mit

[102] Die Business Conduct Guidelines der Infineon AG beinhalten als repräsentatives Beispiel folgende Regelungsbereiche: A. Grundsätzliche Verhaltensanforderungen, B. Umgang mit Geschäftspartnern und Dritten, C. Vermeidung von Interessenkonflikten, D. Umgang mit Firmeneinrichtungen, E. Umgang mit Informationen, F. Umweltschutz, Gesundheit und Sicherheit, G. Meldungen von Gesetzesverstößen und Verstößen gegen die Business Conduct Guidelines, H. Implementierung und Kontrolle. Verfügbar unter: http://www.infineon.com/cms/de/corporate/investor/corporate-governance/conduct-guidelines/index.html (letzter Abruf: 1.3.2009).

der Einführung einer Ethikrichtlinie regelmäßig einhergehenden Fragen, welche Einführungsformen in Betracht kommen und ob Mitbestimmungsrechte des Betriebsrats tangiert sind. Daher wird sich die im Folgenden zu erarbeitende Kategorisierung in den nachfolgenden Untersuchungen in Bezug auf Einführungsformen und Mitbestimmungsrechte stets wiederfinden, und es können konkrete juristische Grundsätze benannt werden, welche für jede der unterschiedlichen Kategorien gelten. Auch wenn im Arbeitsrecht immer auf den konkreten Einzelfall abzustellen ist, bietet die an Arbeitsvertrag und Gesetz ausgerichtete Kategorisierung einer Ethikrichtlinie einen *hilfreichen Leitfaden* für die praktisch relevanten Fragen.

Es existieren unterschiedliche Auffassungen über die Einteilung einer Ethikrichtlinie in verschiedene Kategorien. Richtiger und in der Literatur übereinstimmender Ausgangspunkt ist in einem ersten Schritt die Untergliederung in das dienstliche und das außerdienstliche Verhalten[103]. *Kock* beschränkt sich im Ergebnis auf die Bildung dieser beiden Oberkategorien[104]. Eine verfeinerte Kategorisierung lässt sich bei *Borgmann* finden[105], der im Bereich des dienstlichen Verhaltens zwischen Regelungen mit ausschließlichem Tätigkeitsbezug und Regelungen mit Bezug auf die Tätigkeit und das sonstige Verhalten unterscheidet. *Ohlendorf/Bünning*[106] untergliedern im dienstlichen Bereich in vier Kategorien[107], welche der vorliegend erarbeiteten Kategorisierung von der Grundidee her schon sehr nahe kommen.

Zutreffender Ausgangspunkt ist zunächst die Unterteilung in zwei Hauptkategorien: Ethikrichtlinien betreffend das dienstliche Verhalten sowie Ethikrichtlinien betreffend das außerdienstliche bzw. private Verhalten. Insoweit besteht Einigkeit mit den Ansätzen von *Kock, Borgmann* und *Ohlendorf/Bünning*.

Der Bereich des dienstlichen Verhaltens ist zu untergliedern in:

- Ethikrichtlinien, welche die Hauptleistungspflicht des Arbeitnehmers konkretisieren (**dazu 1.**),
- Ethikrichtlinien, welche auf die Nebenpflichten des Arbeitnehmers hinweisen und/oder die Nebenpflichten des Arbeitnehmers erweitern (**dazu 2.**), sowie

[103] So zunächst übereinstimmend *Kock*, MDR 2006, 673; *Borgmann*, NZA 2003, 352 (353); *Ohlendorf/Bünning*, AuA 2006, 200 (201).
[104] *Kock*, MDR 2006, 673.
[105] *Borgmann*, NZA 2003, 352 (353).
[106] Vgl. *Ohlendorf/Bünning*, AuA 2006, 200 f.
[107] *Ohlendorf/Bünning* unterteilen im dienstlichen Bereich in vier Kategorien: 1. Ausschließlicher Tätigkeitsbezug, 2. Hinweis auf die Einhaltung von gesetzlichen Vorschriften, 3. Über gesetzliche Vorgaben hinausgehende Regelungen, 4. Tätigkeiten und sonstiges Verhalten, vgl. AuA 2006, 200 f.

- Ethikrichtlinien, betreffend das sonstige Verhalten des Arbeitnehmers (**dazu 3.**).

Dem stehen die Richtlinien der zweiten Hauptkategorie gegenüber:

- Ethikrichtlinien, welche das private bzw. außerdienstliche Verhalten regeln (**dazu 4.**).

Neben einer kurzen Zusammenfassung (**dazu 5.**) erfolgt ein Exkurs in die Praxis, um der Vollständigkeit halber sämtliche Inhalte einer Ethikrichtlinie darzustellen (**dazu 6.**). Die jeweiligen Kategorien werden anhand vereinzelt ausgewählter Ethikrichtlinienbeispiele illustriert.

1. Ethikrichtlinien, welche die Hauptleistungspflicht des Arbeitnehmers konkretisieren

Die erste Kategorie bildet grundsätzlich nicht den Schwerpunkt einer Ethikrichtlinie, dennoch existieren zum Teil Regelungen, welche die Hauptleistungspflicht der Arbeitnehmer konkretisieren. Gegenstand sind Verhaltensanweisungen, die für bestimmte Konstellationen des beruflichen Alltags gelten und in direktem und ausschließlichem Bezug zur Arbeitsleistung stehen. Sie konkretisieren die Art und Weise der arbeitsvertraglichen Hauptleistungspflicht. Die Regelungsbereiche können unterschiedlicher Natur sein. Unter anderem zählen dazu der Umgang mit Kundenkritik, redliches Verhalten gegenüber Kunden im Geschäftsverkehr, Entscheidungshilfen für einwandfreie und verantwortungsbewusste Vorgehensweisen gegenüber Verhandlungspartnern, Kunden und Leistungsempfängern etc.

In einer Verhaltensrichtlinie der Firma EDEKA Südbayern wird das Arbeitsverhalten im Hinblick auf den Umgang mit Kundenkritik wie folgt konkretisiert:

> *„**Beschwerden sind unsere Chance***
> *Durch unsachgemäßen Umgang mit Kundenkritik geht einem Unternehmen Innovationspotenzial und Wissen verloren. Bitte bleiben Sie sachlich und bemühen sich um eine faire und freundliche Diskussion. Hören Sie aufmerksam zu und nehmen Sie Verbesserungsvorschläge entgegen. Unsere Mitarbeiter nehmen die Kritik unserer Kunden ernst. Wir empfehlen folgende Vorgehensweise:*
>
> 1. ***Begrüßung***
>   *Begrüßen Sie Kunden, die mit einem Problem auf Sie zukommen, stets freundlich und zuvorkommend.*
> 2. ***Aktiv Zuhören***
>   *Ein Kunde, der sich beschwert, möchte sein Problem loswerden (Dampf ablassen). Hören Sie ihm aufmerksam zu und zeigen Sie Verständnis für seine Verärgerung.*

3. ***Im Namen von EDEKA entschuldigen***
   Wir betrachten jede Beschwerde als berechtigt. Bitte entschuldigen Sie sich im Namen von EDEKA für die Unannehmlichkeiten. Nehmen Sie Kritik nicht persönlich, denn bei EDEKA gilt: Auch wenn es nicht unsere Schuld ist, haben wir die Verantwortung, das Problem des Kunden zu seiner Zufriedenheit zu lösen.
4. ***Lösungsfindung***
   Suchen Sie gemeinsam mit dem Kunden nach einer angemessenen Lösung. Kann das Problem nicht sofort behoben werden, ziehen Sie den Marktleiter hinzu.
5. ***Im Namen von EDEKA bedanken***
   Ein Kunde der sich beschwert, gibt uns die Chance, es in Zukunft besser zu machen. Bedanken Sie sich beim Kunden und verabschieden Sie ihn mit dem Versprechen, auch bei weiteren Problemen für ihn da zu sein[108].“

2. Ethikrichtlinien, welche auf die Nebenpflichten des Arbeitnehmers hinweisen und/oder die Nebenpflichten des Arbeitnehmers erweitern

Eine Ethikrichtlinie besteht schwerpunktmäßig aus Regelungen, welche Nebenpflichten des Arbeitnehmers wiedergeben und/oder erweitern. Dabei ist dogmatisch aufgrund der unterschiedlichen Rechtsgrundlagen zwischen gesetzlichen Nebenpflichten des Arbeitnehmers und arbeitsvertraglichen Nebenpflichten des Arbeitnehmers zu unterscheiden.

a) Ethikrichtlinien, welche gesetzliche Nebenpflichten des Arbeitnehmers wiedergeben und erweitern

Unternehmen setzen sich zum Grundsatz, bei allen Geschäftstätigkeiten in Übereinstimmung mit den jeweils geltenden Gesetzen und Vorschriften zu handeln. Ethisch einwandfreies Verhalten hat höchste Priorität. Zahlreiche Regelungen einer Ethikrichtlinie setzen keine neuen Standards bzw. formulieren keine neuen Erkenntnisse. Vielmehr wird häufig auf bestehende gesetzliche Pflichten hingewiesen. Auf diese Weise soll die Einhaltung gesetzlicher Vorschriften sicher gestellt werden. Bei gesetzlichen Nebenpflichten des Arbeitnehmers handelt es sich um Nebenpflichten, welche in unterschiedlicher Weise dem Schutz des Arbeitgebers, des Arbeitnehmers oder dritter Personen dienen[109]. Gesetzliche Nebenpflichten sind daran zu erkennen, dass im Tatbestand der jeweiligen Vorschrift konkret auf die beschäftigte Person bzw. den Angestellten Bezug genommen wird. Gesetzliche Nebenpflichten im technischen Arbeitsschutz lassen sich beispielsweise in §§ 15, 16 ArbSchG[110] finden. Im strafrechtlichen Bereich ist unter anderem an die Bestechlichkeit und Bestechung im geschäftlichen Ver-

---

[108] Verhaltensrichtlinie für Mitarbeiter EDEKA Südbayern.
[109] *Hromadka/Maschmann*, Arbeitsrecht Band 1, § 6 Rn. 103.
[110] § 15 Abs. 1 Satz 1 ArbSchG: „Die Beschäftigten sind verpflichtet, ...“ § 16 Abs. 1 ArbSchG: „Die Beschäftigten haben dem Arbeitgeber ... zu melden“ (Hervorhebung durch den Verfasser).

kehr gemäß § 299 StGB[111] zu denken. Ebenso fällt das Verbot des Verrats von Geschäfts- und Betriebsgeheimnissen nach § 17 UWG[112] in den Bereich der gesetzlichen Nebenpflichten des Arbeitnehmers.

Wird mit dem Hinweis auf die bestehende gesetzliche Pflicht gleichzeitig geregelt, auf welche Art und die Weise die bestehende Pflicht einzuhalten ist, dann spricht man in diesem Zusammenhang von der Konkretisierung der gesetzlichen Verpflichtung – sofern nach dem Gesetzeswortlaut dahingehend ein Gestaltungsspielraum verbleibt. Näher bestimmt wird nicht die Pflicht selbst (das „ob"), sondern wie die Pflicht im konkreten Fall einzuhalten ist (das „wie"), beispielsweise die Verhaltensanweisung, dass sich der Arbeitnehmer in bestimmten Fällen mit einer zuständigen Stelle etc. in Verbindung setzen muss. Außerdem können gesetzliche Nebenpflichten in Ethikrichtlinien eine Erweiterung erfahren, indem über die gesetzlichen Vorgaben hinausgehende Verpflichtungen geschaffen werden, welche gegebenenfalls wiederum zeitgleich exakte Verhaltensvorgaben bezüglich der Art und Weise, wie die erweiterten Pflichten einzuhalten sind, vorsehen können.

aa) Hinweis auf gesetzliche Nebenpflichten des Arbeitnehmers und deren Konkretisierung

Auch wenn alleine aus rein rechtlichen Gesichtspunkten keine Notwendigkeit besteht, auf bestehende gesetzliche Nebenpflichten in einer Ethikrichtlinie hinzuweisen, kann dies dennoch sinnvoll und auch empfehlenswert sein. Dafür sprechen im Wesentlichen folgende Argumente. Den Arbeitnehmern werden Pflichten verdeutlicht und ins Bewusstsein gerufen, welche vielleicht nicht mehr präsent im Gedächtnis vorhanden sind. Das gilt auch dann, wenn auf die entsprechenden gesetzlichen Nebenpflichten bereits im Arbeitsvertrag Bezug genommen worden ist. Die Darstellung im Verhaltenskodex führt zu einer Sensibilisierung im Hinblick auf rechtlich und damit ethisch einwandfreies Verhalten[113]. Ebenso kann durch die Aufnahme gesetzlicher Nebenpflichten in einen Ethikkodex ein positives Signal in Richtung Außenwahrnehmung und damit Aufwertung der „Corporate Identity" gesetzt werden. Zudem sind Hinweise auf gesetzliche Nebenpflichten aus präventiven Gesichtspunkten empfehlenswert, da bei Verstößen gegen diese Vorschriften unter Umständen erhebliche Schäden drohen.

---

[111] § 299 Abs. 1 StGB: „Wer als Angestellter oder Beauftragter eines geschäftlichen Betriebes..." (Hervorhebung durch den Verfasser).

[112] § 17 Abs. 1 UWG: „Wer als eine bei einem Unternehmen beschäftigte Person..." (Hervorhebung durch den Verfasser).

[113] Mangelndes Wertebewusstsein ist für die Entstehung von Vermögenskriminalität von zentraler Bedeutung, vgl. *Nestler/Salvenmoser/Bussmann*, Wirtschaftskriminalität 2007, 46.

Regelungen in Ethikrichtlinien mit dem Bezug auf gesetzliche Nebenpflichten können beispielsweise wie folgt lauten:

Normierung der Verpflichtung aus § 5 Satz 1, 3 BDSG:

> *„Den bei der Datenverarbeitung beschäftigten Personen ist untersagt, personenbezogene Daten unbefugt zu erheben, zu verarbeiten oder zu nutzen (Datengeheimnis). Das Datengeheimnis besteht auch nach Beendigung ihrer Tätigkeit fort."*

Normierung der Verpflichtung aus § 17 Abs. 1 UWG:

> *„Die Mitarbeiter sind verpflichtet, ein Geschäfts- oder Betriebsgeheimnis, welches ihnen im Rahmen des Dienstverhältnisses anvertraut worden oder zugänglich geworden ist, während der Geltungsdauer des Dienstverhältnisses nicht unbefugt an jemand zu Zwecken des Wettbewerbs, aus Eigennutz, zu Gunsten eines Dritten oder in der Absicht, dem Inhaber des Unternehmens Schaden zuzufügen, mitzuteilen."*

Es existieren Verhaltensrichtlinien, welche auf die wortwörtliche Wiedergabe einer gesetzlichen Nebenpflicht verzichten, dem Arbeitnehmer aber durch Nennung von konkreten Beispielen vor Augen führen, in welchen Situationen Interessenkonflikte drohen. Im Verhaltenskodex der Firma UPM heißt es in Anlehnung an eine drohende Strafbarkeit nach § 299 StGB unter anderem:

> ***„Interessenkonflikt***
> *Sie müssen zwischen potenziellen Lieferanten wählen. Einer der möglichen Kandidaten bietet Ihnen eine komplett bezahlte Wochenendreise an einen Urlaubsort an, wo die Einzelheiten des Angebots diskutiert werden können. Dürfen Sie das annehmen?*
> ***Nein!*** *Begeben Sie sich nie in eine Situation, welche einen Interessenkonflikt für Sie oder das Unternehmen bedeutet. Alle Geschäftsentscheidungen müssen so objektiv wie möglich getroffen werden und die Interessen des Unternehmens berücksichtigen[114]."*

Im Gegensatz dazu würde die Wiedergabe der Verpflichtung aus § 299 Abs. 1 Satz 1 StGB wie folgt lauten:

> *„Wer als Angestellter oder Beauftragter eines geschäftlichen Betriebes im geschäftlichen Verkehr einen Vorteil für sich oder einen Dritten als Gegenleistung dafür fordert, sich versprechen lässt oder annimmt, dass er einen anderen bei dem Bezug von Waren oder gewerblichen Leistungen im Wettbewerb in unlauterer Weise bevorzuge, wird mit Freiheitsstrafe bis zu drei Jahren oder mit Geldstrafe bestraft. Ebenso wird bestraft, wer im geschäftlichen Verkehr zu Zwecken des Wettbewerbs einem Angestellten oder Beauftragten eines geschäftlichen Betriebes einen Vorteil für diesen oder ei-*

[114] Quelle: Broschüre "UPM Verhaltenskodex", basierend auf dem am 31.05.2006 durch das UPM Board of Directors genehmigten Verhaltenskodex. Weitere Informationen unter www.upm-kymmene.com oder direkt bei der UPM Unternehmenskommunikation germany.communications@upm-kymmene.com.

nen Dritten als Gegenleistung dafür anbietet, verspricht oder gewährt, dass er ihn oder einen anderen bei dem Bezug von Waren oder gewerblichen Leistungen in unlauterer Weise bevorzuge. Diese Grundsätze gelten auch für Handlungen im ausländischen Wettbewerb.“

§ 299 Abs. 1 StGB verbietet unter anderem jedes Annehmen von Vorteilen für die unlautere Bevorzugung im Wettbewerb um Liefer- oder Dienstleistungsverträge. Führt die Annahme von Schmiergeld/bzw. anderen Leistungen (Vorteilen) zu einer wettbewerbswidrigen Bevorzugung eines Lieferanten, macht sich der Arbeitnehmer nach § 299 Abs. 1 StGB strafbar. Neben dem Hinweis auf die gesetzliche Vorschrift kann eine Verhaltensrichtlinie die Anweisung enthalten, wie sich der Mitarbeiter in entsprechenden Situationen zu verhalten hat, nämlich dass er sich bei entsprechenden Angeboten von Kunden mit dem Compliance-Beauftragten oder einer gesondert dafür eingerichteten Stelle in Verbindung zu setzen hat. Die Unternehmen haben regelmäßig ein Interesse daran, dass derartige konfliktträchtige Situationen an entsprechende Stellen gemeldet werden und der Arbeitnehmer dies nicht verschweigt. Denn grundsätzlich möchte ein Unternehmen nur mit Geschäftspartnern zusammenarbeiten, welche sich ebenfalls ethischen Grundsätzen verschrieben haben.

bb) Erweiterung gesetzlicher Nebenpflichten des Arbeitnehmers und deren Konkretisierung

Vor dem Hintergrund der gesetzlichen Nebenpflicht aus § 299 StGB ist auf Regelungen einzugehen, welche in einem Verhaltenskodex unter den Schlagwörtern *„Geschenke“* und *„Gastfreundschaft“* anzutreffen sind, regelmäßig fester Bestandteil eines Ethikkodex sind und immer wieder für Diskussionsstoff sorgen. Eine strafrechtliche Verantwortlichkeit begründet die bloße Annahme bzw. Gewährung von Geschenken nicht. Zur Strafbarkeit müssen im Rahmen der §§ 299, 331 ff. StGB konkrete Bezüge bzw. ein Zusammenhang zu einer Handlung im geschäftlichen Verkehr bzw. einer Diensthandlung vorhanden sein. Deshalb kann bei Ethikrichtlinien, welche die Annahme bzw. die Gewährung von Geschenken regeln, von Regelungen mit einem Präventivcharakter gesprochen werden. Das Unternehmen möchte bereits im Vorfeld jegliche konfliktträchtigen Situationen durch die Annahme von Geschenken ausschließen, um zu verhindern, dass ein Arbeitnehmer in den Bereich der strafrechtlichen Verantwortlichkeit fällt. Deshalb sind Unternehmen darauf bedacht, Regelungen im Bezug auf die Annahme von Einladungen, Geschenken und Zuwendungen zu erlassen. Da die Regelungen unter anderem einer Strafbarkeit aus § 299 Abs. 1 StGB vorbeugen sollen – somit den Ursprung in einer gesetzlich Nebenpflicht haben –, erfolgt deren Darstellung im Bereich der gesetzlichen Nebenpflichten[115].

Die gesetzliche Nebenpflicht des § 299 StGB wird erweitert, wenn ein vollständiges Verbot der Geschenkannahme ausgesprochen wird. Damit wird der Pflichtenkreis des Arbeitnehmers erweitert, da die Annahme von Geschenken nach § 299 Abs. 1 StGB grundsätzlich zulässig ist, sofern die Annahme von Vorteilen nicht zu einer wettbewerbswidrigen Bevorzugung von Lieferanten führt.

> *„Es ist Ihnen nicht erlaubt, von einem Lieferanten, potentiellen Lieferanten oder einer anderen Person, von der Sie annehmen, dass diese Person dadurch Einfluss auf eine Geschäftsentscheidung oder Transaktion, bei der X.-N. involviert ist, gewinnen möchte, Geschenke und Zuwendungen zu fördern, anzufragen oder anzunehmen... Zu BEACHTEN: Jedes Geschenk oder Zuwendung von einem Lieferanten muss unter Angabe dieser Richtlinie zurückgegeben werden. Sofern Rückgabe unmöglich ist, geht das Geschenk in das Eigentum von X.-X. über. Jedes Angebot über ein Geschenk oder eine Zuwendung ist dem Vorgesetzten zu melden[116].“*

Ein Verbot der Annahme von Geschenken und Einladungen ist nicht unüblich und findet sich im Hinblick auf die Strafbarkeit nach §§ 331 f. StGB beispielsweise in einer Regelung für den öffentlichen Dienst des Freistaats Bayern[117].

Oftmals gehen Unternehmen einen Mittelweg, das bedeutet, im Grundsatz wird ebenfalls ein vollständiges Verbot der Geschenkannahme normiert, allerdings nur für den Fall, dass eine bestimmte Wertgrenze überschritten wird. In dem Code of Conduct der WestLB heißt es in der Anlage Zuwendungs- und Geschenkpraxis auszugsweise:

> ***„I. Umgang mit erhaltenen Zuwendungen***
> ***1. Geschenke***
> *Geschenke von Dritten dürfen angenommen werden, wenn sie allgemein üblich sind und als Höflichkeit oder Gefälligkeit anerkannt werden (z. B. Blumen, Wein, Kalender, andere kleine Werbegeschenke). Alle darüber hinaus gehenden Geschenke bis zu einem Wert von € 150,- sind dem zuständigen Vorgesetzten und dem Compliance Office anzuzeigen. Die Annahme von Geschenken, die im Kalenderjahr einen Wert von € 150,- pro Absender und pro Mitarbeiter überschreiten, ist grundsätzlich abzulehnen. Ist die Ablehnung aus geschäftspolitischen Gründen nicht möglich, ist der Erhalt eines solchen Geschenkes dem zuständigen Vorgesetzten zu melden und dem Compliance*

[115] Die Tatbestände der §§ 331 ff., 266 StGB u.a., welche ebenfalls in Betracht kommen können, sind nach der hier vorgeschlagenen Kategorisierung in den Bereich der arbeitsvertraglichen Nebenpflichten einzuordnen, vgl. dazu in diesem Kapitel unter III. 2. b) aa).

[116] Auszug aus der Ethikrichtlinie, welche dem Beschluss des LAG Düsseldorf vom 14.11.2005 – 10 TaBV 46/05, DB 2006, 162 ff. zu Grunde lag.

[117] Verfügbar unter: http://personal.verwaltung.uni-muenchen.de/download/c007.dot (letzter Abruf: 2.3.2009).

Office als der zentralen Meldestelle anzuzeigen. Das Geschenk ist beim Compliance Office abzugeben[118]*.“*

Die in der Richtlinie formulierten Ausnahmen beruhen auf dem Gedanken der Sozialadäquanz, welcher bei der Auslegung des § 299 StGB Berücksichtigung findet. Der Tatbestand des § 299 StGB erfährt dahingehend eine Begrenzung, wonach kleinere Aufmerksamkeiten, Werbegeschenke oder Einladungen zu einem bürgerlichen Mittagessen mit Blick auf den Verkehrskreis typischerweise nicht hinreichend geeignet sind, geschäftliche Entscheidungen sachwidrig zu beeinflussen[119].

Bei der hier dargestellten Kategorie (Erweiterung gesetzlicher Nebenpflichten des Arbeitnehmers) ist weiterhin beispielhaft an eine Erweiterung der Verschwiegenheitsverpflichtung aus § 17 UWG zu denken, wenn sich die Verpflichtung laut Ethikrichtlinie nunmehr auf sämtliche betriebsinterne Angelegenheiten erstreckt.

b) Ethikrichtlinien, welche arbeitsvertragliche Nebenpflichten des Arbeitnehmers wiedergeben und erweitern

Arbeitsvertragliche Nebenpflichten können ausdrücklich zwischen Arbeitgeber und Arbeitnehmer im Arbeitsvertrag vereinbart werden[120]. In Rechtsprechung und Schrifttum ist allgemein anerkannt, das den Arbeitnehmer auch ohne ausdrückliche Vereinbarung aufgrund des Arbeitsvertrages eine Reihe von Nebenpflichten, insbesondere Obhuts-, Rücksichts- und Informationspflichten treffen, die unter dem Begriff der Treuepflicht zusammengefasst werden[121]. Die Rechtsgrundlage der Treuepflicht wurde in der Vergangenheit über das Wesen des Arbeitsverhältnisses als ein personenrechtliches Gemeinschaftsverhältnis begründet[122]. Nach *Linck* ist die Bezeichnung als Treuepflicht überholt und hat für das Arbeitsverhältnis nur noch als Oberbegriff seine Bedeutung, unter welchen die einzelnen Nebenpflichten zusammengefasst sind[123]. Bei den Begründungsversuchen der arbeitsvertraglichen Nebenpflichten ist nach vorzugswürdiger Ansicht auf die allgemeinen schuldrechtlichen Grundsätze zurückzugreifen, dem alle Schuldverhältnisse beherrschenden Grundsatz von Treu und Glauben nach § 242 BGB und den Pflichten aus dem Schuldverhältnis nach § 241 Abs. 2 BGB[124].

---

[118] Verfügbar unter: http://www.westlb.de/cms/sitecontent/westlb/csr/de/Compliance.standard.gid-N2FkNDZmMzU4OWFmYTIyMWM3N2Q2N2Q0YmU1NmI0OGU_.html (letzter Abruf: 11.4.2009).

[119] *Heine* in Schönke/Schröder, § 299 Rn. 20.

[120] *Hromadka/Maschmann*, Arbeitsrecht Band 1, § 6 Rn. 105.

[121] BGH vom 23.2.1989 – IX ZR 236/86, BB 1989, 649 ff.; *Herbert/Oberrath*, NZA 2005, 193 (194).

[122] Über die historische Entwicklung der Nebenpflichten des Arbeitnehmers siehe ausführlich *Blomeyer* in MünchArbR, § 51 Rn 4 ff.; *Preis* in ErfK, BGB, § 611 Rn. 707 ff.; *Düsel*, Gespaltene Loyalität, 108 ff.

[123] *Linck* in Schaub ArbR-Hdb, § 55 Rn. 2.

[124] *Preis* in ErfK, BGB, § 611 Rn. 707.

Die Pflicht zur Rücksichtnahme, des Schutzes und der Förderung des Vertragszwecks lässt sich aus § 242 BGB herleiten und wird durch § 241 Abs. 2 BGB unterstrichen[125]. Aus der Pflicht zur Rücksichtnahme haben sich eine Reihe von ungeschriebenen arbeitsvertraglichen Nebenpflichten bzw. vertraglichen Rücksichtnahmepflichten entwickelt[126]. Dieser Untersuchung liegen ausschließlich vertragsimmanente arbeitsvertragliche Nebenpflichten aus §§ 242, 241 Abs. 2 BGB zu Grunde. Für die weitere Begriffsverwendung bedeutet dies: ist im Folgenden von arbeitsvertraglichen Nebenpflichten bzw. arbeitsvertraglichen Rücksichtnahmepflichten die Rede, sind damit die vertragsimmanenten arbeitsvertraglichen Nebenpflichten aus §§ 242, 241 Abs. 2 BGB gemeint. Schwerpunkt von Ethikrichtlinien sind selbständige (nichtleistungsbezogene) Nebenpflichten der Arbeitnehmer aus §§ 242, 241 Abs. 2 BGB[127]. Das ist vor dem Hintergrund verständlich, dass sich Ethikrichtlinien an die gesamte Belegschaft richten. Mit einer Ethikrichtlinie macht es gerade keinen Sinn, individuelle, für jedes Arbeitsverhältnis konkret festzustellende, unselbständige (leistungsbezogene) Nebenpflichten zu regeln. Anders hingegen für die allen Arbeitsverträgen immanenten selbständigen (nichtleistungsbezogenen) Nebenpflichten aus §§ 242, 241 Abs. 2 BGB.

Ein großer Teil der Regelungen in einem Verhaltenskodex hat seinen Ursprung in den arbeitsvertraglichen Nebenpflichten. Einerseits ist in Ethikrichtlinien der Hinweis auf arbeitsvertragliche Nebenpflichten zu finden, gegebenenfalls wenn ein Regelungsspielraum verbleibt, eine Konkretisierung, auf welche Art und Weise die arbeitsvertraglichen Nebenpflichten einzuhalten sind[128]. Andererseits können arbeitsvertragliche Nebenpflichten in Ethikrichtlinien eine Erweiterung erfahren, indem über die vertragsimmanenten Pflichten hinausgehende Verpflichtungen geschaffen werden, welche gegebenenfalls wiederum zeitgleich exakte Verhaltensvorgaben bezüglich der Art und Weise, wie die erweiterten Pflichten einzuhalten sind, vorsehen können.

aa) Hinweis auf arbeitsvertragliche Nebenpflichten des Arbeitnehmers und deren Konkretisierung

Hier kommen zunächst Hinweise auf die „klassischen Nebenpflichten“ in Betracht, welche – je nach Gestaltungsspielraum – gleichzeitig die Art und Weise, wie die bestehenden Pflichten einzuhalten sind, regeln können.

---

[125] *Preis* in ErfK, BGB, § 611 Rn. 707.

[126] Ausführlich zu den einzelnen Nebenpflichten des Arbeitnehmers *Preis* in ErfK, BGB, § 611 Rn. 710 ff.

[127] Zur Differenzierung zwischen selbständigen Nebenpflichten und unselbständigen Nebenleistungspflichten siehe in Kapitel 4 B. II. 3. a).

[128] Hier gilt gleiches wie bei den gesetzlichen Nebenpflichten. Näher bestimmt wird nicht die arbeitsvertragliche Nebenpflicht selbst (das „ob“), sondern, wie die Pflicht im konkreten Fall einzuhalten ist (das „wie“).

Dem Arbeitnehmer obliegt aufgrund der Tatsache, dass er die Sachherrschaft über Eigentum und Besitz des Arbeitgebers ausübt, eine besondere Schutzpflicht. Soweit sich die Verpflichtung nicht direkt durch Normierung aus dem Arbeitsvertrag ergibt, ist der Arbeitnehmer aufgrund der vertragsimmanenten Nebenpflichten angehalten, das Eigentum oder den Besitz des Arbeitgebers zu schützen[129].

> *„Unternehmenseigentum darf nur für betriebliche Zwecke genutzt werden. Die Mitarbeiter sind verpflichtet, Eigentum des Unternehmens vor Verlust, Diebstahl oder Missbrauch zu schützen[130].“*

Ethikrichtlinien können ebenso sehr allgemein gehaltene vertragliche Rücksichtnahmepflichten nach dem Wortlaut der höchstrichterlichen Rechtsprechung enthalten:

> *„Der Arbeitnehmer ist verpflichtet, auf die geschäftlichen Interessen des Arbeitgebers Rücksicht zu nehmen und sie im zumutbaren Umfang zu wahren[131].“*

> *„Die Treuepflicht des Arbeitnehmers beinhaltet, dem Arbeitgeber drohende Schäden anzuzeigen[132].“*

Die Pflicht des Arbeitnehmers beschränkt sich nicht nur, wie oben dargestellt, auf die Einhaltung gesetzlicher Nebenpflichten. Darüber hinaus ist der Arbeitnehmer über die arbeitsvertragliche Treuepflicht an die Einhaltung von Recht und Gesetz gebunden, soweit schützenswerte Interessen des Arbeitgebers vorhanden sind. Das gilt zumindest dann, wenn Gesetzesverstöße zur Schädigung des Unternehmens führen können. Ausgangspunkt ist die Pflicht des Arbeitnehmers zur Schadensabwendung. Die Schadensabwendungspflicht wird in Rechtsprechung und Schrifttum vielfach dahin umschrieben, der Arbeitnehmer habe die Interessen seines Arbeitgebers zu wahren, alles zu unterlassen, was diesen schädigen könne und ihm drohende Gefahren abzuwenden[133]. Daher ist der Arbeitnehmer aufgrund vertragsimmanenter Nebenpflichten verpflichtet, sich gesetzeskonform zu verhalten, und zwar auch im Hinblick auf Tatbestände, die keine gesetzlichen Nebenpflichten darstellen, dem Unternehmen aber Schaden können[134]. Zu denken ist hier insbesondere an Straftaten gegen die Umwelt §§ 324 ff. StGB, Untreue § 266 StGB, Betrug § 263 StGB oder beispielsweise

[129] *Blomeyer* in MünchArbR, § 53 Rn. 52.
[130] Verhaltensrichtlinie der Daimler AG, Seite 14, verfügbar unter: http://www.daimler.com/Projects/c2c/channel/documents/1031143_dcx_corp_2007_docs_verhaltensrichtlinie_g.pdf (letzter Abruf: 2.3.2009).
[131] BAG vom 3.7.2003 – 2 AZR 235/02, NZA 2004, 427 ff.
[132] BAG vom 1.6.1995 – 6 AZR 912/94, DB 1995, 2317 f.
[133] BGH vom 23.2.1989 – IX ZR 236/86, BB 1989, 649 ff.; *Preis* in ErfK, BGB, § 611 Rn. 744 ff.
[134] So auch die Herleitung von *Triskatis*, Ethikrichtlinien im Arbeitsrecht, 179.

der Umgang mit Beamten und Mitarbeitern des öffentlichen Dienstes, vgl. §§ 333, 334 StGB.

In der Praxis häufig anzutreffen sind Pauschalanweisungen zur Einhaltung gesetzlicher Vorschriften, ohne jedoch die konkrete Normierung einzelner gesetzlicher Regelungen vorzunehmen:

> ***„Einhaltung gesetzlicher Vorschriften und Offenlegung***
> *Es ist ein Grundsatz von UPM, bei allen Geschäftstätigkeiten und überall dort, wo Geschäftstätigkeit erfolgt, in Übereinstimmung mit den jeweils geltenden Gesetzen und Vorschriften zu handeln. Dies gilt unter anderem für alle Gesetze und Vorschriften, die Wertpapiermärkte, Unternehmensführung, Wettbewerb, Produktsicherheit und -haftung, Arbeitsschutz, Arbeit, Umwelt, Schutz geistigen Eigentums, Datenschutz und Gleichberechtigung am Arbeitsplatz betreffen[135].“*

In Anlehnung an §§ 333, 334 StGB hat die Daimler AG formuliert:

> ***„Beziehungen zu Behörden und Beamten***
> *Zahlungen, Darlehen oder sonstige geldwerte Vorteile durch den Konzern, eine Tochtergesellschaft oder aus eigenen Mitteln an Beamte oder Mitarbeiter im öffentlichen Dienst mit dem Ziel, Aufträge oder Vorteile für die Daimler AG, ihre Tochtergesellschaften oder andere Personen zu erhalten, sind nicht erlaubt[136].“*

§ 263 StGB stellt den Betrug unter Strafe. In der Konzernrichtlinie zur Betrugsbekämpfung von UPM unter dem Stichpunkt „*Was gilt als Betrug?*“ heißt es wie folgt:

> *„Als Betrug im Sinne dieser Richtlinie gelten alle durch Vorspiegelung falscher oder durch Verschweigen wahrer Tatsachen bzw. durch Vertrauensbruch gekennzeichneten gesetzeswidrigen Handlungen, unabhängig davon, ob mit diesen Handlungen eine Drohung, Nötigung oder die Anwendung körperlicher Gewalt verbunden ist. Dabei können betrügerische Handlungen sowohl von Einzelpersonen als auch von Organisationen verübt werden, um sich oder anderen einen rechtswidrigen Vermögensvorteil in Form von Geld, Sachwerten oder Dienstleistungen zu verschaffen, um Zahlungen oder den Verlust von Dienstleistungen zu vermeiden oder um andere persönliche oder wirtschaftliche/geschäftliche Vorteile zu sichern[137].“*

Ein Regelung aus dem Bereich der §§ 324 ff. StGB, Straftaten gegen die Umwelt, welche konkretisierend darlegt, welche Vorgehensweise in einem bestimmten Einzelfall einzuhalten ist, lautet beispielsweise wie folgt:

---

[135] UPM Verhaltenskodex vom 31.5.2006, Seite 1, verfügbar unter: http://w3.upm-kymmene.com (letzter Abruf: 3.2.2009).

[136] Verhaltensrichtlinie der Daimler AG, Seite 9, verfügbar unter: http://www.daimler.com/Projects/c2c/channel/documents/1031143_dcx_corp_2007_docs_verhaltensrichtlinie_g.pdf (letzter Abruf: 2.3.2009).

[137] Konzernrichtlinie zur Betrugsbekämpfung der Firma UPM, verfügbar unter: http://w3.upmkymmene.com (letzter Abruf: 2.3.2009).

*„**Umweltverschmutzung***
Sie arbeiten in der Kläranlage einer Produktionseinheit und stellen fest, dass die Qualität des Abwassers sich kontinuierlich außerhalb erlaubter Grenzwerte befindet. Das Weiterbetreiben der Kläranlage würde zu weiterer unerlaubter Abwassereinleitung führen, aber das Stoppen der Einleitung würde einen Produktionsstillstand dieser Produktionseinheit bedeuten. Was sollen Sie tun?
Handeln Sie!
Informieren Sie Ihren Vorgesetzten sofort über die Situation. Alle Geschäftstätigkeiten von UPM müssen den geltenden Gesetzen und Vorschriften vollständig entsprechen. Aktive Vorsichtsmaßnahmen zum Schutz der Umwelt sind Standardverfahren. Die Aufsichtsbehörde, die für unerlaubte Abwassereinleitungen zuständig ist, muss informiert werden. Da sich die Abwassereinleitung derzeit außerhalb erlaubter Grenzwerte befindet, muss das weitere Vorgehen mit der für den Umweltschutz zuständigen Stelle abgestimmt werden[138].“

bb) Erweiterung arbeitsvertraglicher Nebenpflichten des Arbeitnehmers und deren Konkretisierung

Auf der anderen Seite können arbeitsvertragliche Nebenpflichten in Ethikrichtlinien eine Erweiterung erfahren, indem über die vertragsimmanenten Nebenpflichten hinausgehende Verpflichtungen geschaffen werden, und oftmals exakte Verhaltensvorgaben bezüglich der Art und Weise, wie die erweiterten Pflichten einzuhalten sind. In Betracht kommen beispielsweise erweiterte Wettbewerbsverbote über § 60 HGB hinaus[139], ebenso erweiterte Verschwiegenheitsverpflichtungen[140], welche beispielsweise die Verschwiegenheitspflicht auf Dritte erstrecken.

Eine Erweiterung der arbeitsvertraglichen Nebenpflicht, dem Arbeitgeber (drohende) Schäden anzuzeigen[141], liegt beispielsweise dann vor, wenn Richtlinien eingeführt werden, die eine umfassende Anzeigepflicht des Arbeitnehmers vorsehen, welche sich auf alle Verstöße gegen den Kodex erstreckt, ohne einen Bezug zu einem dem Arbeitgeber (drohenden) Schaden zu haben.

*„**Meldung eines Verstoßes***
Mitarbeiter, die Fragen haben, Rat suchen oder einen Verstoß gegen den Kodex vermuten, sollten mit ihrem unmittelbaren Vorgesetzten oder Manager sprechen. Wenn jedoch der Verdacht besteht, dass der Vorgesetzte bzw. Manager selbst am Verstoß beteiligt ist, oder wenn der Mitarbeiter seine Vermutung lieber einer neutralen Person mitteilen möchte, sollte er sich mit seinem Problem an einen anderen Vorgesetzten

[138] Quelle: Broschüre "UPM Verhaltenskodex", basierend auf dem am 31.05.2006 durch das UPM Board of Directors genehmigten Verhaltenskodex. Weitere Informationen unter www.upm-kymmene.com oder direkt bei der UPM Unternehmenskommunikation germany.communications@upm-kymmene.com.
[139] Vgl. dazu *Preis* in ErfK, BGB, § 611 Rn. 720 f.
[140] Vgl. dazu *Preis* in ErfK, BGB, § 611 Rn. 710 ff.
[141] BAG vom 1.6.1995 – 6 AZR 912/94, DB 1995, 2317 f.

bzw. Manager, an die betriebseigene Revisionsabteilung oder die Rechtsabteilung wenden[142]*."*

3. Ethikrichtlinien, betreffend das sonstige Verhalten des Arbeitnehmers

Unter Ethikrichtlinien, betreffend das sonstige Verhalten, fallen Anweisungen oder Richtlinien, welche

- das Verhalten der Arbeitnehmer im Betrieb oder
- die Ordnung im Betrieb betreffen.

Von dieser Kategorie werden unter anderem die regelmäßig pauschal gefassten unverbindlichen Verhaltensrichtlinien erfasst, die mit einem Appellcharakter an die Belegschaft verbunden sind und das Verhalten der Arbeitnehmer im Betrieb regeln:

„Machen Sie keine beleidigenden oder beschimpfenden Bemerkungen. Wenn Ihre Kommentare oder Witze jemand anderen beleidigen, kann dies als Belästigung angesehen werden. Wenn Sie durch die Wortwahl einer Person aufgebracht sind, sprechen Sie sie an. Erklären Sie warum die Bemerkung Sie getroffen hat und bitten Sie sie, dies zu unterlassen. Vermeiden Sie Witze oder Kommentare, verwenden Sie keine Spitznamen, wenn Sie nicht sicher sind, ob diese korrekt sind[143]*."*

In dem Abschnitt *„Unsere Beziehung zum Unternehmen und untereinander"* im *Honeywell-* Verhaltenskodex heißt es:

„Wir werden alle notwendigen Maßnahmen ergreifen, um ungebührliche Vorgesetztenverhältnisse zu vermeiden und Personen, mit denen wir familiäre oder enge persönliche Verbindungen haben, nicht direkt oder indirekt über- oder untergeordnet zu sein[144]*."*

Dem Umgang der Mitarbeiter untereinander im Daimler Konzern liegen folgende Verhaltensregeln zu Grunde:

*„**Verhaltensregeln, die die Beschäftigten des Konzerns betreffen***
Alle Beschäftigten des Konzerns tragen zu einer Unternehmenskultur bei, die von einer fairen und kooperativen Zusammenarbeit geprägt ist. Toleranz und der vertrauensvolle Umgang im täglichen Miteinander gehören zu den Grundüberzeugungen des Managements und der Mitarbeiter. Darüber hinaus bekennt sich jeder Beschäftigte zu

[142] Verhaltenskodex des Unternehmens Air Products, Seite 4, verfügbar unter: http://www.airproducts.com (letzter Abruf 3.2.2009).
[143] Aus dem Verhaltenskodex des Konzerns Wal-Mart, vgl. LAG Düsseldorf vom 14.11.2005 – 10 TaBV 46/05, DB 2006, 162 ff.
[144] Vgl. BAG vom 22.7.2008 – 1 ABR 40/07, NZA 2008, 1248 ff.

verantwortungsbewusstem und integrem Verhalten. Die Persönlichkeit und Würde jedes Einzelnen ist zu achten. Gegenseitige Wertschätzung basiert auf innerer Überzeugung und Handlungsbereitschaft. Das bedeutet auch, dass Probleme am Arbeitsplatz angesprochen und Problemlösungen gemeinsam gesucht werden. Denn nur so kann sich ein durch Offenheit, Toleranz und Fairness geprägtes Umfeld entwickeln[145]*."*

Folgende Richtlinie zum sonstigen Verhalten war Gegenstand der *Handelsblatt*-Entscheidung des BAG, betreffend die Offenlegung des privaten Wertpapierbesitzes:

„Wer als Redakteur gelegentlich über ein Unternehmen berichtet, muss, wenn er Aktien dieses Unternehmens besitzt, dies dem Ressortleiter mitteilen[146]*."*

4. Ethikrichtlinien, welche das private bzw. außerdienstliche Verhalten regeln

Richtlinien, welche sich mit der privaten Lebensführung der Arbeitnehmer und dem Verhalten in der Freizeit beschäftigen, werden dem außerdienstlichen bzw. privaten Verhalten hinzugerechnet. Entscheidend ist, dass sich eine Verhaltensanweisung gerade nicht auf die Arbeitszeit beschränkt, sondern mit einer Ausweitung auf die private Lebensführung verbunden ist. Darunter fallen unter anderem das Verbot gefährlicher Freizeitaktivitäten, das Verbot politischer Betätigung außerhalb der Arbeitszeit sowie Vorschriften zum Umgang mit Kunden und Mitarbeitern in der Freizeit. Aufsehen erregte die Richtlinie der aus Deutschland zurückgezogenen Supermarktkette *Wal-Mart*, die im privaten Bereich Liebesbeziehungen reglementierte. Der Verhaltenkodex sah vor, dass Mitarbeiter nicht mit jemandem ausgehen oder eine Liebesbeziehung eingehen dürfen, der Einfluss auf die Arbeitsbedingungen nehmen kann oder deren Arbeitsbedingungen von der anderen Person beeinflusst werden können[147].

„Von X.-N.-Mitarbeitern wird ein Verhalten verlangt, das Respekt, Vertrauen, Sicherheit und Effizienz am Arbeitsplatz fördert. Sie dürfen nicht mit Jemanden ausgehen oder in eine Liebesbeziehung mit Jemanden treten, wenn Sie die Arbeitsbedingungen dieser Person beeinflussen können, oder der Mitarbeiter Ihre Arbeitsbedingungen beeinflussen kann[148]*."*

Weitere Beispiele für Regelungen des außerdienstlichen bzw. privaten Verhaltens sind beispielsweise:

---

[145] Verhaltensrichtlinie der Daimler AG, Seite 7, verfügbar unter: http://www.daimler.com/Projects/c2c/channel/documents/1031143_dcx_corp_2007_docs_verhaltensrichtlinie_g.pdf (letzter Abruf: 11.4.2008).

[146] BAG vom 28.5.2002 – 1 ABR 32/01; NZA 2003, 166 ff.

[147] Vgl. LAG Düsseldorf vom 14.11.2005 – 10 TaBV 46/05, DB 2006, 162 ff.

[148] *Wal-Mart* Richtlinie, vgl. LAG Düsseldorf vom 14.11.2005 – 10 TaBV 46/05, DB 2006, 162 ff. Zur arbeitsvertraglichen Regelung zwischenmenschlicher Beziehungen siehe ausführlich: *Kolle/Deinert*, AuR 2006, 177 ff.

„Die Beschäftigten von Nokia Siemens Networks sind aufgefordert, ein ausgewogenes Privat- und Berufsleben zu führen[149].“

*„**Auftreten in der Öffentlichkeit:***
Daimler befürwortet grundsätzlich das Engagement seiner Mitarbeiter in öffentlichen Funktionen auf kommunaler oder überregionaler Ebene, in Vereinen oder Bürgerinitiativen. Wenn das Engagement mit der Tätigkeit bei Daimler in Zusammenhang steht, ist die vorherige Zustimmung des Personalbereichs erforderlich[150].“

5. Zusammenfassung der Kategorisierung

Der Bereich des dienstlichen Verhaltens ist zu untergliedern in:

- Ethikrichtlinien, welche die Hauptleistungspflicht des Arbeitnehmers konkretisieren,
- Ethikrichtlinien, welche auf Nebenpflichten des Arbeitnehmers hinweisen und/oder die Nebenpflichten des Arbeitnehmers erweitern, sowie
- Ethikrichtlinien, betreffend das sonstige Verhalten des Arbeitnehmers.

Dem stehen die Richtlinien der zweiten Hauptkategorie gegenüber:

- Ethikrichtlinien, welche das private bzw. außerdienstliche Verhalten regeln.

Der wesentliche Unterschied im Hinblick auf die von *Borgmann*[151] und *Ohlendorf/Bünning*[152] vorgeschlagenen Kategorien besteht darin, dass sich die hier erarbeitete Unterteilung streng an Arbeitsvertrag und Gesetz orientiert, durch Verwendung der Begrifflichkeiten Hauptleistungspflichten und Nebenpflichten (Arbeitsvertrag) sowie im sonstigen Bereich Ordnung und Verhalten der Arbeitnehmer im Betrieb (vgl. § 106 Satz 2 GewO). Diese Vorgehensweise ist dogmatisch „sauber“, vermeidet Wortneuschöpfungen bei der Kategorisierung ohne rechtlichen Anknüpfungspunkt und weitgehend Einordnungsprobleme. Keineswegs ist die vorgeschlagenen Kategorisierung als zwingend zu verstehen, allerdings ermöglicht sie – wie aufzuzeigen sein wird – eine nahezu problemlose Beantwortung der in der Praxis mit der Einführung einer Ethikrichtlinie regelmäßig einhergehenden Fragen, welche Einführungsformen in Betracht kommen und ob Mitbestimmungsrechte des Betriebsrats bestehen.

---

149 Verhaltenskodex von Nokia Siemens Networks, verfügbar unter: http://www.nokiasiemensnetworks.com /de/AboutUs/Corporate+responsibility/Code+of+Conduct.htm?languagecode=de (letzter Abruf 2.3.2009).
150 Verhaltensrichtlinie der Daimler AG, Seite 13, verfügbar unter: http://www.daimler.com/Projects/c2c/channel/documents/1031143_dcx_corp_2007_docs_verhaltensrichtlinie_g.pdf (letzter Abruf: 2.3.2009).
151 *Borgmann*, NZA 2003, 352 (353).
152 *Ohlendorf/Bünning*, AuA 2006, 200 f.

Festzuhalten bleibt: Auch wenn im Arbeitsrecht immer auf den konkreten Einzelfall abzustellen ist, bietet die vorgeschlagene juristische Kategorisierung einen *hilfreichen Leitfaden* für die praktisch relevanten Fragen.

6. Exkurs: Blick in die Praxis – Zusätzliche Klauseln in Ethikrichtlinien

Der Vollständigkeit halber muss abschließend noch in inhaltlicher Hinsicht auf drei praktische Besonderheiten bei Ethikrichtlinien hingewiesen werden. Neben der Normierung von Sanktionsklauseln nutzen Unternehmen einen Verhaltenskodex oftmals zur Darstellung der Unternehmensphilosophie. Zudem ist vermehrt festzustellen, dass ethisch einwandfreies Verhalten nicht nur von den eigenen Mitarbeitern erwartet wird, sondern ebenfalls von Geschäftspartnern eingefordert wird.

a) Sanktionsklauseln

Sanktionsklauseln sollen gewährleisten, dass der Ethikkodex „gelebt" wird. Sie beinhalten die Androhung arbeitsrechtlicher Sanktionen für den Fall des Verstoßes gegen den Verhaltenskodex und wollen dadurch die Einhaltung der ethischen Verhaltensanweisungen sicherstellen. Eine Sanktionsklausel verfolgt den Zweck, dass der Code of Conduct nicht nur auf dem Papier existiert, sondern als „living paper" praktiziert wird.

Beispielhaft werden in der Praxis folgende Sanktionsklauseln verwendet:

> *„Die Verletzung der Daimler Verhaltensrichtlinie ... kann zu Disziplinarmaßnahmen, zu einer Beendigung des Arbeitsverhältnisses und zu anderen rechtlichen Schritten führen*[153]*."*

> *„Mit diesem Code unvereinbare Handlungen sind unverzüglich zu korrigieren und unterliegen bis zur Beendigung des Beschäftigungsverhältnisses einschlägigen Disziplinarmaßnahmen*[154]*."*

> *„Die im vorliegenden Kodex behandelten Angelegenheiten sind so wichtig, dass ein Verstoß gegen die Bestimmungen als schwerwiegend genug betrachtet werden kann, um disziplinarische Maßnahmen bis hin zur Entlassung zu rechtfertigen*[155]*."*

Hat der Arbeitgeber eine zulässige Verhaltenspflicht innerhalb des Code of Conduct normiert, kann er für den Fall des Verstoßes gegen die Pflicht die im

---

[153] Verhaltensrichtlinie der Daimler AG, Seite 23, verfügbar unter: http://www.daimler.com/Projects/c2c/channel/documents/1031143_dcx_corp_2007_docs_verhaltensrichtlinie_g.pdf (letzter Abruf: 2.3.2009).

[154] Verhaltenskodex von Nokia Siemens Networks, verfügbar unter: http://www.nokiasiemensneworks.com-/de/AboutUs/Corporate+responsibility/Code+of+Conduct.htm?languagecode=de (letzter Abruf 2.3.2009).

[155] *Schuster/Darsow*, NZA 2005, 273 (277).

Arbeitsrecht zur Verfügung stehenden Sanktionen androhen. So ist der Verweis auf eine drohende Abmahnung bzw. Kündigung zulässig und zudem empfehlenswert. Die Androhung arbeitsrechtlicher Sanktionen führt dem Arbeitnehmer deutlich vor Augen, dass es dem Arbeitgeber auf Einhaltung der Verhaltensrichtlinien ankommt. An die Einführung einer Sanktionsklausel stellen sich keine rechtlichen Anforderungen – Mitbestimmungsrechte des Betriebsrats bestehen nicht[156].

b) Unternehmensphilosophien

Ein Verhaltenskodex enthält regelmäßig Darstellungen über die Unternehmensphilosophie, das heißt, über allgemeine ethisch und moralische Programmansätze oder Zielvorgaben und Selbstverpflichtungen des Unternehmens, welche jedoch regelmäßig weder verbindliche Verhaltensanweisungen noch unverbindliche Verhaltensrichtlinien an die Mitarbeiter enthalten. Da keine Verhaltenspflichten statuiert werden, sondern die Beschreibung der Unternehmensziele im Mittelpunkt steht, werden auch keine arbeitsrechtlichen Fragen in Bezug auf die Einführungsform und die Mitbestimmung derartiger Regelungen aufgeworfen[157]. Zur Darstellung eignet sich der Programmansatz der Daimler AG, der ethische Programmansätze und Selbstverpflichtungen formuliert. Auszugsweise heißt es daraus[158]:

> *„Der Global Compact ist eine Initiative von UN-Generalsekretär Kofi Annan, mit der die Wirtschaft angeregt wird, sich zu so grundlegenden Prinzipien wie der Wahrung der Menschenrechte und dem Schutz von Arbeitsplätzen und Umwelt zu bekennen. Durch Vereinbarungen zwischen den Vereinten Nationen und Wirtschaftsunternehmen begründet der Global Compact einen globalen Rahmen für verantwortungsvolles Handeln im Sinne dieser Prinzipien... Die Prinzipien umfassen die Verpflichtung des Unternehmens, international anerkannte Menschenrechte zu wahren, und den Grundsatz der Chancengleichheit bei der Beschäftigung aufrecht zu erhalten sowie rechtswidrige Diskriminierung zu unterlassen. Sie umfassen im Kontext einschlägiger Gesetze die Einhaltung des Prinzips „gleiche Bezahlung für gleichwertige Arbeit" sowie die Ablehnung ausbeuterischer Arbeitsbedingungen durch Daimler. Die Prinzipien bringen außerdem das Bemühen von Daimler um den Schutz der Sicherheit und Gesundheit der eigenen Mitarbeiter zum Ausdruck, die überall in der Welt arbeiten. Daimler ist überzeugt, dass soziale Verantwortung ein wichtiger Faktor für den langfristigen Erfolg des Unternehmens ist. Sie ist zugleich Ergebnis und Bedingung einer wertorientierten und nachhaltig profitablen Unternehmensführung... Dies bedeutet, dass alle Beschäftigten ohne jede Diskriminierung, unabhängig von Geschlecht, Herkunft und*

---

[156] So auch *Schuster/Darsow*, NZA 2005, 273 (277).

[157] BAG vom 22.7.2008 – 1 ABR 40/07, NZA 2008, 1248 ff.; *Barthel/Unger-Hellmich*, AuA 2009, 78 (79).

[158] Verhaltensrichtlinie der Daimler AG, S. 6, verfügbar unter: http://www.daimler.com/Projects/c2c/channel/documents/1031143_dcx_corp_2007_docs_verhaltensrichtlinie_g.pdf (letzter Abruf: 2.3.2009).

Religion entsprechend ihrer Kompetenzen, Fähigkeiten und Leistungen eingesetzt, gefördert und weiterentwickelt werden."

c) Verhaltensanforderungen an Externe

Vermehrt gehen Unternehmen dazu über, die Einhaltung ethischer Grundsätze nicht nur von den eigenen Mitarbeitern zu verlangen, sondern dies auch zur Grundvoraussetzung im geschäftlichen Verkehr mit Geschäftspartnern zu machen. Stellvertretend wird im Folgenden zur Darstellung auf den Code of Conduct für Lieferanten des Unternehmens OSRAM Bezug genommen, welcher aus zwei Seiten besteht[159]. Seite 1 beinhaltet ein Anforderungsprofil an den Geschäftspartner/Lieferanten, wovon im Folgenden zusammengefasst die zentralen Regelungsaspekte wiedergegeben werden:

> *„Dieser Code of Conduct definiert die Grundsätze und Anforderungen von OSRAM an seine Lieferanten von Gütern und Dienstleistungen bezüglich deren Verantwortung für Mensch und Umwelt. **Wir verlangen von unseren Lieferanten:** Einhaltung der Gesetze, Verbot von Korruption und Bestechung, Achtung der Grundrechte der Mitarbeiter, Verbot von Kinderarbeit, Gesundheit und Sicherheit der Mitarbeiter etc. [160]."*

Um diesem definierten Anforderungsprofil rechtlich Nachdruck zu verleihen, muss sich der Lieferant verpflichten, die Grundsätze und Anforderungen des Code of Conduct einzuhalten. Für den Fall des Verstoßes gegen Verpflichtungen aus dem Code of Conduct kann dem Auftraggeber ein fristloses Kündigungsrecht der bestehenden Lieferverträge eingeräumt werden. Zur rechtlichen Umsetzung dieses Regelwerks, wird der Lieferant regelmäßig eine Erklärung unterzeichnen müssen, welche wie folgt lauten kann[161]:

1. *Wir[162] haben den Code of Conduct erhalten und verpflichten uns, neben bestehenden Verpflichtungen aus anderen Verträgen, die im Code of Conduct [Seite 1] an uns gestellten Anforderungen zu erfüllen.*
2. *Wir sind bestrebt, die Verhaltensanforderungen auch an unsere Lieferanten weiterzugeben und entsprechende Verpflichtungserklärungen unserer Lieferanten einzuholen.*
3. *Wir erklären uns einverstanden, dass durch das Unternehmen[163] oder durch das Unternehmen beauftragte unabhängige Dritte jederzeit unangekündigt Inspektio-*

---

[159] Verfügbar unter: http://www.osram.com/_global/pdf/Misc/About_Us/Global_Care/Code_of_Conduct_for_-OSRAM_Suppliers.pdf (letzter Abruf: 2.3.2009).

[160] Die jeweiligen Anforderungen sind im Detail noch weiter untergliedert. Siehe dazu: http://www.osram.com/_global/pdf/Misc/About_Us/Global_Care/Code_of_Conduct_for_OSRAM_Suppliers.pdf (letzter Abruf: 10.12.2008).

[161] Es folgt eine zusammenfassende Darstellung der zentralen Regelungsaspekte wie von OSRAM verwendet. Vollständig verfügbar unter: http://www.osram.com/_global/pdf/Misc/About_Us/Global_Care/Code_of_Conduct_for_OSRAM_Suppliers.pdf (letzter Abruf: 2.3.2008).

[162] Wir = Lieferant.

[163] Unternehmen = Auftraggeber.

nen durchführen werden dürfen, um zu kontrollieren, ob die Anforderungen des Code of Conduct auch tatsächlich eingehalten werden.

4. *Wir werden das Unternehmen unverzüglich von einer Verletzung der im Code of Conduct enthaltenen Verpflichtungen unsererseits unterrichten. Werden öffentlich – bspw. in den Medien – Vorwürfe gegen uns wegen angeblicher Verletzungen der im Code of Conduct enthaltenen Verpflichtungen erhoben oder wegen anderer Vorfälle, die für das Unternehmen die Gefahr eines Reputationsschadens begründen könnten, werden wir dem Unternehmen auf Verlangen unverzüglich eine Stellungnahme zur Verletzung des Code of Conduct bzw. zu den vorgenannten erhobenen Vorwürfen in schriftlicher Form zukommen lassen.*
5. *Wir sind einverstanden, dass das Unternehmen ohne weitere Ausgleichsansprüche unsererseits, berechtigt ist, bestehende Lieferverträge und/oder auf deren Grundlage erteilte Bestellungen schriftlich fristlos zu kündigen, falls wir*

- *gegen Verpflichtungen aus dieser Erklärung verstoßen oder*
- *gebotenen Mitwirkungspflichten nicht im erforderlichen Umfang nachkommen.*

„Wenn wir es schaffen, Moral und Ethik in unser wirtschaftliches Handeln mit einzubeziehen, werden wir noch größeren Erfolg haben. Zu deutsch: mehr Geld verdienen“
(Daniel Goeudevert)

Kapitel 3

Stufe 1 des Compliance-Systems: Einführung einer Ethikrichtlinie

Kapitel 3 dieser Arbeit setzt sich mit *Stufe 1* des dieser Untersuchung zugrundeliegenden Compliance-Systems auseinander, der Einführung einer Ethikrichtlinie in Unternehmen und den damit verbundenen, praktisch bedeutsamen arbeitsrechtlichen Problemkreisen. Wirtschaftsethik darf nicht unterschätzt werden. In der kriminologischen Forschung ist die Erkenntnis vorhanden, dass mangelndes Wertebewusstsein für die Entstehung von Vermögenskriminalität von zentraler Bedeutung ist[164]. Umso wichtiger erscheint es, dem Arbeitnehmer Maßstäbe für ethisch einwandfreies Verhalten an die Hand zu geben.

Im Mittelpunkt dieses Kapitels steht die Frage, auf welche Weise eine Ethikrichtlinie unter Berücksichtigung rechtlicher Grenzen, Effektivitätsgrundsätzen und psychologischer Aspekte in das Arbeitsverhältnis eingeführt werden kann (**dazu A.**). Letztlich sind bei der Einführung einer Ethikrichtlinie die Mitbestimmungsrechte des Betriebsrats zu beachten. Das BAG hat jüngst in seiner Entscheidung vom 22.7.2008 die Leitlinien der Mitbestimmung festgelegt[165] (**dazu B.**). Ziel dieses Kapitels ist, die Einführungs- und Mitbestimmungsgrundsätze für die jeweiligen Kategorien[166] der Ethikrichtlinie zu erarbeiten. Ziel ist es hingegen nicht, die Einführungsmöglichkeiten und die Mitbestimmung für jede einzelne denkbare Verhaltensrichtlinie zu untersuchen – das würde den Rahmen dieser Untersuchung sprengen.

A. Die Einführung einer Ethikrichtlinie in das Arbeitsverhältnis

Zur Entfaltung rechtlich verbindlicher Wirkung eines Verhaltenskodex ist es notwendig, dass die Ethikrichtlinie in die konkreten Arbeitsverhältnisse einbezogen wird. Zur Einführung stehen dem Arbeitgeber verschiedene Optionen zur Verfügung. Untersucht wird die Einführung per Direktionsrecht, per vertraglicher Abrede und per Betriebsvereinbarung[167].

[164] *Nestler/Salvenmoser/Bussmann*, Wirtschaftskriminalität 2007, 46.
[165] BAG vom 22.7.2008 - 1 ABR 40/07, NZA 2008, 1248 ff.
[166] Zur Kategorisierung einer Ethikrichtlinie siehe Kapitel 2 C. III.
[167] Grundsätzlich besteht zudem die Möglichkeit, eine Ethikrichtlinie per Tarifvertrag einzuführen. Dieser Einführungsform stehen jedoch insbesondere Bedenken praktischer Natur gegenüber, weshalb auf eine Darstel-

I. Die Einführung einer Ethikrichtlinie per Direktionsrecht

Entscheidet sich der Arbeitgeber, eine Ethikrichtlinie durch die Ausübung des Weisungsrechts einzuführen, ist von Interesse, ob die Verhaltensanweisungen von dem Inhalt und der Reichweite des Direktionsrechts umfasst sind (**dazu 1.**). Zudem sind die Grenzen der Einführungsform per Direktionsrecht zu beachten (**dazu 2.**) Anhand dieser Grundlagen kann untersucht werden, ob die einzelnen Kategorien einer Ethikrichtlinie durch die Ausübung des Weisungsrechts des Arbeitgebers eingeführt werden können (**dazu 3.**). Es erfolgt eine kritische Auseinandersetzung mit der *Handelsblatt*-Entscheidung des BAG, welche Ausführungen im Hinblick auf Ethikrichtlinien und das Direktionsrecht enthält (**dazu 4.**). Abschließend wird die Praxistauglichkeit der Einführung per Direktionsrecht kritisch beleuchtet (**dazu 5.**).

1. Inhalt und Reichweite des Direktionsrechts

a) Grundsatz

Bei dem Weisungsrecht handelt es sich um ein einseitiges Leistungsbestimmungsrecht des Arbeitgebers[168], welches durch Ausübung die Leistungspflicht des Arbeitnehmers näher bestimmt, ohne dass es einer Annahme oder Zustimmung von Seiten des Beschäftigten bedarf.

Die rechtliche Grundlage für das Weisungsrecht des Arbeitgebers ist seit jeher umstritten[169]. Sowohl die Rechtsprechung[170] als auch die herrschende Meinung in der Literatur[171] sieht die rechtliche Grundlage des Direktionsrechts im Arbeitsvertrag. Das Weisungsrecht des Arbeitgebers hat ab 1.1.2003 mit Normierung des § 106 GewO keine gesetzliche Grundlage erhalten[172]. In der Gesetzesbegründung kommt zum Ausdruck, dass das Weisungsrecht als wesentlicher Bestandteil des Arbeitsvertrages allgemein anerkannt ist[173]. Gleichwohl „... *ist eine ausdrückliche Regelung von Inhalt und Grenzen des Weisungsrechts im Interesse von Rechtsklarheit und Rechtssicherheit im Arbeitsverhältnis geboten*[174]."

---

lung in dieser Untersuchung verzichtet wird. Vergleiche dazu und vertiefend zur Einführung per Tarifvertrag: *Triskatis*, Ethikrichtlinien im Arbeitsrecht, 93 ff.; *Wagner*, Ethikrichtlinien, 76 ff.

168 *Lakies*, BB 2003, 364.

169 Eine Darstellung der unterschiedlichen Begründungsansätze ist bei *Birk*, Die arbeitsrechtliche Leitungsmacht, 23 ff. zu finden.

170 BAG vom 14.12.1961 – 5 AZR 180/61, BB 1962, 297.

171 *Preis* in ErfK, BGB, § 611 Rn. 233; *Richardi* in MünchArbR, § 12 Rn. 50; *Hromadka*, DB 1995, 2601 mit zahlreichen weiteren Nachweisen.

172 Zur Neuregelung des § 106 GewO siehe *Lakies*, BB 2003, 364 ff.

173 Vgl. BT-Drs. 14/8796, S. 24.

174 Vgl. BT-Drs. 14/8796, S. 24.

Der Arbeitnehmer verpflichtet sich im Rahmen des Arbeitsvertrages zur Leistung der versprochenen Dienste, vgl. § 611 Abs. 1 BGB. Die Art der zu leistenden Dienste ist im Arbeitsvertrag in aller Regel rahmenmäßig festgelegt. Das Direktionsrecht ermöglicht es dem Arbeitgeber, die im Arbeitsvertrag nur rahmenmäßig umschriebene Leistungspflicht nach Zeit, Ort und Art zu konkretisieren[175]. Nicht anderes wird von § 106 GewO im Sinne der Rechtssicherheit klargestellt. Trotz der Normierung in einem Sondergesetz gilt § 106 GewO für alle Arbeitsverhältnisse, vgl. § 6 Abs. 2 GewO. Unzweifelhaft bezieht sich das Weisungsrecht des Arbeitgebers auf die arbeitsvertragliche Hauptleistungspflicht des Arbeitnehmers. Wie bereits im Rahmen der Kategorisierung aufgezeigt, existieren zahlreiche Ethikrichtlinien, welche auf Nebenpflichten der Arbeitnehmer zurückzuführen sind. Daher stellt sich in diesem Zusammenhang zwangsläufig die Frage, ob sich das Weisungsrecht des Arbeitgebers auch auf die Konkretisierung der arbeitsvertraglichen Nebenpflichten der Arbeitnehmer erstreckt. Zu dieser Thematik schweigt sich die Kommentarliteratur weitgehend aus – was unter Umständen daran liegt, dass es sich bei dieser Fragestellung um eine Selbstverständlichkeit handelt, die für viele nicht erwähnenswert ist. Dennoch vermag die Beantwortung der Frage einer juristischen Begründung und nicht einer bloßen Ergebnisfeststellung. An drei Stellen der Literatur findet sich eine Aussage zu dieser Fragestellung. *Eisenbeis/Nießen*[176], *Mahnhold*[177] und *Schuster/Darsow*[178] gehen richtigerweise davon aus, dass der Arbeitgeber sowohl Haupt- als auch Nebenpflichten des Arbeitnehmers näher bestimmen kann.

Diese Auffassung vermag mit folgender Argumentation ihre Rechtfertigung zu finden. Einen ersten Begründungsansatz liefert die Rechtsprechung des BAG. Nach der Rechtsprechung des BAG kann das Direktionsrecht nur im Rahmen arbeitsvertraglicher Verpflichtungen ausgeübt werden[179]. Arbeitsvertragliche Verpflichtungen sind – so auch vom BAG in Bezug genommen – sowohl die vertragsimmanenten Leistungsverpflichtungen als auch die vertragsimmanenten Nebenpflichten des Arbeitnehmers[180]. Der zweite, im Wesentlichen identische Begründungsansatz ist eine Schlussfolgerung aus dem allgemein für die Ausübung des Direktionsrechts geltenden Grundsatz, der besagt, dass der Arbeitgeber solche Pflichten näher ausgestalten kann, die den Arbeitnehmer ohnehin treffen, die der Arbeitnehmer also bereits dem Grunde nach schuldet[181]. Sowohl die arbeitsvertraglichen Hauptleistungspflichten, als auch die arbeitsvertragli-

[175] *Lakies*, BB 2003, 364; *Hromadka*, DB 1995, 2601; *Borgmann*, NZA 2003, 352 (353); *Schuster/Darsow*, NZA 2005, 273; *Hromadka*, DB 1995, 2601.
[176] *Eisenbeis/Nießen*, FS Leinemann, 697 (705).
[177] *Mahnhold*, Compliance und Arbeitsrecht, 155.
[178] *Schuster/Darsow*, NZA 2005, 273.
[179] BAG vom 23.1.1992 – 6 AZR 87/90, NZA 1992, 795 ff.
[180] BAG vom 23.1.1992 – 6 AZR 87/90, NZA 1992, 795 ff.
[181] *Eisenbeis/Nießen*, FS Leinemann, 696 (705).

chen Rücksichtnahmepflichten sind Pflichten, welche den Arbeitnehmer ohnehin treffen, welche er bereits dem Grunde nach schuldet. Das Weisungsrecht erstreckt sich zudem auf die Konkretisierung der gesetzlichen Nebenpflichten des Arbeitnehmers, welche mit Abschluss des Arbeitsvertrages entstehen und ebenfalls bereits dem Grunde nach geschuldet sind. Über die vertragsimmanenten Pflichten hinaus wird der Umfang des Direktionsrechts seit 01.01.2003 im Weiteren durch § 106 Satz 2 GewO bestimmt. Danach kann der Arbeitgeber die Ordnung und das Verhalten der Arbeitnehmer im Betrieb näher bestimmen.

Unter Zugrundelegung der Rechtsprechung des BAG[182] kommt zugleich zum Ausdruck, dass mit Hilfe des Direktionsrecht lediglich die vorhandenen vertraglichen Pflichten konkretisiert werden können, hingegen nicht einseitig neue Verpflichtungen geschaffen werden können[183]. Auch, wenn an dieser Stelle noch nicht die Grenzen des Direktionsrechts aufgezeigt werden, ergibt sich schon aus dem eingeschränkten Umfang des Weisungsrechts eine erste Grenze.

Zusammenfassend lässt sich festhalten, dass der Arbeitgeber die ohnehin bestehenden arbeitsvertraglichen Leistung- und Nebenpflichten des Arbeitnehmers mit Hilfe des Direktionsrechts näher bestimmen kann, durch Ausübung des Direktionsrechts aber nicht einseitig neue Verpflichtungen schaffen kann.

b) Außerdienstliches Verhalten von der Reichweite des Direktionsrechts umfasst?

Das außerdienstliche Verhalten unterliegt grundsätzlich nicht der Weisungsbefugnis des Arbeitgebers und ist daher nicht vom Inhalt und der Reichweite des Direktionsrechts umfasst[184]. Ein Kontrollrecht des Arbeitgebers über das private Verhalten seiner Beschäftigten steht ihm nicht zu[185]. Die Gestaltung des privaten Lebensbereichs steht außerhalb der Einflusssphäre des Arbeitgebers und kann durch Verhaltensrichtlinien wenn überhaupt nur insoweit eingeschränkt werden, als sich das außerdienstliche Verhalten auf den betrieblichen Bereich auswirkt und dort zu Störungen führt[186]. Mögen im Bezug auf die Tätigkeit Interessenskonflikte drohen, die den Arbeitgeber veranlassen, entsprechende Regelungen zu treffen, kann für den Arbeitgeber ausnahmsweise eine eingeschränkte Regelungsbefugnis bestehen, wenn die Gefahr besteht, dass sich das private Arbeitnehmerverhalten negativ auf den Arbeitsplatz auswirkt. Dies kann beispielsweise der Fall sein, wenn zu befürchten ist, dass das private Verhalten der Beschäf-

[182] BAG vom 23.1.1992 – 6 AZR 87/90, NZA 1992, 795 ff.
[183] So auch *Mahnhold*, Compliance und Arbeitsrecht, 155.
[184] *Hromadka*, DB 1995, 2601 (2606); *Wisskirchen/Jordan/Bissels*, DB 2005, 2190; *Mengel/Hagemeister*, BB 2007, 1386 (1388).
[185] *Borgmann*, NZA 2003, 352 (353).
[186] *Preis* in ErfK, BGB, § 611, Rn. 730; *Linck* in Schaub ArbR-Hdb, § 55 Rn. 7.

tigten sich negativ auf das Unternehmensimage auswirken kann oder Störung des Betriebsfriedens oder der Arbeitsleistung zu erwarten sind[187].

In Ausnahmefällen eine eingeschränkte Regelungsbefugnis des Arbeitgebers für das außerdienstliche Verhalten anzunehmen, findet seine Rechtfertigung innerhalb der Nebenpflichten des Arbeitsvertrages. Der Arbeitnehmer ist als Ausprägung der vertraglichen Rücksichtnahmepflicht gemäß §§ 242, 241 Abs. 2 BGB verpflichtet, auf die geschäftlichen Interessen des Arbeitgebers Rücksicht zu nehmen und diese in zumutbarem Umfang zu wahren[188]. Das Weisungsrecht kann sich daher insofern auf das außerdienstliche Verhalten des Arbeitnehmers erstrecken, als die vertragliche Rücksichtnahmepflicht gebietet, negative Auswirkungen privaten Verhaltens auf das Unternehmen zu vermeiden[189]. Das kann allerdings nur gelten, wenn ein hinreichender Bezug zum Arbeitsverhältnis besteht. Fehlt es der Ethikrichtlinie gänzlich an einem Arbeitsbezug, das heißt, liegt kein direkter oder indirekter Arbeitsbezug vor, ist die Verhaltensrichtlinie nicht vom Inhalt und Umfang des Weisungsrechts erfasst[190]. Beispielsweise nicht vom Direktionsrecht umfasst sind Ethikrichtlinien, in welchen der Arbeitnehmer ohne einen hinreichenden Arbeitsbezug dazu angehalten wird, sich eine Wohnung in der Nähe des Unternehmens zu suchen oder an geselligen Veranstaltungen außerhalb der Arbeitszeit (Betriebsausflug, Weihnachtsfeier) teilzunehmen[191]. Ebenso nicht vom Direktionsrecht umfasst sind Weisungen, durch welche der Arbeitnehmer ohne konkreten Tätigkeitsbezug dazu angehalten wird, seine persönliche Lebensführung so zu gestalten, dass das Unternehmen keinen Reputationsschaden erleidet[192]. Andererseits kann eine Weisung, in seiner Freizeit keinen Alkohol zu trinken, von der Reichweite des Direktionsrechts erfasst sein, wenn hinreichend konkreter Arbeitsbezug vorliegt. So dürfte die Weisung an einen Beschäftigten, nüchtern zum Dienstantritt zu erscheinen – und das impliziert, keinen Alkohol in der Freizeit vor Dienstantritt zu trinken – von der Reichweite des Direktionsrechts erfasst sein, wenn es sich um einen Kraftfahrer handelt und die Null-Promille-Alkoholgrenze gilt[193]. Des Weiteren können Piloten dazu angehalten werden, den Alkoholkonsum in der Freizeit so zu gestalten, dass sie zur ordnungsgemäßen Erbringung ihrer Hauptleistungspflicht in der Lage sind[194].

---

187 *Kock*, MDR 2006, 673 (674).
188 BAG vom 3.7.2003 – 2 AZR 235/02, NZA 2004, 427 ff.
189 *Mengel/Hagemeister*, BB 2007, 1386 (1388).
190 *Schuster/Darsow*, NZA 2005, 273; *Borgmann*, NZA 2003, 352 (354); *Hromadka*, DB 1995, 2601 (2606); *Mengel/Hagemeister*, BB 2007, 1386 (1388); *Linck* in Schaub ArbR-Hdb, § 55 Rn. 7.
191 *Hromadka*, DB 1995, 2601 (2606).
192 Vgl. dazu *Hromadka*, DB 1995, 2601 (2606) *„keine Schulden, keine Alkoholexzesse, kein Rotlichmilieu"*.
193 *Blomeyer* in MünchArbR, § 53 Rn 4; *Hromadka*, DB 1995, 2601 (2606).
194 *Müller-Bonanni/Sagan*, BB Special 5/2008, 28 (30).

Im Ergebnis unterliegt die Regelung des außerdienstlichen Verhaltens der Arbeitnehmer grundsätzlich nicht der Weisungsbefugnis des Arbeitgebers. Das Weisungsrecht kann sich im Ausnahmefall auf das außerdienstliche Verhalten des Arbeitnehmers erstrecken, wenn der Arbeitnehmer aufgrund vertraglicher Rücksichtnahmepflichten angehalten ist, negative Auswirkungen privaten Verhaltens auf das Unternehmen zu vermeiden. Dies ist regelmäßig dann der Fall, wenn ein hinreichend konkreter Arbeitsbezug besteht und sich das außerdienstliche Verhalten auf den betrieblichen Bereich auswirkt und dort zu Störungen führt.

2. Grenzen des Direktionsrechts

Ist die Weisung von der Reichweite des Direktionsrechts umfasst, ist in einem zweiten Schritt zu prüfen, ob das einseitige Leistungsbestimmungsrecht innerhalb der gesetzlichen Grenzen ausgeübt worden ist.

a) Grenze aus § 106 Satz 1 GewO

aa) Grenze aus Vertrag, kollektivem Recht oder gesetzlichen Vorschriften

Ausgangspunkt für die Grenzen des Direktionsrechts ist zunächst die Vorschrift des § 106 Satz 1 GewO. Der Arbeitgeber kann Inhalt, Ort und Zeit der Arbeitsleistung nach billigem Ermessen näher bestimmen, soweit diese Arbeitsbedingungen nicht durch den Arbeitsvertrag, Bestimmungen einer Betriebsvereinbarung, eines anwendbaren Tarifvertrages oder gesetzliche Vorschriften festgelegt sind.

Neben kollektiven Vorschriften und gesetzlichen Regelungen bildet der Arbeitsvertrag eine zentrale Grenze des Weisungsrechts. Der Aufgabenkreis des Arbeitnehmers wird grundsätzlich nach § 2 Abs. 1 Satz 2 Nr. 5 NachwG durch Niederschrift im Vertrag festgehalten. Per Direktionsrecht kann der Arbeitgeber diesen Aufgabenkreis nicht erweitern. Je enger der Pflichtenkreis im Vertag verankert ist, desto engere Grenzen hat das Weisungsrecht[195]. Insoweit darf eine Ethikrichtlinie den Aufgabenkreis des Beschäftigten lediglich ausfüllen, jedoch nicht ausweiten. Das gilt insbesondere für Regelungen innerhalb einer Ethikrichtlinie, welche die Hauptleistungspflicht konkretisieren, wie z.B. der sachgemäße Umgang mit Kundenkritik für einen Kassierer[196]. Zur Änderung der vertraglichen Festlegungen, die nicht durch Weisung erreicht werden können, bedarf es der Änderungskündigung oder eines Änderungsvertrages.

[195] *Lakies*, BB 2003, 364; *Hromadka*, DB 1995, 2601.
[196] Vgl. dazu in Kapitel 2 C. III. 1.

Bestehen konkrete und abschließende arbeitsvertragliche Regelungen und sind diese günstiger als die Regelungen in dem Verhaltenskodex, gehen die Inhalte des Arbeitsvertrages dem Direktionsrecht nach dem Rangprinzip vor[197]. *Mengel/Hagemeister* weisen zurecht darauf hin, dass in der Praxis die Regelungen in Ethikrichtlinien selten durch konkrete Arbeitsvertragsklauseln gesperrt sind[198].

bb) Billiges Ermessen als Grenze des Direktionsrechts

Als weitere Grenze des Weisungsrechts bestimmen § 106 Satz 1 GewO und § 315 Abs. 1, 3 BGB[199] den Maßstab des billigen Ermessens. Bewegt sich die Weisung innerhalb dieser Grenze, ist sie für die Arbeitnehmer verbindlich. Nach der Rechtsprechung des BAG ist im Rahmen des billigen Ermessens eine umfassende Interessenabwägung vorzunehmen. Dazu gehört, dass alle wesentlichen Umstände des Falles abgewogen und die beiderseitigen Interessen angemessen berücksichtigt werden[200]. Eine Weisung entspricht nicht billigem Ermessen, wenn ausschließlich Interessen des Arbeitgebers durchgesetzt werden, ohne auf die Interessen des Arbeitnehmers ausreichend Rücksicht zu nehmen[201].

Bezüglich der Gewichtung der Interessen im Zusammenhang mit der Einführung einer Ethikrichtlinie werden in der Literatur unterschiedliche Ansätze vertreten.

Schuster/Darsow[202] nehmen regelmäßig ein überwiegendes Interesse des Arbeitgebers an der Einführung einer Ethikrichtlinie an, wenn das Unternehmen zur Einführung einer Ethikrichtlinie gesetzlich verpflichtet ist. Ein überwiegendes Interesse sei daher für Unternehmen anzunehmen, die an der New Yorker Börse gelistet sind oder die ein Tochterunternehmen eines US-amerikanischen börsennotierten Unternehmens sind sowie für Unternehmen, die dem WpHG unterfallen. *Borgmann* geht von ähnlichen Überlegungen aus. Seiner Ansicht nach ist ein überwiegendes Interesse des Arbeitgebers dann anzunehmen, wenn es sich um Compliance-Richtlinien für Wertpapierdienstleistungsunternehmen handelt[203].

---

[197] *Mengel/Hagemeister*, BB 2007, 1386 (1388).

[198] *Mengel/Hagemeister*, BB 2007, 1386 (1388).

[199] Bezüglich des Verhältnisses zwischen §§ 106 GewO und 315 BGB ist *Benecke* zuzustimmen, die davon ausgeht, dass § 106 GewO die generellen Grenzen des Direktionsrechts des Arbeitgebers regelt und § 315 BGB die Wirksamkeit der einzelnen Weisungen regelt, vgl. *Benecke*, AP, Nr. 17 zu § 307 BGB.

[200] BAG vom 23.9.2004 – 6 AZR 567/03, NZA 2005, 359 ff.; BAG vom 23.6.1993 – 5 AZR 337/92; BB 1993, 2019 f.

[201] *Lakies*, BB 2003, 364 (366).

[202] *Schuster/Darsow*, NZA 2005, 273 (274).

[203] *Borgmann*, NZA 2003, 352 (354).

Richtigerweise ist der Umstand, ob ein Unternehmen zur Einführung einer Ethikrichtlinie gesetzlich verpflichtet ist, im Rahmen der umfassenden Interessenabwägung zu berücksichtigen. Dennoch sind die Ansichten von *Schuster/Darsow* und *Borgmann* im Ergebnis zu konkretisieren, da sich im Bezug auf die Prüfung eines Interessenübergewichts jegliche Pauschalität verbietet. Weder kann ein pauschales Interessenübergewicht an einem gesamten Verhaltenskodex bestehen, noch pauschal an einzelnen Regelungsbereichen. Vielmehr muss die Abwägung im Einzelfall erfolgen. Die Rechtsprechung des BAG ist eindeutig, welche ausdrücklich auf die Interessen im Einzelfall abstellt[204]. Allein das Bestehen einer gesetzlichen Verpflichtung zur Einführung einer Ethikrichtlinie kann keine *„Blankoermächtigung"* für ein per se bestehendes Interessenübergewicht des Arbeitgebers darstellen[205]. Durch die Annahme eines regelmäßigen Interessenübergewichts besteht die Gefahr, dass die Interessen des Arbeitgebers durchgesetzt werden, ohne auf die Interessen des Arbeitnehmers ausreichend Rücksicht zu nehmen – sowohl grundrechtlich geschützte Interessen als auch sonstige Interessen aufgrund der Umstände des Einzelfalls. Deshalb ist *im Ergebnis* für jede Verhaltensrichtlinie gesondert zu prüfen, ob der Inhalt billigem Ermessen entspricht.

b) Grundrechte als Grenze des Direktionsrechts

Die Wirkung der Grundrechte im Privatrecht ist seit langer Zeit höchstrichterlich entschieden. Das BVerfG[206] sieht die Grundrechte in erster Linie als Abwehrrechte des Bürgers gegenüber dem Staat. Zudem verkörpern die Regelungen des Grundgesetzes eine objektive Wertordnung, die für alle Rechtsbereiche Geltung beansprucht. Insbesondere stellte das BVerfG in vorbenannter Entscheidung fest, dass sich die Grundrechte in mittelbarer Wirkung im Privatrecht entfalten und Geltung über die Generalklauseln des Bürgerlichen Rechts beanspruchen[207]. Die Generalklauseln wirken als „Einbruchstelle", durch welche die Grundrechte der Arbeitnehmer durch mittelbare Drittwirkung auf das Arbeitsverhältnis einwirken[208]. Speziell für das allgemeine Persönlichkeitsrecht hat das BAG – unter Verweis auf die Rechtsprechung des BVerfG – ausdrücklich diese Position übernommen[209].

Die Rechtsordnung enthält zahlreiche Generalklauseln, die keinen festgefügten, der Subsumtion zugänglichen enumerativen Tatbestand enthalten. So verhält es

[204] BAG vom 23.9.2004 – 6 AZR 567/03, NZA 2005, 359 ff.; BAG vom 23.6.1993 – 5 AZR 337/92, BB 1993, 2019 f.
[205] So zutreffend *Eisenbeis/Nießen*, FS Leinemann, 697 (707).
[206] BVerfG vom 15.1.1958 – 1 BvR 400/51, BVerfGE 7, 198 ff.
[207] BVerfG vom 15.1.1958 – 1 BvR 400/51, BVerfGE 7, 198 ff.
[208] *Singer*, Grundrechte und Privatrecht, 250; *Junker*, Arbeitsrecht, Rn. 50.
[209] BAG vom 27.2.1985 – GS 1/84, MDR 1986, 80 ff.

sich mit dem Kriterium des billigen Ermessens. Der Begriff des billigen Ermessens im Sinne der §§ 106 Satz 1 GewO, 315 Abs. 1, 3 BGB stellt eine wertausfüllungsfähige und -bedürftige Generalklausel des Zivilrechts dar, über welche die in den Grundrechten enthaltenen objektiven Wertentscheidungen auf das Arbeitsverhältnis einwirken[210].

Im Ergebnis sind im Rahmen der oben dargestellten Interessenabwägung die grundrechtlich geschützten Interessen von Arbeitnehmer und Arbeitgeber gegenüberzustellen. Zur Vorgehensweise bei der Abwägung lässt sich Folgendes festhalten: Einer Abwägung bedarf es immer dann, wenn die inhaltliche Ausgestaltung einer Ethikrichtlinie in den schützenswerten Bereich der Arbeitnehmerinteressen fällt und zugleich mit betrieblichen Interessen des Arbeitgebers kollidiert. Die Auflösung des Interessenkonflikts erfordert eine Güter- und Interessenabwägung im Einzelfall unter besonderer Berücksichtigung des Grundsatzes der Verhältnismäßigkeit, welcher neben dem öffentlichen Recht auch das Privatrecht und das Arbeitsrecht beherrscht[211]. Im Rahmen der Abwägung sind auf Seiten des Arbeitnehmers die Intensität der Beeinträchtigung und die betroffene Sphäre zu berücksichtigen. Diese Erkenntnisse sind die den Eingriff motivierenden betrieblichen Interessen des Arbeitgebers gegenüberzustellen. Wenn dem Arbeitgeber die Möglichkeit gegeben wird, einseitig den Inhalt der Arbeitsverhältnisse näher zu bestimmen, dann erfordert es andererseits eine Begrenzung der Gestaltungsmacht des Arbeitgebers auf verfassungsrechtlicher Ebene[212].

3. Das Direktionsrecht und die einzelnen Kategorien einer Ethikrichtlinie

Ausgehend von den dargestellten Grundsätzen zum Weisungsrecht kann nun beurteilt werden, inwieweit die einzelnen Kategorien einer Ethikrichtlinie per Direktionsrecht in das Arbeitsverhältnis eingeführt werden können. Insgesamt ist dabei jeweils eine zweistufige Prüfungsreihenfolge einzuhalten. Zunächst ist bei der Einführung per Direktionsrecht stets zu prüfen, ob die Verhaltensrichtlinie von dem Inhalt und der Reichweite des Direktionsrechts umfasst ist. In einem zweiten Schritt ist zu prüfen, ob der konkreten Regelung Grenzen entgegenstehen.

[210] *Hromadka/Maschmann*, Arbeitsrecht Band 1, § 6 Rn. 18; BAG vom 20.12.1984 – 2 AZR 436/83, BB 1985, 1853 ff.; *Lakies*, BB 2003, 364 (369).
[211] *Blomeyer* in MünchArbR, § 97 Rn. 6.
[212] Vgl. dazu *Singer*, Grundrechte und Privatrecht, 251.

a) Das Direktionsrecht und Ethikrichtlinien, welche die Hauptleistungspflicht des Arbeitnehmers konkretisieren

Kraft einseitigem Leistungsbestimmungsrecht können Ethikrichtlinien eingeführt werden, welche die Hauptleistungspflichten des Arbeitnehmers konkretisieren. Diese Anordnungen sind von der Reichweite und dem Inhalt des Direktionsrechts umfasst, soweit der Aufgabenkreis des Beschäftigten nicht erweitert wird. Die Konkretisierung der Hauptleistungspflichten nach Inhalt, Ort und Zeit der Arbeitsleistung ist in der Regel nur untergeordneter Gegenstand eines Verhaltenskodex[213].

b) Das Direktionsrecht und Ethikrichtlinien, welche auf die Nebenpflichten des Arbeitnehmers hinweisen und/oder die Nebenpflichten des Arbeitnehmers erweitern

Wie bereits aufgezeigt, erschöpfen sich Ethikrichtlinien oftmals in der schlichten Wiedergabe bestehender gesetzlicher oder vertraglicher Nebenpflichten der Arbeitnehmer, ohne die Pflichten auszugestalten, bzw. darüber hinausgehende Regelungen zu treffen. Dabei handelt es sich richtigerweise um keine Weisungen im rechtstechnischen Sinne, sondern um bloße Hinweise[214]. Dafür spricht der Wortlaut des § 106 Satz 1 GewO der von *„näher bestimmen"* spricht, also von konkretisieren. Daher fällt, streng juristisch betrachtet, die Wiedergabe einer bestehenden Pflicht nicht unter das Direktionsrecht gem. § 106 Satz 1 GewO. Das heißt jedoch nicht, dass es dem Arbeitgeber unmöglich ist, auf arbeitsvertragliche bzw. gesetzliche Nebenpflichten hinzuweisen und diesen dadurch speziell Nachdruck zu verleihen. Denn der bloße Hinweis bedarf keiner Einführungsform, da der Arbeitgeber ohnehin vom Arbeitnehmer die Einhaltung bestehender Verpflichtungen verlangen kann. Deshalb kann der Arbeitgeber auch unproblematisch im Rahmen eines Ethikkodex bestehende Pflichten normieren, vorrangig, um diesen Pflichten besonderen Nachdruck zu verleihen.

Hingegen unterfällt die Konkretisierung der gesetzlichen und arbeitsvertraglichen Nebenpflichten dem Wortlaut des § 106 Satz 1 GewO. Deshalb können im Ergebnis zahlreiche Ethikrichtlinien der „zweiten Kategorie", welche regelmäßig den Schwerpunkt eines Verhaltenskodex bilden, durch einseitige Erklärung des Arbeitgebers eingeführt werden. Dies betrifft den Hinweis auf die Nebenpflichten, sowie die Konkretisierung, das *„näher bestimmen"* der Pflichten, ohne jedoch den Pflichtenkreis zu erweitern.

---

[213] *Eisenbeis/Nießen*, FS Leinemann, 697 (705).
[214] *Hromadka*, DB 1995, 2601 (2605).

Etwas anderes gilt hingegen für Ethikrichtlinien, welche arbeitsvertragliche und gesetzliche Nebenpflichten der Arbeitnehmer erweitern und gegebenenfalls gleichzeitig konkretisierend regeln, auf welche Art und Weise die erweiterten Pflichten einzuhalten sind. In diesen Fällen wird die Grenze der Weisungsbefugnis des Arbeitgebers überschritten. Der Arbeitgeber ist ausschließlich dazu legitimiert, die ohnehin bestehenden arbeitsvertraglichen Leistungs- und Nebenpflichten des Arbeitnehmers mit Hilfe des Direktionsrechts näher zu bestimmen, nicht aber dazu, einseitig neue (erweiterte) Verpflichtungen zu schaffen. Daher ist die Einführung von Ethikrichtlinien, welche die Nebenpflichten der Arbeitnehmer erweitern, nicht von der Reichweite des Direktionsrechts umfasst.

c) Das Direktionsrecht und Ethikrichtlinien, betreffend das sonstige Verhalten des Arbeitnehmers

Ethikrichtlinien, welche das sonstige dienstliche Verhalten betreffen, können per Direktionsrecht eingeführt werden, sofern die Voraussetzungen des § 106 Satz 2 GewO vorliegen. Nach § 106 Satz 2 GewO erstreckt sich das Weisungsrecht des Arbeitgebers auf die Ordnung und das Verhalten der Arbeitnehmer im Betrieb[215].

d) Das Direktionsrecht und Ethikrichtlinien, welche das private bzw. außerdienstliche Verhalten regeln

Ethikrichtlinien, welche das außerdienstliche Verhalten des Arbeitnehmers regeln, sind grundsätzlich nicht vom Inhalt und der Reichweite des Direktionsrechts umfasst. In Einzelfällen kann das außerdienstliche Verhalten des Arbeitnehmers per Weisungsrecht geregelt werden, wenn ein hinreichend konkreter Arbeitsbezug besteht und sich das außerdienstliche Verhalten auf den betrieblichen Bereich auswirkt und dort zu Störungen führt.

Auch wenn unter Umständen eine eingeschränkte Regelungsbefugnis des Arbeitgebers in Betracht kommt, ist bei dieser Kategorie besonderes Augenmerk auf die Grenzen des Direktionsrechts zu richten. Das außerdienstliche Verhalten ist stets als sehr grundrechtssensibler Bereich einzustufen, da regelmäßig Regelungen im Privatbereich mit einem Eingriff in das allgemeine Persönlichkeitsrecht des Arbeitnehmers verbunden sind. In diesem Zusammenhang ist abschließend auf den Leitsatz des LAG Düsseldorf zu der so genannten „Flirt-Richtlinie" im *Wal-Mart*-Verfahren hinzuweisen:

---

[215] Zur Auswirkung der Neuregelung des § 106 Satz 2 GewO und zu den Unterschieden zu der bisherigen Rechtslage siehe *Borgmann/Faas*, NZA 2004, 241 ff.

„Eine Ethikrichtlinie, die bestimmt, dass Mitarbeiter nicht mit jemandem ausgehen oder in eine Liebesbeziehung eingehen dürfen, der Einfluss auf die Arbeitsbedingungen nehmen kann oder deren Arbeitsbedingungen von der anderen Person beeinflusst werden können, verstößt gegen das Grundgesetz (Art. 1 und 2 GG); sie ist unwirksam[216]*."*

4. Die *Handelsblatt*-Entscheidung – Inhalt und Kritik

Am 28.5.2002 hat sich der 1. Senat des BAG zumindest am Rande – ohne dass es darauf angekommen wäre – mit der Einführung einer Ethikrichtlinie und dem Direktionsrecht des Arbeitgebers auseinandergesetzt.

a) Sachverhalt

Die Beteiligten stritten über ein Mitbestimmungsrecht des Betriebsrats bei der Einführung von Ethikregeln für Redakteure der Wirtschaftszeitung *Handelsblatt*. Der Entscheidung lag eine Ethikrichtlinie zugrunde, wonach unter anderem vereinzelte Redakteure ihren Aktienbesitz gegenüber einem benannten Notar offen legen mussten und ihnen untersagt wurde, Wertpapiere von Unternehmen zu besitzen, über deren Branche sie kontinuierlich Bericht erstatten[217]. Daneben sahen die Richtlinien vor, dass die Ausübung aller Nebentätigkeiten der Genehmigung der Chefredaktion bedarf[218]. Der antragstellende Betriebsrat hat ein Mitbestimmungsrecht an den Regelungen geltend gemacht. Im Ergebnis musste das BAG diese Frage nicht beantworten, da ein Mitbestimmungsrecht nach § 118 Abs. 1 Satz 1 BetrVG nicht in Betracht kam.

---

[216] LAG Düsseldorf vom 14.11.2005 – 10 TaBV 46/05, DB 2006, 162 ff.

[217] *„Redakteure, die von der Chefredaktion oder den jeweils zuständigen Ressortleitern mit der kontinuierlichen Berichterstattung über bestimmte Branchen beauftragt worden sind, dürfen nicht über Wertpapiere von Unternehmen dieser Branchen verfügen... Sollten Redakteure zum Zeitpunkt der Information über diese Regeln oder bei Übernahme einer neuen Branche noch über Wertpapiere von Unternehmen verfügen, über die sie zu berichten haben, so sind sie gehalten, dies der Chefredaktion und dem zuständigen Ressortleiter zu melden und sich in angemessener Frist (innerhalb eines Jahres) von diesen Papieren zu trennen... Wer als Redakteur gelegentlich über ein Unternehmen berichtet, muss, wenn er Aktien dieses Unternehmens besitzt, dies dem Ressortleiter mitteilen. Ressortleiter und Mitglieder der Chefredaktion müssen ihren Aktienbesitz gegenüber einem von der H-Zeitung GmbH benannten Notar offen legen... Die Mitglieder der Chefredaktion, die Ressortleiter und die Leitenden Angestellten der H-Zeitung GmbH teilen dem Notar schriftlich die Namen der Unternehmen mit, deren Aktien sie besitzen, bzw., dass sie keine Aktien besitzen"*, vgl. BAG vom 28.5.2002 – 1 ABR 32/01, NZA 2003, 166 ff.

[218] *„Bis auf gelegentliche Einzelfälle, die jedoch auch nicht den Interessen des Verlages abträglich sein dürfen, müssen alle Nebentätigkeiten, insbesondere Vorträge und Moderationen von Veranstaltungen – sowohl entgeltlich als auch unentgeltlich – von der Chefredaktion genehmigt werden. Die Genehmigung erfolgt nur, wenn dies den berechtigten Interessen des Verlages nicht abträglich ist, vor allem also, wenn die Unabhängigkeit des Redakteurs gegenüber dem jeweiligen Veranstalter nicht berührt ist."*, vgl. BAG vom 28.5.2002 – 1 ABR 32/01, NZA 2003, 166 ff.

b) Aus den Entscheidungsgründen

Das BAG nimmt in einem ersten Schritt Bezug auf die umstrittenen Regelungen und äußert die Ansicht, dass die Richtlinien die allgemeine Handlungsfreiheit und die Berufsfreiheit der betroffenen Arbeitnehmer beschränken. In einem zweiten Schritt folgerte der 1. Senat daraus für das Direktionsrecht: *„Solche Beschränkungen sind ohne eine darauf gerichtete Vereinbarung dem Weisungsrecht entzogen. Das Direktionsrecht ermöglicht es dem Arbeitgeber lediglich, die im Arbeitsvertrag rahmenmäßig umschriebene Leistungspflicht im Einzelnen nach Zeit, Art und Ort zu bestimmen. Es berechtigt nicht dazu, von einem Arbeitnehmer die Offenlegung privater Vermögensverhältnisse zu verlangen und im betrieblichen Interesse Einfluss auf dessen Vermögensdispositionen zu nehmen. Ebenso wenig ist der Arbeitgeber kraft seines Weisungsrechts befugt, die Ausübung einer Nebentätigkeit von seiner Erlaubnis abhängig zu machen*[219]*.“*

Zudem geht das BAG darauf ein, anhand welcher Kriterien die Abgrenzung zu erfolgen hat, ob es sich um außerdienstliches oder dienstliches Verhalten handelt. Die zitierten Klauseln weisen einen starken Bezug zum außerdienstlichen Bereich auf. Nach Ansicht des BAG war durch die Regelung nicht das außerbetriebliche Verhalten der Arbeitnehmer tangiert. Zwar hat die Richtlinie einen Teilbereich der privaten Lebensführung der Redakteure und damit deren Verhalten außerhalb des Betriebs zum Gegenstand: *„Das ist jedoch nur der äußere Anknüpfungspunkt. Tatsächlich geht es bei dem Ziel, eine unabhängige und von persönlichen Interessen der Redakteure freie Berichterstattung im "H " zu gewährleisten, um betriebliche Abläufe. Die Arbeitgeberin sieht in einem finanziellen Engagement ihrer Redakteure bei Unternehmen, über die sie zu berichten haben, die Gefahr einer an eigenen Vermögensinteressen ausgerichteten Berichterstattung. Ein Bekanntwerden solcher Beteiligungen könnte bei den Lesern Zweifel an der Unabhängigkeit der Redakteure und damit an der Seriosität des "H " wecken. Ähnliches gilt für Nebentätigkeiten der Redakteure. Auch deren Ausübung birgt nach Ansicht der Arbeitgeberin die Gefahr einer Interessenkollision in sich, die sich negativ auf die Unabhängigkeit der Berichterstattung und auf den Ruf des "H " als einer freien und unabhängigen Wirtschaftszeitung auswirken kann... Die private Vermögensbildung der Redakteure und deren nebenberufliches Engagement werden damit Teil des betrieblichen Geschehens*[220]*.“*

c) Kritische Auseinandersetzung und Schlussfolgerung

Nach Ansicht von *Dörner*, Senatsvorsitzender und Vize-Präsident des BAG, haben obiter dicta *„die Schwäche, zur konkreten Rechtsfindung des Einzelfalls*

[219] BAG vom 28.5.2002 – 1 ABR 32/01, NZA 2003, 166 ff.
[220] BAG vom 28.5.2002 – 1 ABR 32/01, NZA 2003, 166 ff.

nichts beizutragen, die Leser regelmäßig zu verwirren und häufig späteren Erkenntnissen im Wege zu stehen[221]." Zumindest eine der von *Dörner* angenommenen Schwächen hat sich in der Entscheidung des BAG vom 28.5.2002 bewahrheitet. Die Entscheidung hat im Bezug auf die obiter dicta Ausführungen zum Direktionsrecht teilweise zur Verwirrung beigetragen.

Im Ergebnis ist dem BAG zuzustimmen, dass Ethikrichtlinien, welche die grundrechtlich geschützten Interessen der Arbeitnehmer verkennen, indem deren Grundrechtspositionen ohne überwiegende Arbeitgeberinteressen beschränkt werden, nicht durch das Weisungsrecht eingeführt werden können. Das BAG stellt deutlich die Grenzen des Direktionsrechts heraus. Die Richtlinien zur Offenlegung privater Vermögensverhältnisse sowie die Besitzregelungen beschränken die allgemeine Handlungsfreiheit der betroffenen Arbeitnehmer. Die Regelung zur Nebentätigkeit beschränkt die Berufsfreiheit des Arbeitnehmers. Damit entsprechen die Regelungen nicht *billigem Ermessen* im Sinne von §§ 106 Satz 1 GewO, 315 Abs. 1, 3 BGB.

Auch wenn der Entscheidung im Ergebnis zuzustimmen ist, lässt sie dennoch dogmatisch saubere Begründungsansätze vermissen. Die Entscheidungsgründe entbehren jeglicher tiefgehender Auseinandersetzung mit dem Umfang und der Reichweite des Direktionsrechts und mit dem Zusammenhang zwischen Direktionsrecht und Rücksichtnahmepflichten. Die folgende Auseinandersetzung mit der Entscheidung soll die Schwächen der obiter dicta Formulierungen aufdecken:

Das BAG unterscheidet nicht in dogmatisch sauberer Herangehensweise, ob zunächst die Ethikregeln grundsätzlich vom Umfang und der Reichweite des Direktionsrechts umfasst sind und dann in einem zweiten Schritt, ob die Grenzen des Direktionsrechts gewahrt sind. Die Formulierung „... *dem Weisungsrecht entzogen*[222]" spricht nach dem Wortlaut dafür, dass die streitgegenständlichen Regelungen nicht vom Umfang und der Reichweite des Direktionsrechts umfasst sind. Diese Formulierung ist irreführend und rechtlich nicht zutreffend. Die Regelungen sind zumindest teilweise vom Inhalt und der Reichweite des Direktionsrechts umfasst und damit grundsätzlich nicht dem Weisungsrecht entzogen.

Dabei ist zunächst zu prüfen, ob die Regelungen das dienstliche oder das außerdienstliche Verhalten betreffen. Wie das BAG ausdrücklich formuliert, ist bei der Einordnung auf das Ziel der Regelungen abzustellen und damit im Ergebnis das dienstliche Verhalten betroffen. Durch die Argumentation des BAG wird letztlich die formale Trennung zwischen dienstlichem und außerdienstlichem

[221] *Dörner*, NZA 2007, 57 (58).
[222] BAG vom 28.5.2002 – 1 ABR 32/01, NZA 2003, 166 ff.

Verhalten aufgehoben[223]. Für die Einordnung ist nach Ansicht des BAG entscheidend, ob eine betriebliche Veranlassung der Grund für die Einführung der Ethikregel ist.

Die Wertpapierregelungen betreffen das sonstige Verhalten der Arbeitnehmer, da die Regelungen das Verhalten und die Ordnung im Betrieb betreffen, um „*...eine unabhängige und von persönlichen Interessen der Redakteure freie Berichterstattung im "H " zu gewährleisten*[224].“ Derartige Regelungen sind vom Umfang und der Reichweite des Direktionsrechts umfasst, vgl. § 106 Satz 2 GewO, da es sich um betriebsbezogene Weisungen handelt – hier die Sicherung betrieblicher Abläufe[225]. Dem BAG kann kein Vorwurf dahingehend gemacht werden, dass kein Hinweis auf § 106 Satz 2 GewO erfolgte. Zum Zeitpunkt der Entscheidung, am 28.5.2002, existierte die Vorschrift des § 106 Satz 2 GewO noch nicht[226]. Dennoch hätten durchaus Ausführungen zum Inhalt und der Reichweite des Direktionsrechts erfolgen können.

Die Regelungen zur Nebentätigkeit sind in den Bereich der arbeitsvertraglichen Nebenpflichten einzuordnen. Eine Anzeigepflicht für Nebentätigkeiten besteht bei Beeinträchtigung berechtigter Interessen aufgrund der vertraglichen Rücksichtnahmepflicht auch dann, wenn sie vertraglich nicht vereinbart ist[227]. In der *Handelsblatt*-Entscheidung beschränkt sich die Regelung nicht auf den Hinweis einer Anzeigepflicht, vielmehr wird die erweiterte Pflicht begründet, dass alle Nebentätigkeiten der Genehmigung bedürfen. Der Arbeitgeber kann jedoch durch Ausübung des Direktionsrechts nicht einseitig neue Verpflichtungen schaffen[228]. Daher ist die Nebentätigkeitsregelung nicht vom Inhalt und der Reichweite des Direktionsrechts umfasst.

Somit kann der Satz des BAG, dass die Regelungen „*... dem Weisungsrecht entzogen*“ sind, nicht umfassend aufrechterhalten bleiben, da zumindest die Wertpapierregelungen nicht dem Weisungsrecht entzogen sind. Diese Hauptaussage des BAG ist in ihrer Pauschalität irreführend. Der Hauptvorwurf ist der, dass keine konkrete rechtliche Auseinandersetzung hinsichtlich der Frage erfolgt ist, ob die einzelnen Regelungen von dem Umfang und der Reichweite des Direktionsrechts umfasst sind, insbesondere keine Auseinandersetzung mit dem Direktionsrecht und arbeitsvertraglichen Nebenpflichten stattgefunden hat.

---

[223] Dazu vertiefend im kollektivrechtlichen Bereich später in diesem Kapitel unter A. III. 3. d).
[224] BAG vom 28.5.2002 – 1 ABR 32/01, NZA 2003, 166 ff.
[225] *Lembke* in HWK, GewO, § 106 Rn. 43 ff.
[226] Die Normierung des § 106 GewO erfolgte zum 1.1.2003.
[227] BAG vom 18.11.1988 – 8 AZR 12/86, NZA 1989, 389 ff.; *Preis* in ErfK, BGB, § 611 Rn. 728.
[228] Siehe dazu oben in diesem Kapitel unter A. I. 1. a).

Zuzustimmen ist dem BAG, dass die streitgegenständlichen Regelungen die allgemeine Handlungsfreiheit sowie die Berufsfreiheit der Arbeitnehmer beschränken und damit gegen das Grundgesetz verstoßen. Damit entsprechen die Regelungen nicht *billigem Ermessen* im Sinne von §§ 106 Satz 1 GewO, 315 Abs. 1, 3 BGB. Regelungen, die nicht der Billigkeit entsprechen, sind als eine besondere Art der Unwirksamkeit unverbindlich[229]. *Im Ergebnis* sind die streitgegenständlichen Regelungen nicht vollumfänglich dem Weisungsrecht entzogen. Allerdings entsprechen beide Regelungen nicht *billigem Ermessen.*

Verwirrend an der Formulierung des BAG ist zusätzlich der Verweis, dass derartige Beschränkungen „... *ohne eine darauf gerichtete Vereinbarung dem Weisungsrecht entzogen*" sind[230]. Das erweckt den Eindruck, dass die streitgegenständlichen Regelungen in einem Vertrag mit dem Arbeitnehmer als zulässig anzusehen wären. Ist bei einer vertraglichen Vereinbarung kein Verstoß gegen die allgemeine Handlungsfreiheit bzw. die Berufsfreiheit anzunehmen? Ist ein vertraglicher Grundrechtsverzicht in diesem Umfang zulässig? Es darf nicht vergessen werden, dass aufgrund des strukturellen Ungleichgewichts der Privatautonomie ebenfalls Grundrechtsschranken gesetzt sind. Eine vertragliche Vereinbarung ist damit nicht das „Allheilmittel", da dort ebenfalls von Verfassung wegen Grenzen gesetzt sind.

Triskatis formuliert als Schlussfolgerung aus dieser Entscheidung, dass das Direktionsrecht zur Regelung wesentlicher Fragen ausscheide und wichtige Fragen nur arbeitsvertraglich eingeführt werden könnten[231]. Ihrer Ansicht nach wollte das BAG in der *Handelsblatt*-Entscheidung einen Arbeitsvertragsvorbehalt für die wesentlichen Fragen des Arbeitsverhältnisses normieren. Dieses Ergebnis kann nach der hier vertretenen Ansicht nicht geschlussfolgert werden. Zunächst einmal wird die Verwirrung vergrößert, indem der Begriff der *wesentlichen Fragen* konstruiert wird. Was sind *wesentliche Fragen*? *Triskatis* ist wohl der Ansicht, dass es sich beim Bereich der Nebentätigkeiten um eine wesentliche Frage handelt[232]. Regelungen, betreffend die Nebentätigkeit sind mit dem Direktionsrecht einführbar, soweit die inhaltliche Ausgestaltung billigem Ermessen entspricht. Dies ist für die Anzeigepflicht eines Arbeitnehmers bei Ausübung einer Nebentätigkeit anzunehmen. Die Anzeigepflicht besteht bei berechtigten Interessen aufgrund der Rücksichtnahmepflicht auch dann, wenn sie vertraglich nicht vereinbart ist[233]. Diesen Hinweis bzw. diese Konkretisierung der arbeitsvertraglichen Treuepflicht kann der Arbeitgeber einseitig per Direktionsrecht

---

[229] *Grüneberg* in Palandt, § 315 Rn. 16.
[230] BAG vom 28.5.2002 – 1 ABR 32/01, NZA 2003, 166 ff. (Hervorhebung durch den Verfasser).
[231] *Triskatis*, Ethikrichtlinien im Arbeitsrecht, 81.
[232] *Triskatis*, Ethikrichtlinien im Arbeitsrecht, 81.
[233] BAG vom 18.11.1988 – 8 AZR 12/86, NZA 1989, 389 ff.; *Preis* in ErfK, BGB, § 611 Rn. 728.

einführen. Damit ist bei Regelungen zur Nebentätigkeit nicht per se von einer *wesentlichen Frage* auszugehen.

Die Beurteilung der Frage, ob eine Richtlinie per Direktionsrecht eingeführt werden kann, oder ob ein Arbeitsvertragsvorbehalt gilt, kann nicht von dem unbestimmten Abgrenzungskriterium, ob eine besonders wichtige Frage im Zusammenhang mit dem Arbeitsverhältnis vorliegt, abhängig gemacht werden. Letztlich bedarf es auch keiner neuen Konstruktion eines Begriffs, da mit den zur Verfügung stehenden rechtlichen Grundlagen genau entschieden werden kann, wann Regelungen nicht mehr vom Umfang des Direktionsrechts umfasst sind[234] und damit auf eine vertragliche Regelung mit dem Arbeitnehmer zurückgegriffen werden muss.

Im Ergebnis hat die Entscheidung des BAG nicht zu einem Erkenntnisgewinn im Hinblick auf den Zusammenhang zwischen Direktionsrecht und arbeitsvertraglichen Nebenpflichten beigetragen, sondern vielmehr das Potenzial, Verwirrung zu stiften. Dennoch lassen sich aus der Entscheidung für die Einführung von Ethikrichtlinien zwei praktisch wichtige Besonderheiten hervorheben. Zum einen ist höchstrichterlich entschieden, dass bei der Einordnung zwischen dienstlichem und außerdienstlichem Verhalten entscheidend auf das Ziel der Regelung abzustellen ist. Zum anderen lehrt die Entscheidung zur Vorsicht bei der Gestaltung von Richtlinien, welche dem außendienstlichen Bereich angenähert sind. Es ist peinlich genau darauf zu achten, dass im Rahmen der Interessenabwägung die grundrechtlich geschützten Interessen der Arbeitnehmer ausreichend Berücksichtigung finden.

5. Praxistauglichkeit der Einführung per Direktionsrecht

Für die praktische Umsetzung des Weisungsrechts stehen dem Arbeitgeber unterschiedliche Alternativen zur Verfügung. In Betracht kommen die üblichen Mitteilungswege wie z.B. der Aushang am schwarzen Brett, die Verteilung mittels der nächsten Gehaltsabrechnung, das Einstellen in das Intranet, die Übergabe an den Arbeitnehmer etc. Aus Beweisgründen ist es stets empfehlenswert, den Arbeitnehmer eine schriftliche Empfangsbestätigung unterzeichnen zu lassen, schließlich trägt der Arbeitgeber die Beweislast für die Ausübung des einseitigen Leistungsbestimmungsrechts[235]. Bei der Einstellung via Intranet kann die Bestätigung des Arbeitnehmers mittels einer Lesebestätigung per E-Mail geschehen[236]. Damit gestaltet sich die Einführung der Ethikrichtlinie durch Be-

[234] Siehe dazu oben in diesem Kapitel unter A. I. 1. a).

[235] *Grüneberg* in Palandt, § 315 Rn 19. Dem Arbeitnehmer muss die Anordnung bekannt gemacht werden, vgl. BAG vom 23.9.1986 - 1 AZR 83/85, NZA 1987, 250 f.

[236] *Mengel/Hagemeister*, BB 2007, 1386 (1387).

kanntmachung relativ einfach. Zudem sind zukünftige Änderungen und Aktualisierungen für den Fall, dass neue Compliance-Regelungen einzuführen sind, problemlos möglich, welche ebenfalls durch Bekanntgabe an den Arbeitnehmer erfolgen. Ein bedeutender Vorteil der Einführung mittels Direktionsrechts ist die Tatsache, dass der Arbeitgeber nicht auf die Zustimmung des Arbeitnehmers angewiesen ist. Die Einführung per Direktionsrecht entbindet den Arbeitgeber jedoch nicht davon, im Einzelfall bestehende Mitbestimmungsrechte des Betriebsrats zu beachten[237].

Von entscheidender Bedeutung für die Praxis sind selbstverständlich die eingeschränkte Reichweite und die Grenzen des Direktionsrechts. Vom Grundsatz her kann außerdienstliches Verhalten nicht per Direktionsrecht geregelt werden. Zudem verbleiben erhebliche Rechtsunsicherheiten bei der Annäherung an den außerdienstlichen Bereich, da hiermit regelmäßig die grundrechtssensiblen Bereiche des Arbeitnehmers betroffen sind. Ebenfalls muss darauf verzichtet werden, bestehende Nebenpflichten des Arbeitnehmers mittels Direktionsrechts zu erweitern. Bei der Ausübung des Direktionsrechts droht danach nach *Eisenbeis/Nießen* die Gefahr des Zerfalls des Kodex in einen wirksam einbezogenen und einen nicht wirksam einbezogenen Teil[238]. Daraus jedoch den Schluss zu ziehen, dass sich die Einführung eines Verhaltenskodex über das Direktionsrecht als *„untauglicher Versuch"* erweist[239], ist nicht gerechtfertigt und kann so pauschal nicht stehen gelassen werden. Denn die Beurteilung, ob das Direktionsrecht als Einführungsform in Betracht kommt, bemisst sich in aller erster Linie an den Interessen und Motiven des Arbeitgebers, was er inhaltlich alles geregelt haben möchte. Es ist rechtlich unproblematisch möglich, einen Kodex zu schaffen, welcher vollständig per Direktionsrecht eingeführt werden kann. Das wird dann zu empfehlen sein, wenn es vorrangiges Ziel des Arbeitgebers ist, unabhängig vom Inhalt ethischer Standards, eine positive Außendarstellung im Markt zu erreichen und dadurch das Vertrauen von Kunden, Anlegern, Lieferanten etc. zu festigen oder zu gewinnen. Diese Möglichkeit darf jedoch nicht darüber hinwegtäuschen, dass per Weisungsrecht nicht die volle Bandbreite ethischer Regelungen eingeführt werden kann.

Neben rechtlichen Überlegungen dürfen psychologische Ansätze bei der Einführung eines Verhaltenskodex nicht völlig außer Acht gelassen werden. Eine Ethikrichtlinie lebt gerade davon, dass die Arbeitnehmer detaillierte Kenntnis vom dem Inhalt dieser und damit von den ethischen Anforderungen haben, sich damit identifizieren und „dahinter stehen". Dazu kann es notwendig sein, dass bei den Arbeitnehmern entsprechende Überzeugungsarbeit dahingehend zu leis-

---

237 Vgl. dazu später in diesem Kapitel unter B. I.
238 *Eisenbeis/Nießen*, FS Leinemann, 697 (709).
239 *Eisenbeis/Nießen*, FS Leinemann, 697 (708).

ten ist, dass es im Interesse aller Beteiligten ist, dass die Regelungen des Kodex zu festen Prinzipen und Tugenden für die Belegschaft werden. Die Überzeugungsarbeit wird gerade nicht geleistet, wenn sich das Unternehmen auf die einseitige Einführung einer Ethikrichtlinie mittels Bekanntgabe am schwarzen Brett beschränkt. Unternehmen sind gut beraten, sich vor der Einführung eines Verhaltenskodex eine Kommunikationsstrategie zu erarbeiten. So kann beispielsweise die Einführung einer Ethikrichtlinie per Direktionsrecht erfolgen und zugleich die Vermittlung der ethischen Inhalte in einem persönlichen Gespräch zwischen Vertretern der Personalabteilung und dem Arbeitnehmer. In jedem Fall ist eine Überrumpelung der Arbeitnehmer in der Form zu vermeiden, dass sich die Belegschaft übergangen fühlt.

II. Die Einführung einer Ethikrichtlinie per vertraglicher Abrede

Eine weitere Möglichkeit besteht darin, Ethikrichtlinien im Wege der vertraglichen Abrede einzuführen. Auch gilt es bei dieser Einführungsform, zunächst Inhalt (**dazu 1.**) und Grenzen (**dazu 2.**) der vertraglichen Abrede zu beleuchten. Ausgehend davon können die Besonderheiten bei der Einführung einer Ethikrichtlinie per vertraglicher Abrede untersucht und aufgezeigt werden (**dazu 3.**). In einem nächsten Schritt wird untersucht, inwieweit individuell ausgehandelte Klauseln als Gestaltungsinstrument bei der Einführung einer Ethikrichtlinie in Betracht kommen (**dazu 4.**). Abschließend wird die Praxistauglichkeit der Umsetzung durch arbeitsvertragliche Vereinbarung dargestellt (**dazu 5.**).

1. Grundsatz: Freie Gestaltung des Arbeitsvertrages

Im Gegensatz zum Direktionsrecht als einseitiges Leistungsbestimmungsrecht des Arbeitgebers setzt die Einbeziehung einer Ethikrichtlinie im Wege der vertraglichen Abrede das Einverständnis des Arbeitnehmers voraus. Das Schweigen des Arbeitnehmers gilt grundsätzlich nicht als Zustimmung[240]. Für den Vertragsabschluss zwischen Arbeitgeber und Arbeitnehmer gilt der Grundsatz der freien Gestaltung des Arbeitsvertrages, vgl. § 105 Satz 1 GewO, wonach die Parteien Abschluss, Inhalt und Form des Arbeitsvertrages frei vereinbaren können. Die Inhaltsfreiheit bildet einen wesentlichen Unterschied zum Direktionsrecht, welches im Umfang und der Reichweite begrenzt ist. Aufgrund der Inhaltsfreiheit können die Parteien vertraglich sowohl Vereinbarungen zum dienstlichen als auch zum außerdienstlichen Verhalten treffen[241].

---

[240] *Heinrichs* in Palandt, Einf v § 116 Rn 7.

[241] Deshalb ist es nicht notwendig, die einzelnen Kategorien einer Ethikrichtlinie gesondert anzusprechen. Aufgrund der Inhaltsfreiheit sind die Arbeitsvertragsparteien befugt, Ethikrichtlinien zu vereinbaren, welche die Haupt- und Nebenleistungspflichten fixieren, bzw. erweitern, sowie sonstiges Verhalten oder privates Verhalten regeln. Über die Zulässigkeit der einzelnen Regelungen ist damit aber noch keine Aussage getroffen.

2. Grenzen der vertraglichen Einführung

a) Grenze aus § 105 Satz 1 GewO

Nach § 105 Satz 1 GewO können Arbeitgeber und Arbeitnehmer nur innerhalb bestimmter Grenzen Abschluss, Inhalt und Form des Arbeitsvertrages vereinbaren und zwar soweit nicht zwingende gesetzliche Vorschriften, Bestimmungen eines anwendbaren Tarifvertrages oder einer Betriebsvereinbarung entgegenstehen.

b) Grenze aus §§ 305 ff. BGB

Grenzen der vertraglichen Einführung ergeben sich aus dem Recht der Allgemeinen Geschäftsbedingungen nach den §§ 305 ff. BGB. Ein Verhaltenskodex richtet sich an die gesamte Belegschaft des Unternehmens, um einheitliche Verhaltensmuster für alle zu schaffen. Deshalb ist bei einem Code of Conduct regelmäßig davon auszugehen, dass es sich bei den Richtlinien um für eine Vielzahl von Verträgen vorformulierte Vertragsbedingungen handelt, die der Arbeitgeber dem Arbeitnehmer bei Vertragsschluss stellt, vgl. § 305 Abs. 1 Satz 1 BGB. Selbst die nur einmalige Verwendung einer vorformulierten Ethikrichtlinie führt nach § 310 Abs. 3 Nr. 2 BGB zur Anwendung der §§ 305 ff. BGB[242], da der Arbeitnehmer nach der Rechtsprechung des BAG[243] als Verbraucher im Sinne des § 13 BGB anzusehen ist. Die Einbeziehungsvoraussetzungen des § 305 Abs. 2, 3 BGB sind auf Arbeitsverträge nicht anzuwenden, vgl. § 310 Abs. 4 Satz 2 letzter Halbsatz BGB[244]. Hingegen darf die Prüfung der §§ 305b, 305c BGB bei der Einführung eines Verhaltenskodex nicht unterbleiben. Die in den Klauselverboten mit bzw. ohne Wertungsmöglichkeiten gemäß §§ 308, 309 BGB geregelten Einzelfälle sind grundsätzlich nicht Bestandteil einer Ethikrichtlinie, weshalb eine Prüfung nach §§ 308, 309 BGB regelmäßig nicht erfolgt. Eine Inhaltskontrolle ist jedoch anhand der Generalklausel des § 307 BGB vorzunehmen. Die Prüfung hat insbesondere vor dem Hintergrund des § 310 Abs. 4 Satz 2 BGB zu erfolgen, wonach die im Arbeitsrecht geltenden Besonderheiten angemessen zu berücksichtigen sind[245].

---

[242] *Kolle/Deinert*, AuR 2006, 177 (181).

[243] BAG vom 25.5.2005 – 5 AZR 572/04, BB 2005, 2131 ff.

[244] Nach der Gesetzesbegründung sind die Einbeziehungsvoraussetzungen des § 305 Abs. 2, 3 BGB nicht erforderlich, weil § 2 Abs. 1 Satz 1 NachwG diese Funktion erfüllt, vgl. BT-Dr. 14/6857, S. 54; *Diehn*, NZA 2004, 129 (132); *Thüsing/Lambrich*, NZA 2002, 1361; *Grüneberg* in Palandt, § 310 Rn. 51.

[245] Ausführlich dazu vgl. *Thüsing*, BB 2002, 2666 (2673).

c) Verfassungsrechtliche Grenzen

Die Generalklausel des § 307 Abs. 1 Satz 1 BGB enthält mit dem nicht der Subsumtion zugänglichen enumerativen Tatbestand *Treu und Glauben* eine so genannte „Einbruchstelle" für die grundrechtlich geschützten Interessen von Arbeitnehmer und Arbeitgeber. Der Begriff *Treu und Glauben* im Sinne des § 307 Abs. 1 Satz 1 BGB stellt eine wertausfüllungsfähige und -bedürftige Generalklausel des Zivilrechts dar, über welche die in den Grundrechten enthaltenen objektiven Wertentscheidungen auf das Arbeitsverhältnis einwirken. Im Ergebnis sind im Rahmen einer Interessenabwägung die grundrechtlich geschützten Interessen von Arbeitnehmer und Arbeitgeber gegenüberzustellen und zu prüfen, ob die dem Arbeitnehmer auferlegten Pflichten und Belastungen in ausreichendem Maße seine Grundrechte wahren. Arbeitsverträge sind vollumfänglich auf ihre Angemessenheit zu überprüfen, unterliegen also genau dem Prüfungsmaßstab, der bei einer Grundrechtskontrolle anzulegen ist[246]. Diese Einschränkung der Privatautonomie findet ihre Rechtfertigung in der Begründung, dass von einer strukturellen Unterlegenheit des Arbeitnehmers gegenüber dem Arbeitgeber auszugehen ist und insoweit ein Schutzbedürfnis des Arbeitnehmers besteht[247]. Letztlich kommt hier das Spannungsfeld zwischen der Möglichkeit des Grundrechtsverzichts des Arbeitnehmers und dem Eingreifen des Staates, zur Gewährleistung des Grundrechtsschutzes, zum Ausdruck.

Auf der einen Seite kann der Arbeitnehmer durch individuelle vertragliche Vereinbarung wirksam auf den grundrechtlichen Schutz verzichten[248]. Im Einzelfall setzt dies eine freie Entscheidung des Arbeitnehmers voraus. Auf der anderen Seite erscheint es zumindest zweifelhaft, ob der Arbeitnehmer im Arbeitsverhältnis tatsächlich in jedem Fall in seiner Entscheidung frei ist. Vor diesem Hintergrund hat das BVerfG formuliert: *„Soweit die Privatautonomie ihre regulierende Kraft nicht zu entfalten vermag, weil ein Vertragspartner kraft seines Übergewichts Vertragsbestimmungen einseitig setzen kann, müssen staatliche Regelungen ausgleichend eingreifen, um den Grundrechtsschutz zu sichern[249]."* Der einzelne Arbeitnehmer befindet sich beim Abschluss von Arbeitsverträgen typischerweise in einer Situation struktureller Unterlegenheit[250]. Das BVerfG führt weiter aus, dass die Frage, wann konkret Ungleichgewichtslagen so schwer wiegen, dass die Vertragsfreiheit begrenzt werden muss, sich nicht unmittelbar

[246] *Singer*, Grundrechte und Privatrecht, 250.
[247] Ausführlich zur grundsätzlichen Problematik des strukturellen Ungleichgewichts zwischen Arbeitnehmer und Arbeitgeber siehe *Singer*, Grundrechte und Privatrecht, 249f; *Dieterich*, RdA 1995, 129 ff.
[248] *Preis/Greiner*, RdA 2003, 240 (247).
[249] BVerfG vom 23.11.2006 – 1 BvR 1909/06, NZA 2007, 85 ff.
[250] LAG Bremen vom 28.8.2008 – 3 Sa 69/08, AuR 2008, 455.

aus der Verfassung entnehmen lässt[251]. Wann die Grenze erreicht ist, ist eine Wertungsfrage im Einzelfall.

Insoweit finden auch per Vertrag vereinbarte Ethikrichtlinien ihre Grenze in grundrechtssensiblen Bereichen, häufigst der allgemeinen Handlungsfreiheit bzw. dem allgemeinen Persönlichkeitsrecht der Arbeitnehmer. Die Grenze ist regelmäßig dann erreicht, wenn sehr weit reichende Regelungen für das private oder höchstpersönliche Verhalten getroffen werden[252]. Ein Verstoß gegen Art. 6 Abs. 1, Art. 1 und Art. 2 GG hat das BAG bei der so genannten *„Zölibatsklausel"* angenommen, welche vorsah, dass das Ausbildungsverhältnis im Falle der Eheschließung des Auszubildenden zu einem bestimmten Zeitpunkt – mit Ablauf des Monats der Eheschließung – endet[253]. Ebenfalls ist die Vereinbarung in einer Ethikrichtlinie, welche ein umfassendes Verbot von Liebesbeziehungen am Arbeitsplatz vorsieht, nicht in Einklang mit der Verfassung[254].

3. Praktische und rechtliche Besonderheiten bei der Einführung einer Ethikrichtlinie per vertraglicher Abrede

In praktischer Hinsicht berührt die Einführung einer Ethikrichtlinie per vertraglicher Vereinbarung zwei Problemkreise. Wird der Verhaltenskodex vertraglich eingeführt, ist zwischen der Einbeziehung bei Neueinstellung eines Arbeitnehmers (**dazu a)**) und der Einführung in ein bereits bestehendes Arbeitsverhältnis (**dazu b)**) zu unterscheiden. Rechtliche Besonderheiten ergeben sich bei der Implementierung im Rahmen der AGB-Kontrolle bei Ethikrichtlinien, welche die Nebenpflichten des Arbeitnehmers erweitern (**dazu c)**).

a) Einbeziehung der Ethikrichtlinie bei Neueinstellung eines Arbeitnehmers

aa) Aufnahme der Ethikrichtlinie in den Vertragstext

Bei der Neueinstellung eines Arbeitnehmers besteht die Möglichkeit, die Ethikrichtlinie in den Vertragstext mit aufzunehmen, was jedoch regelmäßig zu einem umfangreichen Vertragswerk führt.

---

[251] BVerfG vom 23.11.2006 – 1 BvR 1909/06, NZA 2007, 85 ff.
[252] *Mengel/Hagemeister*, BB 2007, 1386 (1390).
[253] BAG vom 10.5.1957 – 1 AZR 249/56, BAGE 4, 274 ff.
[254] LAG Düsseldorf vom 14.11.2005 – 10 TaBV 46/05, DB 2006, 162 ff.

bb) Einbeziehung der Ethikrichtlinie durch Bezugnahmeklausel im Arbeitsvertrag

Eine Alternative ist, die Ethikrichtlinie durch eine Bezugnahmeklausel zum Bestandteil des Arbeitsvertrages zu machen[255], wobei der Arbeitgeber dies im Rahmen einer statischen bzw. dynamischen Verweisung regeln kann.

(1) Statische Bezugnahmeklausel auf die Ethikrichtlinie

Die statische Bezugnahmeklausel verweist auf eine konkrete Fassung einer Ethikrichtlinie eines bestimmten Datums. Der statische Verweis auf eine konkrete Fassung bedeutet für die Praxis, dass jede veränderte Fassung der Ethikrichtlinie mit dem Arbeitnehmer neu vereinbart werden muss, was gleichzeitig auch der entscheidende Nachteil einer statischen Verweisung ist. Gegen die Verwendung statischer Bezugnahmeklauseln bestehen regelmäßig keine rechtlichen Bedenken.

Bei Unterzeichnung des Arbeitsvertrages ist die aktuell gültige und in Bezug genommene Fassung der Ethikrichtlinie an den Arbeitnehmer zu übergeben und sich der Empfang des Regelwerks quittieren zu lassen. Diese Vorgehensweise resultiert aus AGB-rechtlichen Überlegungen. Es ist nämlich darauf zu achten, dass die statische Bezugnahmeklausel keine überraschende Klausel im Sinne des § 305c Abs. 1 BGB darstellt und damit nicht Vertragsbestandteil würde. Eine überraschende Klausel im Sinne des § 305c Abs. 1 BGB ist durch das kumulative Vorliegen von objektiven und subjektiven Umständen gekennzeichnet. Neben dem objektiven Umstand, dass es sich um eine ungewöhnliche Klausel handelt, muss als zweite normative Voraussetzung ein subjektives Überraschungsmoment hinzukommen, dass der Arbeitnehmer mit der Klausel nicht zu rechnen braucht[256]. Ein statischer Verweis innerhalb eines Arbeitsvertrages auf ein anderes Regelwerk ist objektiv nicht als ungewöhnlich, sondern vielmehr als gängige Praxis anzusehen. So verweisen ca. 90 % aller Arbeitsverträge auf einen Tarifvertrag[257]. Bezüglich des subjektiven Überraschungsmoments ist entscheidend, ob der Arbeitnehmer mit der Klausel nicht zu rechnen braucht. Die subjektive Komponente ist in zweifacher Hinsicht von Bedeutung. Einmal im Hinblick auf die Verweisungsklausel und des Weiteren hinsichtlich der in Bezug genommen Regelung, also der Ethikrichtlinie. In einem ersten Schritt ist daher der Arbeitnehmer auf die Bezugnahmeklausel hinzuweisen und ihm das Regelwerk auszuhändigen. In einem zweiten Schritt ist sicherzustellen, dass die Ethikrichtlinie

---

[255] *Birk*, Personalleiter 2005, 200 (201).

[256] *Grüneberg* in Palandt, § 305 c Rn. 3,4; *Preis* in ErfK, BGB, §§ 305-310 Rn. 29; zuletzt BAG vom 25.9.2008 – 8 AZR 717/07, nicht veröffentlicht.

[257] *Diehn*, NZA 2004, 129 (132).

keine atypischen Regelungsbereiche enthält, d.h. keine Inhalte, mit denen der Arbeitnehmer unter der Überschrift „Ethikrichtlinie" bzw. „Verhaltenskodex" nicht zu rechnen braucht. Das wäre etwa für individuell auf die Person des Arbeitnehmers zugeschnittene Regelungen anzunehmen (z.B. Regelung über das Arbeitsentgelt), im Gegensatz zu den regelmäßig ethischen Verhaltensanweisungen an ein Kollektiv.

Ist von keiner überraschenden Klausel im Sinne des § 305c Abs. 1 BGB auszugehen, dann ist der Weg für die Inhaltskontrolle der einzelnen Klauseln der in Bezug genommenen Ethikrichtlinie anhand der §§ 307 ff. BGB eröffnet. *Im Ergebnis* ist die Einführung einer Ethikrichtlinie durch Verwendung einer statischen Bezugnahmeklausel rechtlich realisierbar, praktisch aufgrund der eingeschränkten Flexibilität aber nicht unbedingt von Vorteil.

(2) Dynamische Bezugnahmeklausel auf die Ethikrichtlinie

Die dynamische Bezugnahmeklausel verweist auf die Ethikrichtlinie in der *„jeweils gültigen Fassung"*. Dadurch wird die immer wieder neue Vereinbarung mit dem Arbeitnehmer bei geänderten Fassungen der Richtlinie entbehrlich, da die Bezugnahme die jeweils aktuelle Version erfasst. Zentrale Fragestellung im Zusammenhang mit Bezugnahmeklauseln ist, ob und inwieweit Arbeitgeber und Arbeitnehmer an jede zukünftige Änderung der in Bezug genommenen Ethikrichtlinie gebunden sind. Dies hängt entscheidend davon ab, ob eine dynamische Verweisung auf eine Ethikrichtlinie einer AGB-Kontrolle standhält. Dieses Problem wurde bis jetzt nur in Ansätzen diskutiert. *Borgmann* und *Eisenbeis/Nießen* gehen ohne weitere Begründung von einer Bindung des Arbeitnehmers an zukünftige Änderungen aus, wenn die jeweiligen Änderungen den Arbeitnehmern jeweils nachweislich bekannt gemacht werden[258]. *Mengel/Hagemeister* äußern Bedenken im Hinblick auf die Vereinbarkeit einer dynamischen Bezugnahmeklausel mit dem Transparenzgebot nach § 307 Abs. 1 Satz 2 BGB[259], *Triskatis* verweist auf Probleme im Hinblick auf § 305c Abs. 1 BGB[260].

Um sich der AGB-Problematik bei Verweisungsklauseln anzunähern, ist es zunächst hilfreich, die Rechtslage und Grundsätze bei dynamischer Bezugnahme auf Tarifverträge darzustellen[261]. Dadurch ist Grundsätzliches im Zusammenhang mit einer dynamischen Verweisung zu erkennen und es wird Problembewusstsein geschaffen. Diese Erkenntnisse können in die rechtliche Bewertung

[258] *Borgmann*, NZA 2003, 352 (354); *Eisenbeis/Nießen*, FS Leinemann, 697 (709).
[259] *Mengel/Hagemeister*, BB 2007, 1386 (1391).
[260] *Triskatis*, Ethikrichtlinien im Arbeitsrecht, 79.
[261] Vgl. dazu ausführlich *Diehn*, NZA 2004, 129 ff.; *Thüsing/Lambrich*, NZA 2002, 1361 ff.; *Preis* in ErfK, BGB, §§ 305-310 Rn. 13 ff.

mit einfließen, ob eine dynamische Verweisung auf eine Ethikrichtlinie zulässig im Sinne der §§ 305 ff. BGB ist. Arbeitsvertragliche Bezugnahmeklauseln auf Tarifverträge sind – zumindest soweit der gesamte Tarifvertrag in Bezug genommen wird[262] – von der Inhaltskontrolle ausgenommen. Nach § 307 Abs. 3 Satz 1 BGB ist eine Inhaltskontrolle nur für Bestimmungen in Allgemeinen Geschäftsbedingungen durchzuführen, durch die von Rechtsvorschriften abweichende oder diese ergänzende Regelungen vereinbart werden. Nach § 310 Abs. 4 Satz 3 BGB stehen Tarifverträge, Betriebs -und Dienstvereinbarungen den Rechtsvorschriften im Sinne von § 307 Abs. 3 BGB gleich. Daraus folgt, dass Bezugnahmeklauseln, welche die tariflichen Regelungen vollumfänglich in Bezug nehmen, nicht der gerichtlichen Inhaltskontrolle unterliegen. Grund und Ursache liegt darin, dass andernfalls die Arbeitsgerichte mittelbar über die Angemessenheit tariflicher Lohn- und Arbeitsbedingungen zu befinden hätten. Dem Tarifvertrag wird jedoch, jedenfalls in seiner Gesamtheit, gemeinhin aufgrund der Verhandlungsparität der Vertragspartner eine materielle Richtigkeitsgewähr bescheinigt, aufgrund derer eine gerichtliche Billigkeitskontrolle von Tarifverträgen ausscheidet[263]. Eine dynamische Verweisung eröffnet dem Arbeitgeber die Möglichkeit, durch zukünftige neue Regelungen im Tarifvertrag einseitig die Änderungen im Arbeitsvertrag herbeizuführen[264]. Auch das scheint vor dem Hintergrund der materiellen Richtigkeitsgewähr gerechtfertigt. Dennoch verbleibt in AGB-rechtlicher Hinsicht bei in Bezug genommenen Tarifverträgen der Anwendungsspielraum des § 305c Abs. 1 BGB. Obwohl ein Tarifvertrag die Richtigkeitsgewähr bietet, kann eine dynamische Bezugnahmeklausel auf einen Tarifvertrag eine überraschende Klausel darstellen, wenn auf einen branchen- oder ortsfremden Tarifvertrag verwiesen wird[265] oder die in Bezug genommenen Tarifänderungen bei Vereinbarung der Bezugnahmeklausel schlechterdings nicht vorhersehbar waren[266] oder eine nicht hinnehmbare Verschlechterung bedeuten[267]. Auch wenn es dadurch in den beiden zuletzt genannten Varianten zu einer mittelbaren Tarifzensur kommt, ist dies jedoch im Rahmen des Arbeitnehmerschutzes hinzunehmen[268].

---

262 Bezüglich Einzelverweisungen und Teilverweisungen auf einen Tarifvertrag siehe *Preis* in ErfK, BGB, §§ 305-310 Rn. 16 ff.

263 *Thüsing/Lambrich*, NZA 2002, 1361 (1362); *Diehn*, NZA 2004, 129 (130); *Preis* in ErfK, BGB, §§ 305-310 Rn. 13.

264 Allgemein zur einseitigen Änderung von Arbeitsbedingungen vgl. *Oelkers/Vernunft*, NJW-Spezial 2008, 530 f.

265 *Preis* in ErfK, BGB, § 305-310 Rn. 14.

266 *Thüsing/Lambrich*, NZA 2002, 1361 (1364 f.) mit zahlreichen weiteren Nachweisen.

267 *Thüsing/Lambrich*, NZA 2002, 1361 (1365).

268 *Thüsing/Lambrich*, NZA 2002, 1361 (1365).

(a) Einbeziehungskontrolle gemäß § 305c Abs. 1 BGB

Im Bereich der Einbeziehungskontrolle des § 305c Abs. 1 BGB können sich rechtliche Bedenken gegen eine dynamische Verweisung auf eine Ethikrichtlinie ergeben. Die Problematik des § 305c Abs. 1 BGB ist, wie bereits dargestellt, bei der Bezugnahme auf Tarifverträge anzutreffen. Diese Grundsätze sind uneingeschränkt auf Verweisungsklauseln, die Ethikrichtlinien in Bezug nehmen, zu übertragen. Die Übertragung der Grundsätze rechtfertigt sich durch einen Erst-Recht-Schluss. Denn wenn die oben dargestellten Arbeitnehmerschutzgesichtspunkte bei einer dynamischen Verweisung auf Tarifverträge, für welche die Richtigkeitsgewähr gilt, Berücksichtigung finden, muss dies erst recht bei einer in Bezug genommenen einseitigen Ethikrichtlinie gelten, für die gerade keine Angemessenheitsgewähr spricht, da die Inhalte einer Ethikrichtlinie regelmäßig nicht durch Vertragspartner auf gleicher Augenhöhe vereinbart werden, sondern vom Arbeitgeber vorgegeben werden und damit einer Ethikrichtlinie keine so genannte Richtigkeitsgewähr attestiert werden kann[269]. Im Einzelfall kann zum einen eine dynamische Verweisung auf eine unternehmensexterne Ethikrichtlinie (z.B. die eines Handelspartners) eine überraschende Klausel darstellen. Zum anderen kann ein Überraschungsmoment bei Bezugnahmeklauseln für den Arbeitnehmer nicht nur bei Vertragsschluss vorhanden sein, sondern auch zu einem späteren Zeitpunkt, wenn inhaltliche Änderungen des Bezugsobjekts eintreten[270]. Wird die Ethikrichtlinie zu einem späteren Zeitpunkt geändert, ist von einem überraschenden Charakter des in Bezug genommenen Kodex auszugehen, wenn die inhaltlichen Änderungen der Ethikrichtlinie schlechterdings nicht vorhersehbar waren oder eine nicht hinnehmbare Verschlechterung bedeuten.

(b) Inhaltskontrolle gemäß § 307 BGB

Wie dargestellt eröffnet eine dynamische Verweisung auf einen Verhaltenskodex für den Arbeitgeber die Möglichkeit, zukünftig neue ethische Regelungsinhalte einzuführen und damit einseitig Änderungen im Arbeitsvertrag herbeizuführen[271]. Das Argument der einseitigen Änderungsmöglichkeit muss im Rahmen der Prüfung, ob eine unangemessene Benachteiligung im Sinne des § 307 Abs. 1 Satz 1 BGB vorliegt, berücksichtigt werden. Es stellt sich zwangsläufig die Frage, ob einseitige Änderungsmöglichkeiten mit den wesentlichen Grundgedanken der gesetzlichen Regelung zu vereinbaren sind, vgl. § 307 Abs. 2 Nr. 1 BGB. Grundsätzlich kann der Arbeitgeber einseitige Änderungen der Vertragsbedingungen nur durch eine Änderungskündigung herbeiführen, sofern die

[269] So richtigerweise die Wertung von *Triskatis*, Ethikrichtlinien im Arbeitsrecht, 79.

[270] *Thüsing/Lambrich*, NZA 2002, 1361 (1365).

[271] Allgemein zur einseitigen Änderung von Arbeitsbedingungen vgl. *Oelkers/Vernunft*, NJW-Spezial 2008, 530 f.

Änderungen nicht vom Inhalt des Direktionsrechts umfasst sind. Gleichzeitig muss jedoch unter Berücksichtigung der Besonderheiten des Arbeitsrechts darauf hingewiesen werden, dass einseitige Änderungsmöglichkeiten des Arbeitgebers dem Arbeitsrecht durchaus nicht fremd sind, denkt man unter anderem an Versetzungsklauseln, Anrechnungs-, Freiwilligkeits- oder Widerrufsvorbehalte.

Zudem ergeben sich rechtliche Bedenken bei einer dynamischen Verweisung auf eine Ethikrichtlinie im Hinblick auf § 307 Abs. 1 Satz 2 BGB. Änderungsvorbehalte müssen hinreichend transparent sein, vgl. § 307 Abs. 1 Satz 2 BGB. Für den Arbeitnehmer ist grundsätzlich der Umfang seiner zukünftigen Bindung kaum vorhersehbar[272]. Weder sind bei einer dynamischen Bezugnahmeklausel auf eine Ethikrichtlinie Gründe ersichtlich, die den Arbeitgeber berechtigen, den Inhalt der Richtlinien zu ändern, noch, welche Regelungsbereiche von zukünftigen Änderungen betroffen sind. Zwar besteht die Möglichkeit, die Flexibilisierungsklausel zu begrenzen[273], d.h. transparent und verständlich zu benennen, unter welchen Voraussetzungen und bei welchen Regelungsbereichen der Arbeitgeber berechtigt ist, inhaltliche Änderungen vorzunehmen. Doch genau dann verliert die dynamischen Bezugnahmeklausel ihre Besonderheit: die Flexibilität.

Sollte eine Einzelfallprüfung unter Berücksichtigung aller in Betracht kommender Umstände zu dem Ergebnis führen, dass die dynamische Verweisung einer AGB-Kontrolle stand hält und damit die jeweiligen inhaltlichen Änderungen der Ethikrichtlinie wirksam in das Arbeitsverhältnis einbezogen worden sind, genießt der Arbeitnehmer einen weiteren Schutz, denn dann sind die einzelnen Regelungen der Ethikrichtlinie an den 307 ff. BGB zu messen.

(3) Handlungsempfehlung

Die Untersuchung hat ergeben, dass rechtliche Bedenken gegen eine dynamische Bezugnahmeklausel bestehen. Auch wenn sich das rechtliche Risiko nicht zwangsläufig in der Praxis realisieren muss, ist im Bezug auf die Verwendung von Flexibilisierungsklauseln Skepsis angebracht und Zurückhaltung geboten. Es lassen sich jedoch nahezu gleichwertige flexible Ergebnisse durch die Kombination verschiedener Gestaltungsfaktoren erzielen. Wie so oft lässt sich kein Patentrezept erarbeiten, da die zu berücksichtigenden Interessen regelmäßig zu unterschiedlich sind. Ein Vorschlag zur Einführung einer Ethikrichtlinie und zur Beantwortung der Frage, wie zukünftige Änderungen einzuführen sind, könnte im Einzelfall folgende Gestalt annehmen:

---

[272] So richtigerweise *Mengel/Hagemeister*, BB 2007, 1386 (1391).

[273] So *Mengel/Hagemeister*, BB 2007, 1386 (1391).

Bei Neueinstellung eines Arbeitnehmers erfolgt die Einführung der Ethikrichtlinie mittels einer statischen Bezugnahmeklausel im Arbeitsvertrag. Bei bestehenden Arbeitsverhältnissen erfolgt die identische Vorgehensweise. Mit den Arbeitnehmern wird die Einführung der Ethikrichtlinie mittels einer statischen Bezugnahmeklausel in einem Änderungsvertrag vereinbart. In beiden Fällen wird dem Arbeitnehmer unter ausdrücklichem Hinweis auf die Bezugnahmeklausel der Verhaltenskodex ausgehändigt. Zukünftige Änderungen werden sich bei der Einführung von ethischen Standards in der Regel gering halten. Das Grundkonzept steht und wurde bereits eingeführt. So wird sich der zukünftige Änderungsbedarf bzw. Anpassungsbedarf schwerpunktmäßig darauf beschränken, den Ethikkodex an zukünftige Gesetzesänderungen anzupassen. Insoweit besteht keine zwingende Notwendigkeit, eine Flexibilisierungsklausel einzuführen, da zukünftige Änderungen oftmals mittels Direktionsrecht eingeführt werden können. Letztlich verbleiben zukünftige Änderungen, bei welchen rechtliche Unsicherheiten bestehen, ob eine Einführung im Wege des Direktionsrechts möglich ist, also insbesondere Regelungen zum außerdienstlichen Verhalten und Regelungen, welche die Nebenpflichten der Arbeitnehmer erweitern. In diesem Fall ist auf vertragliche Regelung oder, soweit die Betriebsparteien Regelungsbefugnis haben, auf eine Betriebsvereinbarung zurückzugreifen. An dieser Stelle macht sich damit der Nachteil einer „bloß" statischen Bezugnahmeklausel bemerkbar.

Sollte sich ein Unternehmen vor dem Hintergrund der rechtlichen Bedenken dennoch für eine Flexibilisierungsklausel entscheiden, so sollten zumindest alle zukünftigen Änderungen oder Ergänzungen des Verhaltenskodex dem Arbeitnehmer mittels Aushändigung und schriftlicher Bestätigung des Erhalts nachweislich bekannt gemacht werden[274].

b) Einbeziehung der Ethikrichtlinie in ein bereits bestehendes Arbeitsverhältnis

Zur vertraglichen Einführung des Verhaltenskodex in ein bereits bestehendes Arbeitsverhältnis bedarf es einer Änderungsvereinbarung mit dem Arbeitnehmer. Besteht von Seiten des Arbeitnehmers keine Bereitschaft zum Abschluss eines Änderungsvertrages, ist zu diskutieren, ob der Arbeitgeber die Ethikrichtlinie im Wege der Änderungskündigung in das Arbeitsverhältnis einführen kann.

---

[274] *Borgmann* NZA 2003, 352 (354); *Mengel/Hagemeister*, BB 2007, 1386 (1391).

aa) Änderungsvereinbarung mit dem Arbeitnehmer

Bei der Änderungsvereinbarung ist der Arbeitgeber auf die vertragliche Zustimmung des Arbeitnehmers angewiesen. Die Änderungsvereinbarung kann, wie zuvor dargestellt, durch Aufnahme der Ethikrichtlinie in den Vertragstext oder unter Zuhilfenahme einer statischen bzw. dynamischen Bezugnahmeklausel erfolgen.

bb) Betriebsbedingte Änderungskündigung

Weigert sich der Arbeitnehmer, eine Änderungsvereinbarung zu unterzeichnen, wird diskutiert, ob und unter welchen Voraussetzungen der Arbeitgeber den Verhaltenskodex mit Hilfe einer betriebsbedingten Änderungskündigung einführen kann[275]. Sollte das Kündigungsschutzgesetz Anwendung finden (vgl. §§ 23 Abs. 1, 1 Abs. 1 KSchG), wovon im Folgenden ausgegangen wird, beurteilt sich die soziale Rechtfertigung einer betriebsbedingten Änderungskündigung nach dem Vorhandensein eines dringenden betrieblichen Erfordernisses im Sinne von §§ 2 Satz 1, 1 Abs. 2 Satz 1 KSchG.

(1) Prüfungsmaßstab bei der Änderungskündigung

Ein zentraler Streitpunkt bei dem Prüfungsmaßstab der Änderungskündigung dreht sich vereinfacht um die Frage: Muss bei Ausspruch der Änderungskündigung die Kündigung sozial gerechtfertigt sein, oder muss die Änderung der Arbeitsbedingungen sozial gerechtfertigt sein[276]? Nach Ansicht der Rechtsprechung[277] und der herrschenden Literatur[278] muss die Änderung der Arbeitsbedingungen sozial gerechtfertigt sein. Nach anderer Meinung ist bei der Frage der sozialen Rechtfertigung auf die Beendigung des Arbeitsverhältnisses abzustellen[279]. Für beide vertretenen Auffassungen lassen sich gute Gründe finden[280]. Im Wesentlichen sprechen zwei Argumente für die Ansicht der Rechtsprechung und der herrschenden Literatur. Zum einen ist auf den Wortlaut der §§ 2 Abs. 1 Satz 1, 4 Satz 2 KSchG abzustellen, welche deckungsgleich folgende Formulierung verwenden: „... *daß die Änderung der Arbeitsbedingungen nicht sozial ungerechtfertigt ist.*" Zum anderen ist die Besonderheit bei der Änderungskündigung in den Vordergrund zu stellen. Im Zentrum steht gerade nicht das ursprüngliche

[275] Zu den praktisch nicht relevanten verhaltensbedingten bzw. personenbedingten Änderungskündigungen vgl. *Wagner*, Ethikrichtlinien, 67 f.
[276] Umfassend zum Streitstand vgl. *Hromadka*, DB 2002, 1322; *Herbert/Oberrath*, NJW 2008, 3177 (3178).
[277] BAG vom 23.6.2005 – 2 AZR 642/04, BB 2006, 159 ff.
[278] Stellvertretend mit zahlreichen weiteren Nachweisen *Rost* in KR, KSchG, § 2 Rn. 78 ff.
[279] *Berkowsky*, NZA 2000, 1129 (1131 ff.).
[280] Gegenüberstellung der Argumente bei *Hromadka*, DB 2002, 1322.

Arbeitsverhältnis, sondern die geänderten Bedingungen[281]. Die Änderungskündigung ist nur das rechtstechnische Mittel, die Änderung der Arbeitsbedingungen das eigentliche Ziel[282].

Das BAG prüft die Wirksamkeit einer Änderungskündigung in zwei Stufen. Auf der ersten Stufe ist im Rahmen der betriebsbedingten Änderungskündigung nach §§ 1, 2 KSchG zu untersuchen, ob das Beschäftigungsbedürfnis für den betreffenden Arbeitnehmer zu den bisherigen Vertragsbedingungen entfallen ist. Es ist also danach zu fragen, ob dringende betriebliche Erfordernisse im Sinne des § 1 Abs. 2 Satz 1 KSchG vorhanden sind, welche der Weiterbeschäftigung des Arbeitnehmers zu den ursprünglichen Vertragsbedingungen entgegenstehen[283]. Nach der Rechtsprechung des BAG gilt dieser Maßstab unabhängig davon, ob der Arbeitnehmer das Änderungsangebot abgelehnt oder unter Vorbehalt angenommen hat[284]. Auf der zweiten Stufe ist zu prüfen, ob der Arbeitgeber lediglich solche Änderungen vorgeschlagen hat, die der Arbeitnehmer billigerweise hinnehmen muss (Verhältnismäßigkeit). Die Änderungen müssen geeignet und erforderlich sein, um den Inhalt des Arbeitsvertrages den geänderten Beschäftigungsmöglichkeiten anzupassen[285].

(a) Dringendes betriebliches Erfordernis

Entscheidend ist nach §§ 2 Satz 1, 1 Abs. 2 Satz 1 KSchG, ob dringende betriebliche Erfordernisse vorliegen, welche einer Weiterbeschäftigung des Arbeitnehmers entgegenstehen. Im Zusammenhang mit der Einführung einer Ethikrichtlinie werden im Wesentlichen drei Argumentationsansätze zur Begründung eines dringenden betrieblichen Erfordernisses diskutiert.

Einigkeit besteht darin, dass der alleinige Wunsch nach weltweit einheitlichen Arbeitsbedingungen kein dringendes betriebliches Erfordernis im Sinne des § 1 Abs. 2 Satz 1 KSchG zu begründen vermag[286]. Der bloße Wunsch nach weltweit einheitlichen Arbeitsbedingungen vermag weder das Kriterium der Dringlichkeit noch das Kriterium des betrieblichen Erfordernisses zu begründen.

Dagegen ist ein betriebliches Erfordernis anzunehmen, wenn das Unternehmen aufgrund gesetzlicher Verpflichtungen eine Ethikrichtlinie einführt[287]. Für deut-

---

[281] Guter Überblick bei *Molkenbur* in HWK, KSchG, § 2 Rn. 33 ff.
[282] *Hromadka*, DB 2002, 1322.
[283] *Herbert/Oberrath*, NJW 2008, 3177 (3178).
[284] BAG vom 18.5.2006 – 2 AZR 230/05, NZA 2006, 1092 ff.
[285] BAG vom 18.5.2006 – 2 AZR 230/05, NZA 2006, 1092 ff.
[286] So einhellig *Borgmann*, NZA 2003, 352 (355); *Meyer*, NJW 2006, 3605 (3608); *Triskatis*, Ethikrichtlinien im Arbeitsrecht, 87.
[287] So zutreffend *Borgmann*, NZA 2003, 352 (355); *Meyer*, NJW 2006, 3605 (3608); *Triskatis*, Ethikrichtlinien im Arbeitsrecht, 87.

sche Unternehmen besteht aufgrund der Section 406 Sarbanes-Oxley Act eine internationale gesetzliche Verpflichtung zu Einführung einer Ethikrichtlinie, wenn das deutsche Unternehmen an der New Yorker Börse gelistet ist oder wenn das deutsche Unternehmen ein Tochterunternehmen eines US-amerikanischen börsennotierten Unternehmens ist[288]. Die Dringlichkeit des betrieblichen Erfordernisses ergibt sich ebenfalls aus den amerikanischen Regelungen, welche für den Fall der Zuwiderhandlung bzw. Nichtbeachtung bestimmter Verhaltensregeln empfindliche Geld- und Haftstrafen vorsehen[289].

Als dritter Argumentationsansatz kann ein betriebliches Erfordernis zur Änderung der Arbeitsbedingungen darin liegen, den uneingeschränkten Fortbestand des Unternehmens zu gewährleisten. Unter anderem sind folgende Konstellationen denkbar, in welchen ein betriebliches Erfordernis zur Einführung einer Ethikrichtlinie bestehen kann:

- Einführung einer Ethikrichtlinie zum Erhalt der internationalen und nationalen Wettbewerbsfähigkeit: Auch Gesellschaften die nicht zur Einhaltung des Sarbanes-Oxley Acts verpflichtet sind[290], können unter Druck geraten, die Anforderungen des Sarbanes-Oxley Acts zu erfüllen, um international wettbewerbsfähig zu bleiben. Vermehrt wird in einer globalen Marktwirtschaft darauf geachtet, dass eine Zusammenarbeit mit Unternehmen stattfindet, welche sich ethischen Grundsätzen verschrieben haben.

- Einführung einer Ethikrichtlinie aufgrund der Forderungen von Geschäftspartnern: Wie bereits in Kapitel 2 dargestellt[291], wird zum Teil für die Zusammenarbeit von Unternehmen von den Geschäftspartnern das Unterzeichnen einer Verpflichtungserklärung zur Einhaltung ethischer Standards abverlangt. Sollte diese Erklärung nicht abgegeben werden, droht der Verlust von Aufträgen und damit von Marktanteilen.

- Nach *Triskatis* kann potenzieller Druck der Öffentlichkeit (Kunden oder Aktionäre) dazu geeignet sein, ein betriebliches Erfordernis zu begründen[292].

Jedes potenzielle betriebliche Erfordernis muss zugleich das Merkmal der Dringlichkeit aufweisen. Als Maßstab zur Begründung der Dringlichkeit des

[288] Zur internationalen gesetzlichen Verpflichtung siehe in Kapitel 2 C. II. 1.
[289] *Regelin/Fisher*, IStR 2003, 276 ff.; *Meyer*, NJW 2006, 3605 (3606).
[290] Nach *Regelin/Fisher*, IStR 2003, 276 (287) waren im Jahr 2003 gerade Mal 23 deutsche Gesellschaften in den USA notiert.
[291] Siehe dazu den Exkurs in Kapitel 2 C. III. 6. c).
[292] *Triskatis*, Ethikrichtlinien im Arbeitsrecht, 87.

betrieblichen Erfordernisses ist auf die wirtschaftlichen Auswirkungen abzustellen, die mit der Nichteinführung einer Ethikrichtlinie verbunden wären – das wird regelmäßig ein nicht unerheblicher zu erwartender wirtschaftlicher Schaden sein. Nach *Triskatis* reichen dazu bloße Vermutungen und Befürchtungen nicht aus[293]. Dem ist im Ergebnis zuzustimmen, wenn auch mit einer anderen Begründung[294]. Denn schon die Auslegung des Begriffes „dringendes betriebliches Erfordernis“ bedingt das Erreichen einer gewissen Belastungsgrenze[295], welche bei bloßen Vermutungen und Befürchtungen nicht erreicht ist. Da im Hinblick auf die Beweislastverteilung bei der Änderungskündigung die gleichen Grundsätze wie für die Beendigungskündigung gelten, hat der Arbeitgeber die Tatsachen darzulegen, welche die Änderungskündigung bedingen[296]. Insoweit ist es Sache des Arbeitgebers, die Dringlichkeit des betrieblichen Erfordernisses darzulegen.

(b) Ultima-Ratio

Auf der zweiten Stufe der Wirksamkeitsprüfung einer Änderungskündigung ist eine Interessenabwägung vorzunehmen[297]. Nach der Rechtsprechung muss sich der Arbeitgeber darauf beschränken, nur solche Änderungen vorzuschlagen, welche der Arbeitnehmer billigerweise hinnehmen muss[298]. Die Änderungen müssen geeignet und erforderlich sein, den Inhalt des Arbeitsvertrages den geänderten Beschäftigungsmöglichkeiten anzupassen. Diese Voraussetzungen müssen für alle Vertragsänderungen vorliegen[299]. Unter Zugrundelegung der Rechtsprechung ist insoweit die Verhältnismäßigkeit jeder einzelnen Klausel der Ethikrichtlinie zu prüfen.

Geeignet sind evtl. Änderungen, soweit dadurch die vom Arbeitgeber vorgegebenen Ziele erreicht werden können[300]. An diesem Kriterium wird es in der Praxis meist nicht scheitern. Selbstverständlich sind – um nur ein Beispiel zu nennen – die Einführung ethischer Standards und damit die Änderung der Arbeitsbedingungen dazu geeignet, den Auftragsrückgang zu stoppen, der dadurch eingetreten ist, dass vereinzelte Geschäftspartner nur noch Verträge mit Unterneh-

---

293 *Triskatis*, Ethikrichtlinien im Arbeitsrecht, 87.
294 *Triskatis* begründet die Ansicht mit einem Verweis auf die Rechtsprechung des BAG in der Kopftuch-Entscheidung, vgl. BAG vom 10.10.2002 – 2 AZR 472/01, BB 2003, 1283 ff.
295 *Griebeling* in KR, KSchG, § 1 Rn. 516.
296 *Oetker* in ErfK, KSchG, § 2 Rn. 74 f.
297 *Benecke*, NZA 2005, 1092 (1093).
298 BAG 3.7.2003 – 2 AZR 617/02; DB 2004, 655 f.; *Benecke*, NZA 2005, 1092 (1093).
299 BAG vom 29.3.2007 – 2 AZR 31/06, NZA 2007, 855 ff.; BAG vom 18.5.2006 – 2 AZR 230/05, NZA 2006, 1092 ff.
300 *Herbert/Oberrath*, NJW 2008, 3177 (3181).

men eingehen, dessen Arbeitnehmer verbindlich an die Einhaltung ethischer Verhaltensrichtlinien gebunden sind[301].

Problematisch kann hingegen die *Erforderlichkeit* der Änderungen sein. Nach *Herbert/Oberrath* ist eine Änderung nur erforderlich, wenn das vom Arbeitgeber anvisierte Ziel nicht mit einer den Arbeitnehmer weniger belastenden Maßnahme zu erreichen ist (Ultima-Ratio-Grundsatz)[302]. In diesem Zusammenhang wird die Frage diskutiert, ob die Umsetzung einer Maßnahme im Wege des Direktionsrechts als milderes Mittel gegenüber einer Änderungskündigung anzusehen ist. Ein ausführliche Darstellung des Streitstandes ist bei *Benecke*[303] und *Boewer*[304] zu finden.

Durchaus kann in der Ausübung des Direktionsrechts ein milderes Mittel gesehen werden. Im Vergleich zur Änderungskündigung ist die Einführung mittels Direktionsrecht als gleichfalls milderes Mittel anzusehen, weil durch diese Option der Bestand des Arbeitsverhältnisses insgesamt nicht angegriffen wird[305]. Eine trotzdem ausgeübte Änderungskündigung verstößt gegen den Verhältnismäßigkeitsgrundsatz und ist sozial nicht gerechtfertigt[306]. Der Arbeitgeber wird auch in der Regel keine Änderungskündigung aussprechen, wenn ihm ein weniger einschneidendes Mittel zur Verfügung steht[307]. In der Praxis wird der Arbeitgeber häufig mit Situationen konfrontiert sein, in welchen er nicht mit Sicherheit sagen kann, ob die gewünschte Klausel der Ethikrichtlinie vom Direktionsrecht umfasst ist und damit durch das einseitige Leistungsbestimmungsrecht eingeführt werden kann oder ob eine Änderungskündigung notwendig ist. In diesen Fällen empfiehlt es sich, die Änderung durch Ausübung des Direktionsrechts anzuordnen und vorsorglich eine Änderungskündigung, verbunden mit dem gleichen Änderungsangebot, auszusprechen[308].

(2) Fazit

Die Einführung einer Ethikrichtlinie durch Änderungskündigung wird in der Praxis keine entscheidende Rolle spielen. Es ist nicht zu erwarten, dass die Arbeitnehmer in einer Vielzahl die Änderungsvereinbarungen nicht unterzeichnen werden – zumal die Einführung von Ethikregeln auch im Interesse der Arbeitnehmer steht und damit keine unnatürlichen bzw. unüblichen, den Arbeitneh-

---

301 Siehe dazu den Exkurs in Kapitel 2 C. III. 6 c).

302 *Herbert/Oberrath*, NJW 2008, 3177 (3181); BAG 03.07.2003 – 2 AZR 617/02; DB 2004, 655 f.; *Boewer*, FS Bartenbach, 587 ff.

303 *Benecke*, NZA 2005, 1092 ff.

304 *Boewer*, FS Bartenbach, 587 ff.

305 *Rost* in KR, KSchG, § 2 Rn. 106a.

306 *Rost* in KR, KSchG, § 2 Rn. 106a.

307 *Hromadka*, NZA 2008, 1338.

308 *Bröhl*, BB 2007, 437 (439).

mern widerstrebenden Verhaltensregeln verbunden sind. Die möglichen Auswirkungen einer Änderungskündigung auf das Betriebsklima dürfen nicht unberücksichtigt bleiben. Letztlich handelt es sich bei der Änderungskündigung um ein Druckmittel gegenüber dem Arbeitnehmer, welches zudem die Gefahr von Änderungskündigungsschutzklagen birgt. Aus psychologischer Sicht ist die Änderungskündigung stets als „letztes Mittel" zu wählen, wenn die Einführung der Ethikrichtlinie auf allen anderen zur Verfügung stehenden Wegen gescheitert ist. Der Einsatz der Änderungskündigung wird in der Praxis auf Fälle hartnäckiger Weigerung durch vereinzelte Arbeitnehmer beschränkt sein.

c) Besonderheiten der AGB-Kontrolle bei der Erweiterung arbeitsvertraglicher Nebenpflichten des Arbeitnehmers

Eine gesondert zu behandelnde Problematik stellt sich bei der Erweiterung vertraglicher Rücksichtnahmepflichten des Arbeitnehmers. Hierbei ist im Rahmen der AGB-Kontrolle eine Auseinandersetzung mit § 307 Abs. 2 Nr. 1 BGB erforderlich.

Nach § 307 Abs. 2 Nr. 1 BGB ist eine unangemessene Benachteiligung im Zweifel dann anzunehmen, wenn eine Bestimmung mit wesentlichen Grundgedanken der gesetzlichen Regelung, von der abgewichen wird, nicht zu vereinbaren ist. Unproblematisch handelt es sich bei gesetzlichen Nebenpflichten der Arbeitnehmer um gesetzliche Regelungen im Sinne des § 307 Abs. 2 Nr. 1 BGB. Es stellt sich jedoch die Frage, ob es sich bei der Erweiterung vertraglicher Rücksichtnahmepflichten um Abweichungen von einer gesetzlichen Regelung handelt? Konkreter formuliert: Sind vertragliche Rücksichtnahmepflichten des Arbeitnehmers gesetzliche Regelungen im Sinne des § 307 Abs. 2 Nr. 1 BGB? Der zunächst als Widerspruch erscheinende Ansatz – vertraglich und gesetzlich – verblasst bei genauerer Betrachtung. Der BGH hat sich 1987 mit der Auslegung des Begriffs *„gesetzliche Regelung"* auseinandergesetzt[309]. Das Tatbestandsmerkmal der gesetzlichen Regelung *„umfasst nicht nur Gesetzesbestimmungen, sondern auch alle Rechtssätze, welche durch Auslegung, Analogie und Rechtsfortbildung aus den gesetzlichen Vorschriften hergeleitet werden*[310]*."* Nach *Coester* fallen darunter auch die regelmäßig durch das Richterrecht geprägten Konkretisierungen von Generalklauseln, z.B. § 242 BGB[311].

---

[309] Auslegungsobjekt war zu diesem Zeitpunkt die mit § 307 Abs. 2 Nr. 1 BGB inhaltsgleiche Vorgängerregelung des § 9 Abs. 2 Nr. 1 AGBG: *„Eine unangemessene Benachteiligung ist im Zweifel anzunehmen, wenn eine Bestimmung mit wesentlichen Grundgedanken der gesetzlichen Regelung, von der abgewichen wird, nicht zu vereinbaren ist."*

[310] BGH vom 12.3.1987 – VII ZR 37/86, BB 1987, 1131 ff.; BGH vom 28.4.1983 – VII ZR 259/82, NJW 1983, 1671 f.

[311] *Coester* in Staudinger, BGB, § 307 Rn. 236; *Mahnhold*, Compliance und Arbeitsrecht, 234.

Die Rechtsgrundlage der arbeitsvertraglichen Nebenpflichten bzw. vertraglichen Rücksichtnahmepflichten war in der Vergangenheit umstritten. So hat man früher die Treuepflicht über das Wesen des Arbeitsverhältnisses als ein personenrechtliches Gemeinschaftsverhältnis begründet[312]. Richtigerweise ist bei den Begründungsversuchen auf die allgemeinen schuldrechtlichen Grundsätze zurückzugreifen, dem alle Schuldverhältnisse beherrschenden Grundsatz von *Treu und Glauben* nach § 242 BGB und den Pflichten aus dem Schuldverhältnis nach § 241 Abs. 2 BGB. Nach § 242 BGB ist der Schuldner verpflichtet, die Leistung so zu bewirken, wie Treu und Glauben mit Rücksicht auf die Verkehrssitte es erfordern. Nach § 241 Abs. 2 BGB kann das Schuldverhältnis nach seinem Inhalt jeden Teil zur Rücksicht auf die Rechte, Rechtsgüter und Interessen des anderen Teils verpflichten. Demnach werden die vertraglichen Nebenpflichten aus gesetzlichen Vorschriften hergeleitet. Damit handelt es sich *im Ergebnis* bei den arbeitsvertraglichen Nebenpflichten um *gesetzliche Vorschriften* im Sinne des § 307 Abs. 2 Nr. 1 BGB, soweit die Nebenpflichten durch das Richterrecht geprägte Konkretisierungen der Generalklauseln §§ 242, 241 Abs. 2 BGB darstellen.

Wird nun eine arbeitsvertragliche Nebenpflicht durch den Arbeitgeber ausgeweitet bzw. erweitert, ist von einer Abweichung von der gesetzlichen Regelung auszugehen, vgl. § 307 Abs. 2 Nr. 1 BGB. Daher ist eine Ethikrichtlinie, welche die vertraglichen Nebenpflichten des Arbeitnehmers erweitert, am Maßstab des § 307 Abs. 2 Nr. 1 BGB zu überprüfen. Die Frage, auf die es in diesem Zusammenhang letztlich hinausläuft, ist also: Handelt es sich bei der Erweiterung der vertraglichen Nebenpflicht um eine Bestimmung, welche mit den wesentlichen Grundgedanken der gesetzlichen Regelung zu vereinbaren ist?

Erforderlich für eine Unvereinbarkeit ist, dass in die rechtlich geschützten Interessen des Vertragspartners in nicht unerheblichem Maße eingegriffen wird[313]. Jedoch führt auch die festgestellte Unvereinbarkeit mit den wesentlichen Grundgedanken der gesetzlichen Regelung nach § 307 Abs. 2 Nr. 1 BGB nur *im Zweifel* zu einer unangemessenen Benachteiligung. Nach der Rechtsprechung des BGH können *besondere Umstände* existieren, die dazu führen, dass eine Regelung trotz Unvereinbarkeit der Abweichung von der gesetzlichen Regelung dennoch keine unangemessene Benachteiligung enthält und daher wirksam ist[314]. *„Das kann z.B. dann der Fall sein, wenn die den Vertragspartner benachteiligende Abweichung vom dispositiven Gesetzesrecht durch Gewährung anderer rechtlicher Vorteile ausgeglichen wird oder wenn sie durch höherrangige Inte-*

[312] Über die historische Entwicklung der arbeitsvertraglichen Nebenpflichten siehe ausführlich *Blomeyer* in MünchArbR, § 51 Rn.4 ff.
[313] *Grüneberg* in Palandt, § 307 Rn. 28.
[314] BGH vom 25.6.1991 – XI ZR 257/90, NJW 1991, 2414 ff.

ressen des AGB-Verwenders gerechtfertigt ist[315]." Bei der Einführung eines Verhaltenskodex, der die Erweiterung arbeitsvertraglicher Nebenpflichten vorsieht, kommt der zweiten Argumentation des BGH besondere Bedeutung zu. Zu prüfen ist demnach, ob die Ethikrichtlinie, welche eine arbeitsvertragliche Nebenpflicht erweitert, durch höherrangige Interessen des Arbeitgebers gerechtfertigt ist.

Richtigerweise ist die Prüfung im Rahmen dieser Abwägung entgegen der Ansicht der Rechtsprechung[316] – welche eine umfassende Interessenabwägung favorisiert – auf das Abweichungsinteresse zu beschränken[317]. Eine umfassende Interessenabwägung der gesetzlichen Regelung ist bereits durch den Gesetzgeber bzw. bei Rechtsfortbildung durch das Richterrecht erfolgt[318]. Insoweit verbleibt eine Interessenabwägung des ausstehenden Teils, der Abweichung von der gesetzlichen Regelung. Damit ist im Rahmen der Interessenabwägung die entscheidende Wertungsstation erreicht, in welcher festzustellen ist, ob ein überwiegendes Abweichungsinteresse des Arbeitgebers besteht. Abweichungsinteressen können sich insbesondere – und das wird später noch eine entscheidende Rolle spielen – durch Besonderheiten des Vertragstyps ergeben. Derartige Besonderheiten können sich aus dem Vertragsgegenstand, seinem Zweck, seiner Struktur oder aus den beteiligten Geschäftskreisen ergeben[319].

Die Beschränkung der Prüfung auf das Abweichungsinteresse und damit ein eingeschränkter Prüfungsumfang steht zudem in Einklang mit § 307 Abs. 3 BGB. Nach § 307 Abs. 3 BGB gelten die Absätze 1 und 2 des § 307 BGB nur für Bestimmungen, durch die von Rechtsvorschriften abweichende oder diese ergänzende Regelungen vereinbart werden. Demnach findet keine Inhaltskontrolle statt, wenn Rechtsvorschriften wiedergegeben werden. Erst wenn von der Rechtsvorschrift abgewichen bzw. diese ergänzt wird, ist der Weg für die Inhaltskontrolle nach § 307 Abs. 1, 2 BGB eröffnet. In diesem Zusammenhang stellt sich die Frage, inwieweit die arbeitsvertraglichen Nebenpflichten als Rechtsvorschriften im Sinne des § 307 Abs. 3 BGB anzusehen sind. Rechtsvorschriften sind nicht nur die gesetzlichen Regelungen selbst, sondern auch die allgemein anerkannten Rechtsgrundsätze, *„d.h. auch alle ungeschriebenen Rechtsgrundsätze, die Regeln des Richterrechts oder die aufgrund ergänzender Auslegung nach §§ 157, 242 BGB und aus der Natur des jeweiligen Schuldverhältnisses zu entnehmenden Rechte und Pflichten*[320]." Eine arbeitsvertragliche Nebenpflicht ist demnach als allgemeiner Rechtsgrundsatz anerkannt, wenn die

[315] BGH vom 25.6.1991 – XI ZR 257/90, NJW 1991, 2414 ff.
[316] Siehe dazu *Mahnhold*, Compliance und Arbeitsrecht, 237 mit weiteren Nachweisen.
[317] *Coester* in Staudinger, BGB, § 307 Rn. 253.
[318] So absolut zutreffend *Mahnhold*, Compliance und Arbeitsrecht, 237 f.
[319] *Coester* in Staudinger, § 307 Rn. 255.
[320] BGH vom 10.12.1992 – I ZR 186/90, NJW 1993, 721 ff.

Nebenpflicht durch Richterrecht im Wege der Rechtsfortbildung bestätigt oder konkretisiert worden ist. Gibt demnach eine Ethikrichtlinie arbeitsvertragliche Nebenpflichten in der Form wieder, wie sie durch die Rechtsprechung bestätigt bzw. konkretisiert worden sind, findet nach § 307 Abs. 3 BGB keine Inhaltskontrolle statt. Solange entsprechende Konkretisierungen durch die Rechtsprechung noch nicht vorgenommen worden sind, kann man nicht von allgemein anerkannten Rechtsgrundsätzen sprechen. In diesem Fall ist am Maßstab des § 307 Abs. 1 BGB zu prüfen, ob die Konkretisierung der arbeitsvertraglichen Nebenpflicht entgegen den Geboten von Treu und Glauben eine unangemessene Benachteiligung darstellt[321]. Insoweit steht die Beschränkung des Prüfungsumfangs bei der Erweiterung arbeitsvertraglicher Nebenpflichten auf das Abweichungsinteresse im Einklang mit § 307 Abs. 3 BGB. Eine Prüfung der durch Richterrecht bereits bestätigten arbeitsvertraglichen Nebenpflicht muss gerade nicht stattfinden. Insoweit ist einzig und allein die Abweichung, also die Erweiterung der Pflicht, einer Interessenabwägung zu unterziehen.

Im Ergebnis ist zu prüfen, ob die Erweiterung der Nebenpflicht durch das Vorliegen besonderer Umstände keine unangemessene Benachteiligung darstellt. Das ist der Fall, wenn die Pflichtenerweiterung durch die Gewährung anderer rechtlicher Vorteile ausgeglichen wird oder wenn sie durch höherrangige Interessen des Arbeitgebers gerechtfertigt ist. Im letzteren Fall können sich die Besonderheiten aus dem Vertragsgegenstand, seinem Zweck, seiner Struktur oder aus den beteiligten Geschäftskreisen ergeben[322].

4. Gestaltungsinstrument: Individuell ausgehandelte Klauseln gemäß § 305 Abs. 1 Satz 3 BGB

Bei individuell ausgehandelten Klauseln in Arbeitsverträgen findet keine Inhaltskontrolle nach dem Recht der Allgemeinen Geschäftsbedingungen statt. Allgemeine Geschäftsbedingungen liegen nicht vor, soweit die Vertragsbedingungen zwischen den Vertragsparteien im Einzelnen ausgehandelt sind, vgl. § 305 Abs. 1 Satz 3 BGB. Ein wirkliches Aushandeln hat stattgefunden, wenn der Arbeitgeber dem Arbeitnehmer den gesetzesfremden Kerngehalt der Klausel zur Disposition gestellt hat und ihm die Möglichkeit gegeben hat, den Inhalt der betreffenden Klausel beeinflussen zu können[323]. Sind die Abreden eines Vertrages tatsächlich individuell ausgehandelt, findet auch keine richterliche Inhaltskontrolle der Klausel nach Maßgabe von Treu und Glauben § 242 BGB statt[324].

[321] *Mahnhold*, Arbeitsrecht und Compliance, 234.
[322] *Im Ergebnis* gilt der gleiche Prüfungsumfang für die Erweiterung gesetzlicher Nebenpflichten des Arbeitnehmers.
[323] BGH vom 3.11.1999 – VIII ZR 269/98, BB 2000, 323 ff.; *Preis* in ErfK, BGB, § 305-310 Rn. 24.
[324] BAG vom 25.5.2005 – 5 AZR 572/04, BB 2005, 2131 ff. Insoweit stellen die §§ 305 ff. BGB eine abschließende Konkretisierung des Gebots von Treu und Glauben dar.

Dies hat das BAG jüngst in einer aktuellen Entscheidung festgestellt und damit einen Wechsel seiner Rechtsprechung vollzogen[325]. Die Entscheidung bedeutet eine Stärkung der Freiheit privatautonomer Vertragsgestaltung durch Individualabreden[326].

Nach *Thüsing* hat weiterhin die Überprüfung von individuell ausgehandelten Vertragsklauseln am Maßstab der Billigkeit (§ 315 BGB) oder der guten Sitten (§ 138 BGB) zu erfolgen[327]. Richtigerweise kann aus der Rechtsprechungsänderung nicht gefolgert werden, dass individuell ausgehandelte Klauseln nunmehr von jeglicher Kontrolle durch die Rechtsprechung freigestellt sind. Dies bringt das BAG in der Entscheidung vom 25.5.2005 deutlich zum Ausdruck: *„Die Parteien sind insoweit bis zur Grenze der Sittenwidrigkeit § 138 BGB frei, ihre Regelungen selbst zu wählen[328].“* Im Weiteren behält sich das BAG eine richterliche Kontrolle bei strukturellen Störungen der Vertragsparität vor. Das soll für Fälle gelten, in denen der Inhalt des Vertrages eine Seite ungewöhnlich belastet[329]. Im Ergebnis ist dem BAG aus Arbeitnehmerschutzgesichtspunkten zuzustimmen, da regelmäßig auch beim individuellen Aushandeln von Vertragsbedingungen ein strukturelles Ungleichgewicht zwischen Arbeitgeber und Arbeitnehmer vorhanden ist, zu dessen Ausgleich eine Kontrolle durch Anwendung anderer Rechtsinstitute geboten ist. Allerdings muss im gleichen Atemzug erwähnt werden, dass eine Kontrolle individuell ausgehandelter Klauseln im Ergebnis nicht zu höheren Anforderungen an die Wirksamkeit einer solchen führen darf, als die Anforderungen, welche im Rahmen der §§ 305 ff. BGB zu stellen wären[330]. Die gesetzgeberische Entscheidung der Stärkung der Freiheit privatautonomer Vertragsgestaltung im Bereich der Individualabreden ist zu respektieren und absolut begrüßenswert.

Dieses „Mehr an Vertragsfreiheit“ macht Individualabreden zu einem interessanten Gestaltungsinstrument bei der Einführung von Ethikrichtlinien. Grundsätzlich wird sich der Anwendungsbereich für individuell ausgehandelte Klauseln und Ethikrichtlinien relativ gering halten. Dem liegt der Umstand zugrunde, dass der Arbeitgeber daran interessiert ist, ethische Grundwerte für seine gesamte Belegschaft zu etablieren. Neben einem Code of Conduct für die gesamte Belegschaft kann es jedoch von Interesse sein, mit Arbeitnehmern die so genannte „Schlüsselpositionen“ bekleiden, neben der bestehenden Ethikrichtlinie zusätz-

---

[325] Zuvor begründete § 242 BGB die Befugnis zu einer richterlichen Inhaltskontrolle von Verträgen, vgl. BAG vom 16.3.1994 – 5 AZR 339/92, NZA 1994, 937 ff.; BAG vom 21.11.2001 – 5 AZR 158/00, BB 2002, 628 ff.

[326] *Wolff/Timmm*, AuA 2005, 468.

[327] *Thüsing*, BB 2002, 2666 (2667).

[328] BAG vom 25.5.2005 – 5 AZR 572/04, BB 2005, 2131 ff.

[329] BAG vom 25.5.2005 – 5 AZR 572/04, BB 2005, 2131 ff.

[330] So richtigerweise *Thüsing*, BB 2002, 2666 (2667).

lich individuelle Klauseln auszuhandeln – beispielsweise bei Arbeitnehmern[331], an die aufgrund ihrer besonderen Stellung im Unternehmen ergänzende und zusätzliche ethische Anforderungen zu stellen sind. Ein individuelles Aushandeln begründet den Vorteil, dass nicht die strengen Maßstäbe der AGB-Kontrolle gelten, sofern ein wirkliches Aushandeln stattgefunden hat. Die Beweislast für im Einzelnen ausgehandelte Vertragsbedingungen liegt beim Arbeitgeber als Verwender[332]. Deshalb ist es für den Arbeitgeber unabdingbar, besondere Sorgfalt in die Dokumentation der Vertragsverhandlungen zu legen. Der BGH hat in seiner Entscheidung vom 3.11.1999[333] ausgeführt, dass sich der Verwender (Arbeitgeber) deutlich und ernsthaft zur gewünschten Änderung einzelner Klauseln bereit erklären muss. In aller Regel schlägt sich eine solche Bereitschaft auch in erkennbaren Änderungen des vorformulierten Textes nieder[334]. Allenfalls unter besonderen Umständen kann ein Vertrag auch dann als Resultat eines „Aushandelns" gewertet werden, wenn es letztlich nach gründlicher Erörterung bei dem gestellten Entwurf bleibt[335]. Das BAG betont unter Zugrundelegung der BGH-Rechtsprechung, dass die betreffende Klausel ernsthaft zur Disposition gestellt werden muss[336].

Aus der Rechtsprechung der höchstrichterlichen Instanzen lassen sich Anregungen für die Vertragsverhandlungen in der Praxis ableiten. Die von *Kessel/Jüttner* erarbeiteten drei Phasen[337] bei dem Aushandeln einer Individualvereinbarung im unternehmerischen Geschäftsverkehr können in Grundzügen auf die vorliegende Konstellation des Aushandelns einer individuellen Ethikrichtlinie zwischen einem Unternehmer (Arbeitgeber) und einem Verbraucher (Arbeitnehmer[338]) übertragen werden. Unter Zugrundelegung der BGH-Rechtsprechung empfiehlt sich für den Arbeitgeber folgende Vorgehensweise im Rahmen des Phasenmodells: Die *Einleitungsphase* beginnt mit dem Entwurf einer Ethikrichtlinie durch den Arbeitgeber. Die Ethikrichtlinie ist nunmehr gegenüber dem betreffenden Mitarbeiter mit dem Hinweis zu kommunizieren, dass man diese Formulierung als Diskussionsgrundlage versteht und Änderungswünsche gerne in Empfang genommen werden. In der anschließenden *Verhandlungsphase* findet die Diskussion über die Änderungswünsche des Arbeitnehmers statt. Letztlich einigen sich die Parteien in der *Abschlussphase* auf einen Klauselinhalt, welcher beiden Interessen gerecht wird. Arbeitgeber und Arbeitnehmer haben aus Beweisgrün-

---

[331] Zum Beispiel der Chief Compliance Officer.
[332] *Preis* in ErfK, BGB, §§ 305-310 Rn. 24.
[333] BGH vom 3.11.1999 – VIII ZR 269/98; BB 2000, 323 ff.
[334] BGH vom 3.11.1999 – VIII ZR 269/98; BB 2000, 323 ff.
[335] BGH vom 3.11.1999 – VIII ZR 269/98; BB 2000, 323 ff.; BGH vom 9.10.1986 – VII ZR 245/85, MDR 1987, 311 f.
[336] BAG vom 27.7.2005 – 7 AZR 486/04, NZA 2006, 40 ff.
[337] *Kessel/Jüttner* unterteilen in die Einleitungsphase, die Verhandlungsphase und die Abschlussphase, vgl. BB 2008, 1350 (1353 f.).
[338] BAG vom 25.5.2005 – 5 AZR 572/04, BB 2005, 2131 ff.

den jede einzelne Phase so ausführlich wie möglich schriftlich zu dokumentieren.

Benecke stellt zutreffend fest, dass die Anforderungen der Rechtsprechung leicht zu umgehen sind[339]. So besteht die Gefahr, dass der Arbeitgeber die Klausel zunächst bewusst und offensichtlich ungünstig formuliert, um sich dann im Zuge der Verhandlungen einen Schritt auf den Arbeitnehmer zu zu bewegen und somit den von vornherein beabsichtigten Richtlinieninhalt durchzusetzen[340]. In diesem Fall kann nicht davon gesprochen werden, dass die konkrete Ethikrichtlinie ernsthaft zur Disposition gestellt worden ist.

Im Ergebnis sollen die Ausführungen das Bewusstsein schärfen, dass in besonderen Situationen individuell ausgehandelte Klauseln als Gestaltungsinstrument in Betracht kommen – insbesondere wenn es darum geht, besondere ethische Anforderungen mit Mitarbeitern zu vereinbaren, welche „Schlüsselpositionen" im Unternehmen bekleiden.

5. Praxistauglichkeit der Einführung per vertraglicher Abrede

Die Einbeziehung einer Ethikrichtlinie im Wege der vertraglichen Abrede ist im Gegensatz zum Direktionsrecht als aufwändigeres Verfahren zu bewerten, da die Zustimmung eines jeden einzelnen Mitarbeiters einzuholen ist. Aufgrund der Inhaltsfreiheit (vgl. § 105 GewO) kann jedoch sowohl außerdienstliches Verhalten, als auch in den aufgezeigten Grenzen die Erweiterung arbeitsvertraglicher Nebenpflichten, Regelungsgegenstand einer vertraglichen Abrede sein. Die psychologische Akzeptanz ist bei vertraglichen Vereinbarungen höher als bei der einseitigen Ausübung des Weisungsrechts. So kann es sich für den Arbeitgeber als wertvoll erweisen, wenn er eine Mannschaft hinter sich weiß, die das Einverständnis und die Zustimmung zu ethisch korrektem Verhalten erteilt hat. Im Ergebnis ist per vertraglicher Abrede von den Regelungsinhalten mehr möglich als durch Ausübung des Direktionsrechts. Ob die Regelungen letztlich inhaltlich einer AGB-Kontrolle standhalten und mit den grundrechtlich geschützten Positionen der Arbeitnehmer harmonieren, ist im jeweiligen Einzelfall zu prüfen.

III. Die Einführung einer Ethikrichtlinie per Betriebsvereinbarung

Besteht im Unternehmen ein Betriebsrat, kommt zudem die Einführung einer Ethikrichtlinie per Betriebsvereinbarung in Betracht. Entscheidet sich der Arbeitgeber, eine Ethikrichtlinie mittels Betriebsvereinbarung einzuführen, ist zunächst von Interesse, ob die einzelnen ethischen Verhaltensrichtlinien von der

[339] *Benecke*, AuR 2006, 337 (341).
[340] *Benecke*, AuR 2006, 337 (341).

Regelungsbefugnis der Betriebsparteien umfasst sind (**dazu 1.**) und welche Grenzen bei der kollektivrechtlichen Einführung zu beachten sind (**dazu 2.**) Anhand dieser Grundlagen kann untersucht werden, inwieweit die einzelnen Kategorien der Ethikrichtlinie per Betriebsvereinbarung eingeführt werden können (**dazu 3.**). Neben der Darstellung einiger Besonderheiten im Zusammenhang mit der Einführung einer Ethikrichtlinie per Betriebsvereinbarung (**dazu 4.**) wird abschließend die Praxistauglichkeit dieser Variante aufgezeigt (**dazu 5.**).

1. Die Regelungsbefugnis der Betriebsparteien

Die Regelungsbefugnis der Betriebsparteien zum Abschluss einer Betriebsvereinbarung umfasst sämtliche Inhalte einer Ethikrichtlinie, welche mitbestimmungspflichtige Tatbestände des Verhaltenskodex betreffen, also insbesondere die erzwingbare Mitbestimmung nach § 87 Abs. 1 BetrVG. Daneben stellt sich die Frage, ob die Regelungsbefugnis der Betriebsparteien zum Abschluss einer freiwilligen Betriebsvereinbarung nach § 88 BetrVG besteht, wenn gerade keine mitbestimmungspflichtigen Tatbestände betroffen sind. § 88 BetrVG enthält – wie durch die Verwendung des Begriffs *insbesondere* zum Ausdruck kommt – keine abschließende Aufzählung der einzelnen Regelungsbereiche. Mehrfach wird aus der systematischen Stellung des § 88 BetrVG im dritten Abschnitt *„Soziale Angelegenheiten"* gefolgert, dass sich die Regelungsbefugnis der Betriebsparteien für freiwillige Regelungen auf soziale Angelegenheiten beschränkt[341]. Nach Ansicht der Rechtsprechung ist jedoch richtigerweise von einer umfassenden Regelungskompetenz der Betriebsparteien auszugehen. Nach Ansicht des Großen Senats des BAG kann eine Betriebsvereinbarung normative Regelungen über Inhalt, Abschluss und Beendigung von Arbeitsverhältnissen (sog. Inhaltsnormen) sowie ferner über betriebliche und betriebsverfassungsrechtliche Fragen treffen[342]. Das gilt unabhängig davon, ob es sich um materielle oder formelle Arbeitsbedingungen handelt[343]. Für eine umfassende Regelungskompetenz, d.h. in sozialen, personellen und wirtschaftlichen Angelegenheiten, spricht die überzeugende Argumentation des Großen Senats des BAG. In den Schranken des § 77 Abs. 3 BetrVG kann jede durch Tarifvertrag gemäß § 1 Abs. 1 TVG regelbare Angelegenheit Gegenstand einer Betriebsvereinbarung sein, also neben betrieblichen und betriebsverfassungsrechtlichen Fragen Regelungen über Inhalt, Abschluss und Beendigung von Arbeitsverhältnissen[344]. Eine umfassende Regelungskompetenz steht zudem in Übereinstimmung mit dem Gesetzesent-

[341] Vgl. dazu *Wiese* in GK-BetrVG, § 88 Rn. 10.
[342] BAG Großer Senat vom 7.11.1989 – GS 3/85, NZA 1990, 816 ff.; ebenso vgl. *Fitting*, § 77 Rn. 45 ff.; *Richardi*, § 77 Rn. 66 f.
[343] Zuletzt BAG vom 26.8.2008 – 1 ABR 16/07, NZA 2008, 1187 ff.; *Kania* in ErfK, BetrVG, § 77 Rn. 36; *Fitting*, § 77 Rn. 46.
[344] BAG Großer Senat vom 7.11.1989 – GS 3/85, NZA 1990, 816 ff.

wurf[345]. Zuletzt wird durch § 28 Abs. 1 SprAuG eine umfassende Regelungsbefugnis des Betriebsrats zum Abschluss freiwilliger Betriebsvereinbarungen bestätigt[346], da nicht anzunehmen ist, dass der Gesetzgeber dem Sprecherausschuss eine weitergehende Regelungsbefugnis als dem Betriebsrat einräumen wollte.

Von der umfassenden Regelungskompetenz der Betriebspartner ist nicht umfasst, in die private Lebensführung der Arbeitnehmer einzugreifen[347]. Regelungen zur außerbetrieblichen Lebensgestaltung können grundsätzlich nicht Gegenstand einer Betriebsvereinbarung sein[348]. Unwirksam ist unter anderem eine Betriebsvereinbarung, welche Regelungen zur Freizeitgestaltung der Arbeitnehmer enthält[349].

2. Die Grenzen der Regelungsmacht der Betriebspartner

a) Regelungssperre des § 77 Abs. 3 Satz 1 BetrVG

Eine Schranke der Regelungsmacht der Betriebspartner ergibt sich aufgrund der Tarifautonomie. Durch die Regelungssperre des § 77 Abs. 3 Satz 1 BetrVG kann eine Ethikrichtlinie dann nicht Gegenstand einer Betriebsvereinbarung sein, wenn die Ethikrichtlinie inhaltlich sonstige Arbeitsbedingungen regelt, welche tariflich geregelt sind oder üblicherweise geregelt werden. Zum Zeitpunkt ist die Regelungsbefugnis der Betriebsparteien nicht durch entgegenstehende Tarifverträge eingeschränkt, da die aktuellen Tarifverträge kaum Ethikrichtlinien enthalten[350].

b) Die Grundrechte als Grenze

Eine weitere Schranke ergibt sich aus der gerichtlichen Rechtskontrolle, da die Rechtmäßigkeit und damit Wirksamkeit einer Betriebsvereinbarung im arbeitsgerichtlichen Beschlussverfahren überprüft werden kann. Insbesondere wird dabei der Einklang mit höherrangigem Recht geprüft. Das BAG spricht in Anlehnung an den Wortlaut des § 75 Abs. 1 Satz 1 BetrVG von einer Kontrolle nach *„Recht und Billigkeit"*[351]. Da der Begriff *„Recht und Billigkeit"* eine wertausfüllungsfähige und -bedürftige Generalklausel des Zivilrechts darstellt, wirken über diese Vorschriften die in den Grundrechten enthaltenen objektiven Wertentscheidungen auf das Arbeitsverhältnis ein. Die objektive Wertentscheidung

---

[345] Vgl. BT-Drs. VI/1786, S. 47; BAG Großer Senat vom 7.11.1989 – GS 3/85, NZA 1990, 816 ff.
[346] Zur ausführlichen Argumentation vgl. BAG Großer Senat vom 7.11.1989 – GS 3/85, NZA 1990, 816 ff.
[347] BAG vom 12.12.2006 – 1 AZR 96/06, DB 2007, 866 ff.
[348] *Fitting*, § 77 Rn 56; *Richardi*, § 77 Rn. 104; *Kreuz* in GK-BetrVG, § 77 Rn. 33 ff.
[349] Siehe dazu mit weiteren Beispielen, *Junker*, Arbeitsrecht, Rn. 723.
[350] So *Wagner*, Ethikrichtlinien, 74.
[351] So BAG vom 12.11.2002 – 1 AZR 58/02; NZA 2003, 1287 ff.

durch die mittelbare Grundrechtswirkung fließt dabei je nach betroffenem Grundrecht über § 75 Abs. 1 bzw. § 75 Abs. 2 BetrVG in eine gerichtliche Prüfung ein. So hat die Rechtsprechung z. B. die wertentscheidende Grundsatznorm des Art. 6 GG über § 75 Abs. 1 Satz 1 BetrVG beachtet[352]. Das allgemeine Persönlichkeitsrecht aus Art. 2 Abs. 1, 1 Abs. 1 GG wird durch § 75 Abs. 2 Satz 1 BetrVG ausdrücklich auf den Betrieb übertragen und konkretisiert[353].

§ 75 BetrVG verbietet nicht jede Betriebsvereinbarung, die zu einer Einschränkung grundrechtlich geschützter Interessen der Arbeitnehmer führt. Vielmehr müssen Eingriffe der Betriebsparteien in die verfassungsrechtlich geschützten Positionen der Arbeitnehmer durch schutzwürdige Belange anderer Grundrechtsträger gerechtfertigt sein – was im Rahmen einer umfassenden Interessenabwägung zu prüfen ist. Das zulässige Maß einer Beschränkung der grundrechtlich geschützten Interessen bestimmt sich nach dem Grundsatz der Verhältnismäßigkeit[354]. Dieser verlangt, dass die von den Betriebsparteien getroffene Regelung geeignet, erforderlich und unter Berücksichtigung der gewährleisteten Freiheitsrechte angemessen ist, den erstrebten Zweck zu erreichen. Dabei ist im Rahmen der Angemessenheit die Verhältnismäßigkeit im engeren Sinn zu prüfen, in welcher die grundrechtlich geschützten Position einander gegenüberzustellen sind[355].

§ 75 BetrVG stellt ein Verbotsgesetz im Sinne von § 134 BGB dar. Zwischen Arbeitgeber und Betriebsrat vereinbarte Ethikrichtlinien, welche gegen § 75 BetrVG verstoßen, sind nichtig[356]. Entsprechende auf Grundlage der Ethikrichtlinie ergehende Anordnungen des Arbeitgebers gegenüber dem Arbeitnehmer sind rechtsunwirksam[357].

c) Der Arbeitsvertrag als Grenze

Neben den Schranken der Tarifautonomie sowie des höherrangigen Rechts kann im Einzelfall auch der Arbeitsvertrag eine Grenze der Betriebsvereinbarung darstellen. Regeln die Betriebsparteien aufgrund ihrer umfassenden Regelungsbefugnis Themen, welche schon vereinzelt in einigen Arbeitsverträgen geregelt sind, stellt sich die Frage, welche der Regelungen im Streitfall Anwendung fin-

---

[352] BAG vom 12.11.2002 – 1 AZR 58/02; NZA 2003, 1287 ff.

[353] BAG vom 26.8.2008 – 1 ABR 16/07, NZA 2008, 1187 ff.; *Kolle/Deinert*, AuR 2006 177 (178).

[354] BAG vom 19.1.1999 – 1 AZR 499/98, NZA 1999, 546 ff. Vertiefend: In den Entscheidungsgründen setzt sich das BAG mit der Kritik aus dem Schrifttum auseinander, dass der Grundsatz der Verhältnismäßigkeit keinen tauglichen Maßstab zur Überprüfung von Betriebsvereinbarungen darstellt.

[355] BAG vom 26.8.2008 – 1 ABR 16/07, NZA 2008, 1187 ff.; BAG vom 19.1.1999 – 1 AZR 499/98, NZA 1999, 546 ff.; *Fitting*, § 75 Rn. 138.

[356] *Fitting*, § 75 Rn. 177.

[357] Inwieweit daraus ein Leistungsverweigerungsrecht des Arbeitnehmers resultiert ist umstritten, vgl. *Fitting*, § 75 Rn. 177.

det. Im Verhältnis von Betriebsvereinbarung zu Arbeitsvertrag gilt trotz fehlender ausdrücklicher Regelung durch den Gesetzgeber das Günstigkeitsprinzip. Befindet sich im Arbeitsvertrag eine günstigere Regelung, findet diese anstelle der Regelung aus der Betriebsvereinbarung Anwendung. Nach Ansicht des Großen Senats des BAG ergibt sich die zwingende Wirkung der Betriebsvereinbarung nur zugunsten der Arbeitnehmer zwar nicht unmittelbar aus dem Wortlaut des § 77 Abs. 4 BetrVG, folgt jedoch aus dem allgemeinen arbeitsrechtlichen Schutzprinzip und der Bedeutung des Günstigkeitsprinzips für die gesamte Arbeitsrechtsordnung[358]. Das Günstigkeitsprinzip ordnet das Verhältnis von Arbeitsvertrag und Betriebsvereinbarung und ist daher als Kollisionsregel einzustufen[359]. Für die Anwendung des Günstigkeitsprinzips ist unerheblich, ob die günstigere arbeitsvertragliche Regelung vor oder nach Unterzeichnung der Betriebsvereinbarung getroffen worden ist[360].

Die Anwendung des Günstigkeitsprinzips kann im Einzelfall dazu führen, dass nicht alle Klauseln einer Ethikrichtlinie zur Geltung kommen, wenn günstigere individuelle vertragliche Regelungen bestehen. Ausnahme ist, dass die günstigeren vertraglichen Absprachen „betriebsvereinbarungsoffen" gestaltet sind, was in der Regel allerdings selten der Fall sein wird. Im Zusammenhag mit dem Arbeitsvertrag als Grenze der Betriebsvereinbarung ist abschließend auf § 310 Abs. 4 Satz 1 BGB hinzuweisen, wonach bei Betriebsvereinbarungen keine AGB-Kontrolle nach den 305 ff. BGB erfolgt[361].

3. Die Betriebsvereinbarung und die einzelnen Kategorien einer Ethikrichtlinie

Anhand der unter Ziffern **1.** und **2.** erarbeiteten Grundsätze kann im Folgenden untersucht werden, inwieweit die einzelnen Kategorien einer Ethikrichtlinie der Regelungsbefugnis der Betriebsparteien unterliegen. Ebenso wie beim Direktionsrecht hat die Prüfung in einem Zwei-Stufen-Schritt zu erfolgen. Es stellt sich zunächst die Frage, ob die Ethikrichtlinie grundsätzlich von der Regelungsbefugnis der Betriebsparteien gedeckt ist, bevor in einem weiteren Schritt die Zulässigkeit des Regelungsinhalts anhand der Grenzen der Betriebsvereinbarung zu untersuchen ist.

---

[358] BAG Großer Senat vom 16.9.1986 – GS 1/82, BAGE 53, 42 ff.; So bestätigt durch BAG Großer Senat vom 7.11.1989 – GS 3/85, NZA 1990, 816 ff.; Ausführlich dazu mit zahlreichen weiteren Nachweisen z.B. *Fitting*, BetrVG, § 77 Rn. 196 ff.; *Richardi*, § 77 Rn. 141 ff.

[359] BAG Großer Senat vom 16.9.1986 – GS 1/82, BAGE 53, 42 ff.; BAG Großer Senat vom 7.11.1989 – GS 3/85, NZA 1990, 816 ff.; *Fitting*, § 77 Rn. 196. In der Literatur wird teilweise angenommen, dass das Günstigkeitsprinzip als Schranke der Regelungsbefugnis der Betriebsparteien einzustufen sei. Vgl. dazu allgemein und weiterführend *Fastrich*, RdA 1994, 129 ff.; *Hammer*, Die betriebsverfassungsrechtliche Schutzpflicht, 97 f.; *Mahnhold*, Compliance und Arbeitsrecht, 250 ff.

[360] *Fitting*, § 77 Rn. 196.

[361] *Richardi*, § 77 Rn. 125.

a) Die Betriebsvereinbarung und Ethikrichtlinien, welche die Hauptleistungspflicht des Arbeitnehmers konkretisieren

Die Konkretisierung von Hauptleistungspflichten innerhalb einer Ethikrichtlinie durch Betriebsvereinbarung ist von der Regelungsbefugnis der Betriebsparteien umfasst, da derartige Regelungen normative Regelungen über den Inhalt der Arbeitsverhältnisse (sog. Inhaltsnormen) darstellen. In der Praxis spielen Konkretisierungen von Hauptleistungspflichten im Rahmen einer Ethikrichtlinie erfahrungsgemäß keine Rolle. Zum einen ist man hier in einem Regelungsbereich, im welchem der Arbeitgeber von dem Direktionsrecht Gebrauch machen kann und kein Mitbestimmungsrecht des Betriebsrats nach § 87 Abs. 1 Nr. 1 BetrVG besteht, da das Arbeitsverhalten betroffen ist. Zum anderen macht es nur in Ausnahmefällen Sinn, individuelle Hauptleistungspflichten kollektiv zu regeln, wie z.B. Regelungen über den Umgang mit Kundenkritik für alle Kassierer einer Filiale. Die Regelungsbefugnis der Betriebsparteien findet ihre Grenzen in der Anwendung des Günstigkeitsprinzips[362]. Danach können die Betriebsparteien nicht die Hauptleistungspflichten der Arbeitnehmer erweitern. In diesem Fall würde die explizit vereinbarte günstigere Regelung (weil geringerer Pflichtenkreis) im Arbeitsvertrag Anwendung finden.

b) Die Betriebsvereinbarung und Ethikrichtlinien, welche auf die Nebenpflichten des Arbeitnehmers hinweisen und/oder die Nebenpflichten des Arbeitnehmers erweitern

aa) Hinweis bzw. Konkretisierung der Nebenpflichten des Arbeitnehmers

Im Rahmen einer Betriebsvereinbarung kann unproblematisch auf bestehende gesetzliche Nebenpflichten des Arbeitnehmers und die vertragsimmanenten Nebenpflichten hingewiesen werden. Bei den Hinweisen handelt es sich um Regelungen über den Inhalt der Arbeitsverhältnisse (sog. Inhaltsnormen), welche von der Regelungsbefugnis der Betriebsparteien umfasst sind.

Obliegt es zudem der Regelungsbefugnis der Betriebsparteien, bestehende vertragsimmanente Nebenpflichten bzw. gesetzliche Nebenpflichten zu konkretisieren, d.h. näher zu bestimmen – ohne deren Pflichtenkreis zu erweitern? Die vollumfängliche materielle Regelungsbefugnis der Betriebsparteien umfasst die Regelung von Inhaltsnormen, d.h. die Rechte und Pflichten und den sonstigen Inhalt der Arbeitsverhältnisse[363]. Die Regelungsbefugnis besteht danach im Hinblick auf die Pflichten der Arbeitsverhältnisse, also Haupt- und Nebenpflichten

[362] Vgl. dazu oben in diesem Kapitel unter A. III. 2. c).
[363] *Kreutz* in GK-BetrVG, § 77 Rn. 204.

der Arbeitnehmer. Insoweit können auch die Nebenpflichten der Arbeitnehmer per Betriebsvereinbarung näher bestimmt werden.

Bedenken gegen diesen Ansatz können sich aus einem Vergleich zur Rechtslage beim Direktionsrecht ergeben. Wie bereits dargestellt, ist die Konkretisierung arbeitsvertraglicher Nebenpflichten durch den Arbeitgeber vom Umfang des Direktionsrechts umfasst[364]. Dies hat auch seine Richtigkeit durch den Umstand, dass sich der Arbeitnehmer durch Abschluss des Arbeitsvertrages dem Weisungsrecht des Arbeitgebers unterwirft. Eine vergleichbare „Unterwerfung" hinsichtlich der Regelungsbefugnis der Betriebsparteien hat hingegen niemals stattgefunden. Der Abschluss des Arbeitsvertrages bedeutet nicht zugleich eine Anerkennung der Rechtsetzungsmacht der Betriebsparteien[365]. Ist deshalb die Regelungsbefugnis der Betriebsparteien zur Konkretisierung arbeitsvertraglicher Nebenpflichten zu beschränken?

Zunächst verbietet sich folgende Erst-Recht-Argumentation: Wenn der Arbeitgeber schon allein, einseitig berechtigt ist, die arbeitsvertraglichen Nebenpflichten zu konkretisieren, dann muss er erst recht berechtigt sein, mit dem Betriebspartner zusammen entsprechende Regelungen zu vereinbaren. Im Hinblick auf die unterschiedlichen Sachverhalte bezüglich der „Unterwerfung" kann keine Erst-Recht-Argumentation geführt werden. Denn der Arbeitnehmer hat sich mit Abschluss des Arbeitsvertrages gerade dem Direktionsrecht unterworfen, nicht aber der Rechtssetzungsmacht der Betriebsparteien.

Eine Einschränkung der Regelungsbefugnis könnte sich durch den Schutzzweck der Betriebsvereinbarung im Einzelfall ergeben[366]. Anhand der Schutzfunktion im Einzelfall ist auch zu bestimmen, ob eine Einschränkung der Regelungsbefugnis für die Konkretisierung arbeitsvertraglicher Nebenpflichten vorzunehmen ist, da vertragsimmanente Pflichten der Fremdbestimmung unterworfen werden. Bedarf es hier eines Schutzes vor Fremdbestimmung?

Kreutz geht davon aus, dass alleiniger Zweck der Betriebsvereinbarung der Schutz der regelungsbetroffenen Arbeitnehmer ist[367]. Dieser Ansatz steht im Einklang mit dem wesentlichen Zweck des Betriebsverfassungsrechts, nämlich dem Schutz der Arbeitnehmer als spezielle Ausprägung des allgemeinen Schutzzwecks des Arbeitsrechts[368]. Der Zweck kann nicht dahingehend verstanden werden, dass nunmehr durch Betriebsvereinbarung keine den Arbeitnehmer

[364] Vgl. dazu oben in diesem Kapitel unter A. III. 1.
[365] *Hromadka/Maschmann*, Arbeitsrecht Band 2, § 16 Rn. 395.
[366] *Kreutz* in GK-BetrVG, § 77 Rn. 315.
[367] *Kreutz* in GK-BetrVG, § 77 Rn. 316.
[368] *Wiese*, ZfA 2000, 117; Ausführlich zum Zweck des Betriebsverfassungsrechts *Wiese* in FS Kissel, 1269 (1278).

belastenden Regelungen vereinbart werden könnten[369]. Dient es dem Schutz der Arbeitnehmer, wenn die Regelungsbefugnis dahingehend eingeschränkt wird, dass die Betriebsparteien keine arbeitsvertraglichen Nebenpflichten im Rahmen einer Betriebsvereinbarung konkretisieren können? Bei der Beantwortung der Frage ist von entscheidender Bedeutung, dass dem Arbeitgeber in jedem Einzelfall das Direktionsrecht zur Verfügung steht, um arbeitsvertragliche Nebenpflichten näher zu bestimmen. Ist der Arbeitgeber an einer kollektivrechtlichen Lösung interessiert, wird er an den Betriebsrat herantreten, um eine entsprechende Betriebsvereinbarung abzuschließen. Würde man den Betriebsparteien die Regelungsbefugnis absprechen, könnte keine freiwillige Betriebsvereinbarung verabschiedet werden. Der Arbeitgeber wäre letztlich gezwungen, von seinem Direktionsrecht Gebrauch zu machen. Nur durch die Erstreckung der Regelungsbefugnis auf die Konkretisierung von Nebenpflichten kann erreicht werden, dass der Betriebsrat bei nichtmitbestimmungspflichtigen Tatbeständen überhaupt mitreden darf und dadurch in die Position gelangt, inhaltlich auf die Regelungen Einfluss zu nehmen und damit zu dem wesentlichen Zweck der Betriebsverfassung, dem Schutz der Arbeitnehmer beiträgt. Damit steht die Regelungsbefugnis im Einklang mit dem Schutzweck der Betriebsvereinbarung und des Betriebsverfassungsrechts. Eine Einschränkung der Regelungsbefugnis würde dem Schutzzweck widersprechen.

Im Ergebnis erstreckt sich die Regelungsbefugnis der Betriebsparteien auf die Konkretisierung arbeitsvertraglicher Nebenpflichten der Arbeitnehmer.

bb) Erweiterung der Nebenpflichten des Arbeitnehmers

Aufgrund der umfassenden Regelungsbefugnis der Betriebsparteien ist in einem ersten Schritt grundsätzlich festzustellen, dass die Betriebsparteien befugt sind, Regelungen zu treffen, welche die gesetzlichen und arbeitsvertraglichen Nebenpflichten der Arbeitnehmer erweitern. Die vollumfängliche materielle Regelungsbefugnis der Betriebsparteien umfasst die Regelung von Inhaltsnormen, d.h. die Rechte und Pflichten und den sonstigen Inhalt der Arbeitsverhältnisse[370]. Von einer Beschränkung der Regelungsbefugnis im Hinblick auf die Erweiterung vertragsimmanenter Pflichten ist zunächst nichts erkennbar.

Jedoch ist im Zusammenhang mit der Erweiterung vertragsimmanenter Pflichten das Günstigkeitsprinzip als Kollisionsnorm zu beachten[371]. Wie bereits dargestellt, gilt im Verhältnis zwischen Betriebsvereinbarung und Arbeitsvertrag das

[369] BAG vom 12.12.2006 – 1 AZR 96/06, DB 2007, 866 ff.
[370] *Kreutz* in GK-BetrVG, § 77 Rn 204.
[371] BAG Großer Senat vom 16.9.1986 – GS 1/82, BAGE 53, 42 ff.; Großer Senat vom 7.11.1989 – GS 3/85, NZA 1990, 816 ff.; *Fitting*, § 77 Rn. 196.

Günstigkeitsprinzip. Der Große Senat des BAG hat in einem Beschluss festgestellt, dass günstigere Regelungen im Arbeitsvertrag den Regelungen einer Betriebsvereinbarung vorgehen[372].

Werden die vertragsimmanenten Nebenpflichten der Arbeitnehmer durch Betriebsvereinbarung erweitert, ist die Kollision zwischen individualrechtlicher und kollektivrechtlicher Regelung offensichtlich. Es stellt sich nun die Frage, ob stets davon auszugehen ist, dass sich die günstigeren Regelungen im Arbeitsvertrag befinden. Der Arbeitnehmer wird in jedem Fall über seine individualrechtliche Verpflichtung hinausgehend verpflichtet. Dadurch wird die dem Arbeitnehmer außerhalb der Grenzen der Nebenpflichten zustehende allgemeine Handlungsfreiheit eingeschränkt. Es wird in seine arbeitsvertragliche Rechtsposition eingegriffen[373]. Damit ist die Erweiterung einer arbeitsvertraglichen Nebenpflicht als ungünstigere Regelung im Vergleich zur vertragsimmanenten Regelung anzusehen.

Findet das Günstigkeitsprinzip auch Anwendung im Verhältnis zwischen Betriebsvereinbarung und ungeschriebenen vertragsimmanenten Nebenpflichten? Besonderheit in dieser Konstellation ist nämlich, dass keine ausdrückliche, explizite vertragliche Regelung vorliegt – vertragsimmanent eben. Hingegen lag der Entscheidung des Großen Senats des BAG vom 7.11.1989 eine ausdrückliche Regelung im Arbeitsvertrag zugrunde[374]. Es kann jedoch nichts anderes gelten, wenn es sich um eine vertragsimmanente Nebenpflicht handelt, welche als allgemeiner Rechtsgrundsatz anerkannt ist, da die Nebenpflicht durch Richterrecht im Wege der Rechtsfortbildung aufgrund einer umfassenden Interessenabwägung ausgeformt worden ist. In diesem Fall hat die ungeschriebene Nebenpflicht den gleichen Stellenwert wie eine ausdrücklich im Arbeitsvertrag vereinbarte Regelung.

Im Ergebnis können die Betriebsparteien per Betriebsvereinbarung keine Ethikrichtlinien vereinbaren, welche die Erweiterung arbeitsvertraglicher Nebenpflichten des Arbeitnehmers vorsehen. Die günstigeren Regelungen im Arbeitsvertrag gehen in dieser Konstellation den erweiterten Regelungen in einer Betriebsvereinbarung vor.

---

[372] BAG Großer Senat vom 16.9.1986 – GS 1/82, BAGE 53, 42 ff.; Großer Senat vom 7.11.1989 – GS 3/85, NZA 1990, 816 ff.

[373] *Hromadka/Maschmann*, Arbeitsrecht Band 2, § 16 Rn. 392.

[374] BAG Großer Senat vom 7.11.1989 – GS 3/85, NZA 1990, 816 ff.

c) Die Betriebsvereinbarung und Ethikrichtlinien, betreffend das sonstige Verhalten des Arbeitnehmers

Die Regelungsbefugnis der Betriebsparteien erstreckt sich neben Regelungen über Inhalt, Abschluss und Beendigung von Arbeitsverhältnissen auch auf betriebliche und betriebsverfassungsrechtliche Fragen[375]. Insoweit sind Regelungen, welche das Verhalten der Arbeitnehmer im Betrieb oder die Ordnung im Betrieb betreffen, von der Regelungsbefugnis umfasst. Daher können Ethikrichtlinien, betreffend das sonstige Verhalten der Arbeitnehmer, in einer Betriebsvereinbarung geregelt werden.

d) Die Betriebsvereinbarung und Ethikrichtlinien, welche das private bzw. außerdienstliche Verhalten regeln

Da es von der Regelungskompetenz der Betriebspartner nicht umfasst ist, in die private Lebensführung der Arbeitnehmer einzugreifen, kann per Betriebsvereinbarung in einem Verhaltenskodex nicht das private bzw. außerdienstliche Verhalten geregelt werden. Bei ausschließlich privatem Verhalten handelt es sich zwingend um keine Arbeitsbedingungen, daher sind private Regelungen auch nicht von der umfassenden Regelungskompetenz der Betriebspartner umfasst.

Insoweit weist die Betriebsvereinbarung Parallelen zum Direktionsrecht auf. Diskutabel könnte hierbei sein, ob es bei der Betriebsvereinbarung, ähnlich wie beim Direktionsrecht, unter bestimmten Umständen einen eingeschränkten Anwendungsbereich bzw. eine eingeschränkte Regelungsbefugnis für das außerdienstliche Verhalten gibt[376]. Das führt wiederum zur Frage, ob in engen Grenzen eine ähnlich eingeschränkte Regelungsbefugnis für die Betriebsparteien angenommen werden kann. Unter Berücksichtigung des Schutzwecks der Betriebsvereinbarung und des Schutzzwecks des Betriebsverfassungsrechts muss die Regelungsmacht der Betriebsparteien so weit reichen, dass in engen Grenzen eine Regelungsbefugnis für außerdienstliches Verhalten besteht. Ausgangspunkt ist – wie schon vorher[377] – die Feststellung, dass der Arbeitgeber in Grenzen privates Verhalten durch Ausübung des Direktionsrechts regeln kann. Ist der Arbeitgeber an einer kollektivrechtlichen Lösung interessiert, wird er an den Betriebsrat herantreten, um eine entsprechende Betriebsvereinbarung abzuschließen. Würde man nun den Betriebsparteien die Regelungsbefugnis dafür absprechen, könnte keine freiwillige Betriebsvereinbarung verabschiedet werden. Der Arbeitgeber wäre letztlich gezwungen, von seinem Direktionsrecht Gebrauch zu

---

[375] BAG Großer Senat vom 7.11.1989 – GS 3/85, NZA 1990, 816 ff.

[376] Vgl. dazu die Ausführungen zum Direktionsrecht in diesem Kapitel unter A. I. 1. b) und A. I. 3. d).

[377] Siehe dazu die identische Argumentation bei der Frage, ob die Konkretisierung arbeitsvertraglicher Nebenpflichten von den Betriebsparteien geregelt werden kann, in diesem Kapitel unter A. III. 3. b) aa).

machen. Nur durch die Erstreckung der Regelungsbefugnis auf außerdienstliches Verhalten kann erreicht werden, dass der Betriebsrat bei nichtmitbestimmungspflichtigen Tatbeständen überhaupt mitreden darf und damit in die Position gelangt, inhaltlich auf die Regelungen Einfluss zu nehmen und damit zu dem wesentlichen Zweck der Betriebsverfassung, dem Schutz der Arbeitnehmer beiträgt. So steht eine eingeschränkte Regelungsbefugnis im Einklang mit dem Schutzweck der Betriebsvereinbarung und dem Schutzzweck des Betriebsverfassungsrechts. Eine Verneinung würde dem Schutzzweck widersprechen[378]. Bezüglich der Einschränkungen sind die Grundsätze des Direktionsrechts zu übertragen. Letztlich kann die Rechtssetzungsmacht der Betriebspartner nicht weiter reichen als die Reichweite des Weisungsrechts. Daher lässt sich wie folgt in Anlehnung an das Direktionsrecht formulieren:

Im Ergebnis unterliegt die Regelung des außerdienstlichen Verhaltens der Arbeitnehmer grundsätzlich nicht der Regelungsbefugnis der Betriebsparteien. Die Regelungsbefugnis kann sich im Ausnahmefall auf das außerdienstliche Verhalten des Arbeitnehmers erstrecken, wenn hinreichend konkrete betriebliche Belange berührt sind und sich das außerdienstliche Verhalten auf den betrieblichen Bereich auswirkt und dort zu Störungen führt.

Unklar ist, ob die eben gemachten Ausführungen vor dem Hintergrund der Rechtsprechung des BAG in der *Handelsblatt*-Entscheidung überhaupt noch Relevanz besitzen. Ergebnis der Rechtsprechung könnte nämlich sein, dass sich die Frage, ob für außerdienstliches Verhalten eine eingeschränkte Regelungsbefugnis der Betriebspartner besteht, nicht mehr stellt. Steht man vor der Frage, ob durch eine Regelung das dienstliche oder außerdienstliche Verhalten des Arbeitnehmers betroffen ist, ist zur Einordnung nicht nach der Schwerpunkttheorie vorzugehen. Auch wenn ein Teilbereich der privaten Lebensführung betroffen ist, stellt das nur den äußeren Anknüpfungspunkt dar. Dieser soll aber nach dem 1. Senat nicht ausschlaggebend sein. Wie das BAG ausdrücklich formuliert, ist bei der Einordnung auf das Ziel der Regelungen abzustellen. Ist das Ziel der Regelung dem betrieblichen Geschehen zuzuordnen, ist das dienstliche Verhalten betroffen[379]. Durch die Argumentation des BAG wird letztlich die formale Trennung zwischen dienstlichem und außerdienstlichem Verhalten aufgehoben[380]. Jegliches außerdienstliches Verhalten kann durch geschickte Verknüpfung mit dem betrieblichen Geschehen, bzw. mit geschickter Begründung, dass die Regelung betrieblich veranlasst ist, zu dienstlichem Verhalten „upgegradet“ werden. Ob die Rechtsprechung derart weit verstanden werden kann, ist zweifelhaft und bleibt abzuwarten.

---

[378] So ähnlich auch *Mahnhold*, Compliance und Arbeitsrecht, 248.
[379] BAG vom 28.5.2002 – 1 ABR 32/01, NZA 2003, 166 ff.
[380] *Mahnhold*, Compliance und Arbeitsrecht, 248.

Festgehalten werden kann, dass nach wie vor Regelungen mit ausschließlich privatem Verhalten, d.h. ohne betrieblichen Bezug, nicht von der Regelungskompetenz der Betriebspartner umfasst sind. Eine Regelungskompetenz ist jedoch in Grenzen zu bejahen, sofern hinreichend konkrete betriebliche Belange berührt sind. Der Schutz des Arbeitnehmers wird insbesondere durch § 75 BetrVG gewährleistet. Diese Norm ist der maßgebliche Kontrollmaßstab für Regelungen, welche den außerdienstlichen – und damit extrem grundrechtssensiblen – Bereich tangieren.

4. Besonderheiten bei der Einführung einer Ethikrichtlinie per Betriebsvereinbarung

Zuletzt verdienen zwei weitere Themenkomplexe Beachtung, welche aus praktischen Gesichtspunkten zu behandeln sind.

a) Mischung aus erzwingbarer und freiwilliger Betriebsvereinbarung[381]

Ohne der Untersuchung vorzugreifen, kann bereits festgestellt werden, dass Ethikrichtlinien häufig eine Reihe von mitbestimmungsfreien und mitbestimmungspflichtigen Regelungen enthalten, was zu einer Mischung aus freiwilliger und erzwingbarer Betriebsvereinbarung führen kann[382]. Voraussetzung dafür ist, dass es sich bei der Ethikrichtlinie um kein unteilbares, unauflösbares Gesamtwerk handelt[383]. Die Betriebsvereinbarung ist in Bezug auf die nicht mitbestimmungspflichtigen Teile eine freiwillige Betriebsvereinbarung in Sinne des § 88 BetrVG.

Diese an sich recht interessante Kombination hat jedoch für den Arbeitgeber praktische Konsequenzen, welche bei einer Entscheidung für eine Einführungsform mit zu berücksichtigen sind. Entscheidet sich der Arbeitgeber, die nicht mitbestimmungspflichtigen Teile der Ethikrichtlinie in einer Betriebsvereinbarung zu regeln, so sind diese zunächst der einseitigen Regelung des Direktionsrechts entzogen[384]. Es besteht zwar die Möglichkeit, die Betriebsvereinbarung unter Beachtung der Frist des § 77 Abs. 5 BetrVG zu kündigen und die nicht mitbestimmungspflichtigen Teile neu durch Ausübung des Weisungsrechts zu

---

[381] Auch *„teilmitbestimmte Betriebsvereinbarung"* genannt, vgl. *Blomeyer*, DB 1985, 2506 (2508).

[382] *Borgmann*, NZA 2003, 352 (355); *Bachner/Lerch*, AiB 2005, 229 (230). Die Kombination von mitbestimmungspflichtigen und nicht mitbestimmungspflichtigen Teilen innerhalb einer Betriebsvereinbarung ist vom BAG anerkannt, vgl. BAG vom 23.6.1992 – 1 ABR 9/92, BB 1992, 289 f.

[383] Dazu ausführlich im Abschnitt Mitbestimmung im Zusammenhang mit der *Honeywell*-Entscheidung des BAG in diesem Kapitel unter B. I. und B. IV.

[384] So zutreffend *Borgmann*, NZA 2003, 352 (355); *Kock*, MDR 2006, 673 (675); *Wisskirchen/Jordan/Bissels*, DB 2005, 2190.

regeln[385]. Sollte jedoch keine kürzere Kündigungsfrist als die nach § 77 Abs. 5 BetrVG geltende Frist von drei Monaten vereinbart worden sein, mindert das die Flexibilität des Arbeitgebers, da in jedem Fall ein Quartal „verloren geht".

b) Personelle Reichweite der Betriebsvereinbarung – Was geschieht mit den leitenden Angestellten?

Betriebsvereinbarungen gelten unmittelbar und zwingend für Arbeitnehmer im Sinne des BetrVG, vgl. § 5 Abs. 1 Satz 1 BetrVG. Hingegen entfalten Betriebsvereinbarungen keine Wirkung für den Kreis der leitenden Angestellten, vgl. § 5 Abs. 3, 4 BetrVG[386]. Um einer Ethikrichtlinie zur umfassenden Geltung zu verhelfen, also zu gewährleisten, dass auch der Kreis der leitenden Angestellten den ethischen Grundlagen gegenüber verpflichtet ist, bedarf es einer gesonderten Vereinbarung. Aus psychologischen Gründen ist eine Regelung mit den Führungskräften unerlässlich. Die leitenden Angestellten müssen der Belegschaft als gutes Beispiel vorangehen.

Das Gesetz sieht in § 28 Abs. 1 SprAuG eine Möglichkeit vor, dass Arbeitgeber und Sprecherausschuss Richtlinien über den Inhalt, den Abschluss oder die Beendigung von Arbeitsverhältnissen der leitenden Angestellten schriftlich vereinbaren können. Nach § 28 Abs. 2 Satz 1 SprAuG kann eine unmittelbare und zwingende Wirkung für die Arbeitsverhältnisse vereinbart werden, was Gewähr für die umfassende Geltung der Vereinbarung bietet. Zu beachten ist, wie im Fall der Betriebsvereinbarung, dass für Vereinbarungen eine Kündigungsfrist von drei Monaten einzuhalten ist, soweit nichts anderes vereinbart ist, vgl. § 28 Abs. 2 Satz 3 SprAuG. Die Regelungsbefugnis ist nach § 28 Abs. 1 SprAuG weit gefasst. Sie umfasst sämtliche Inhalte der Arbeitsverhältnisse, von klassischen Themen einer Ethikrichtlinie wie z.B. Wettbewerbsverbote, Verschwiegenheits- und Loyalitätspflichten bis hin zu Regelungen über das Verhalten des leitenden Angestellten im Betrieb[387]. Wie bei allen Einführungsformen sind auch den zwischen Arbeitgeber und Sprecherausschuss möglichen, zu vereinbarenden Ethikrichtlinien Grenzen gesetzt. § 27 SprAuG verpflichtet Arbeitgeber und Sprecherausschuss, die personenbezogenen Grundrechte der leitenden Angestellten im Betrieb zu wahren[388].

---

[385] Die Nachwirkung des § 77 Abs. 6 BetrVG gilt nur für den mitbestimmungspflichtigen Teil der Betriebsvereinbarung vgl. *Fitting*, § 77 Rn. 189; BAG vom 23.6.1992 - 1 ABR 53/91, NZA 1992, 1098 ff.

[386] Als wichtiger Personenkreis ist neben den leitenden Angestellten auf die Organe einer juristischen Person hinzuweisen, welche ebenfalls keine Arbeitnehmer im Sinne des BetrVG sind, vgl. § 5 Abs. 2 Nr.1 BetrVG, mit der Konsequenz, dass auch für diesen Personenkreis die in einer Betriebsvereinbarung gestaltete Ethikrichtlinie nicht unmittelbar und zwingend gilt.

[387] *Oetker* in ErfK, SprAuG, § 28 Rn. 3 f. Vertiefend zum Gegenstand der Vereinbarungsbefugnis *Löwisch*, SprAuG, § 28 Rn. 6 ff.; *Kaiser*, Sprecherausschüsse, Rn. 214 ff.

[388] § 27 SprAuG entspricht § 75 BetrVG.

Bei leitenden Angestellten ist stets überlegenswert, die Ethikrichtlinie vertraglich einzuführen. Zum einen handelt es sich bei den leitenden Angestellten meist um einen überschaubaren Personenkreis, so dass sich der Aufwand in Grenzen hält. Zum anderen bietet es sich anlässlich der Vertragsunterzeichnung an, mit den leitenden Angestellten ein persönliches Gespräch zu führen und die Bedeutung der Unternehmensethik hervorzuheben und dadurch Wertebewusstsein zu schaffen. Was die leitenden Angestellten aus Überzeugung in ihrer Vorbildfunktion „vorleben", wird auch eher von den übrigen Arbeitnehmern akzeptiert und gelebt.

5. Praxistauglichkeit der Einführung per Betriebsvereinbarung

Betriebsvereinbarungen gelten nach § 77 Abs. 4 Satz 1 BetrVG unmittelbar und zwingend für die Arbeitnehmer im Sinne des BetrVG. Dadurch kann ein aufwendiges Verfahren wie bei der vertraglichen Abrede – nämlich die Einholung der Zustimmung der einzelnen Arbeitnehmer - vermieden werden. Die Tatsache, dass der Kreis der leitenden Angestellten nicht von der personellen Reichweite einer Betriebsvereinbarung erfasst ist, bedeutet zwar Mehraufwand, muss aber kein Nachteil sein, da regelmäßig zu empfehlen ist, mit dem Kreis der leitenden Angestellten aufgrund deren Vorbildfunktion gesonderte Regelungen zu treffen. Wie bei der Einführung per Direktionsrecht bleibt festzuhalten, dass auch im Bereich der Betriebsvereinbarung grundsätzlich keine Regelungskompetenz der Betriebsparteien in Bezug auf privates bzw. außerdienstliches Verhalten gegeben ist. Gleiches gilt für die Erweiterung arbeitsvertraglicher Nebenpflichten des Arbeitnehmers.

Die Betriebsvereinbarung steht für eine „einfache" Umsetzung, da im Gegensatz zu evtl. notwendigen Vertragsänderungen mit den einzelnen Arbeitnehmern nur ein Vertragspartner besteht. Zu beachten ist, dass die psychologische Akzeptanz von Betriebsvereinbarungen bei den Mitarbeitern in der Regel höher ist als bei Ausübung des Direktionsrechts durch den Arbeitgeber. Der Betriebsrat erhält die Möglichkeit, ein Bekenntnis zur Compliance abzulegen. Änderungen der Ethikrichtlinie sind durch ablösende Betriebsvereinbarungen möglich. Auf der Negativseite verbleibt lediglich der Verlust an Flexibilität zu verzeichnen, der dadurch entsteht, dass nicht mitbestimmungspflichtige Teile der Ethikrichtlinie dem Direktionsrecht entzogen werden.

IV. Zusammenfassende Betrachtung – Gestaltungsmöglichkeiten bei der Einführung einer Ethikrichtlinie

Im Kern ist *Eisenbeis/Nießen* zuzustimmen, die davon ausgehen, dass es für die Einführung einer Ethikrichtlinie für den Arbeitgeber nicht den einfachen *„Kö-*

nigsweg" gibt[389]. Es gibt kein pauschales Gesamtpaket, welches sich schablonenartig auf die Masse der Unternehmen übertragen lässt. Bei Betrachtung der untersuchten und dargestellten Einführungsformen ist jeder Implementierungsform etwas Positives wie Negatives abzugewinnen. Unter Zugrundelegung der in diesem Kapitel bis jetzt dargestellten Erkenntnisse ist es möglich, einen auf den Arbeitgeber speziell zugeschnittenen *„Königsweg"* zu gestalten. Wie dieser sich anhand der Gegebenheiten vor Ort und den Umständen des Einzelfalls darstellt, ist zugleich rechtliche Herausforderung und spannende Aufgabe.

Es ist möglich, eine Ethikrichtlinie zu konzipieren, welche ausschließlich durch das Direktionsrecht des Arbeitgebers eingeführt werden kann. Dies empfiehlt sich beispielsweise, wenn es einem Unternehmen – unabhängig vom Inhalt des Kodex – einzig und allein darauf ankommt, dass das Unternehmen mit ethisch einwandfreiem Verhalten in Verbindung gebracht wird, also primär das Ziel der Erzeugung einer positiven Außenwirkung anstrebt. Hierbei muss selbstverständlich die begrenzte Reichweite des Direktionsrechts in Kauf genommen werden.

Zudem stehen dem Arbeitgeber verschiedene Kombinationsmöglichkeiten der unterschiedlichen Einführungsformen zur Verfügung. In Betracht kommt, die Ethikrichtlinie so weit wie möglich per Direktionsrecht einzuführen, und soweit für bestimmte Regelungsbereiche erforderlich, eine zusätzliche vertragliche Vereinbarung mit dem Arbeitnehmer abzuschließen. Nach Ansicht von *Mengel/Hagemeister*[390] ist bei dieser Aufteilung *„... die rechtliche Effizienz am größten und das Blockadepotenzial für die Arbeitnehmer am kleinsten."* Besteht im Unternehmen ein Betriebsrat, sind die Beteiligungsrechte des Betriebsrats in den Abwägungs- und Gestaltungsvorgang mit einzubeziehen. Da man sich der Mitbestimmung in der Praxis nicht entziehen kann, kann es durchaus sinnvoll sein, bezüglich der mitbestimmungspflichtigen Teile eine Betriebsvereinbarung abzuschließen und die nicht mitbestimmungspflichtigen Teile per Direktionsrecht oder Arbeitsvertrag zur Geltung zu bringen.

Wichtigster Ausgangspunkt zur Gestaltung eines individuellen *„Königsweges"* ist letztlich die Herausarbeitung der Motive und Interessen, welche den Arbeitgeber dazu veranlassen, eine Ethikrichtlinie einzuführen und die Ziele, die der Arbeitgeber mit der Einführung des Verhaltenskodex verfolgt. Sind diese sorgfältig geprüft, kann auf dieser Basis eine individuelle Gestaltung erfolgen, welche sich je nach Bedürfnissen entweder stärker an rechtlichen oder psychologischen Schwerpunkten orientiert. Bei allem Streben nach größter rechtlicher Effizienz darf letztlich nicht aus dem Blickfeld geraten, dass es enorm wichtig ist, die Arbeitnehmer „mit ins Boot zu holen". Entscheidend ist also neben einer ef-

---

[389] *Eisenbeis/Nießen*, FS Leinemann, 697 (712).
[390] *Mengel/Hagemeister*, BB 2007, 1386 (1391).

fizienten Kombination der Einführungsformen auch eine Abwägung und Kombination aus rechtlichen und psychologischen Aspekten. Hierbei wird unter anderem von Bedeutung sein, wie die Einführung eines Verhaltenskodex gegenüber den Arbeitnehmern kommuniziert wird. Dazu ist die Erarbeitung einer Kommunikationsstrategie erforderlich.

B. Mitbestimmungsrechte des Betriebsrats bei der Einführung einer Ethikrichtlinie

Existiert im Unternehmen ein Betriebsrat, sind dessen Mitbestimmungsrechte nach dem BetrVG zu beachten. Das gilt nicht nur bei Einführung der Ethikrichtlinie per Betriebsvereinbarung. Auch bei der Einführung einer Ethikrichtlinie per Direktionsrecht oder vertraglicher Abrede sind die §§ 87 ff. BetrVG zu beachten, sofern mitbestimmungspflichtige Tatbestände betroffen sind. Das BAG führt in der *Handelsblatt*-Entscheidung dazu aus[391]:

> *„Ob der Arbeitgeber aber eine Maßnahme einseitig anordnet oder ihr durch das Vertragsrecht Geltung zu verschaffen sucht, ist für das Eingreifen des Mitbestimmungsrechts nicht entscheidend. Gegenstand der Mitbestimmung in den sozialen Angelegenheiten des § 87 Abs. 1 BetrVG ist nicht die äußere Form einer Maßnahme, sondern deren Inhalt."*

Hinzu kommt, dass ein Mitbestimmungsrecht des Betriebsrats grundsätzlich nur in Angelegenheiten mit kollektivem Bezug besteht, nicht aber in Einzelfällen[392]. Eine Ausnahme gilt dann, wenn das Gesetz für die Mitbestimmung einen Individualtatbestand normiert, wie z.B. in § 87 Abs. 1 Nr. 5 BetrVG mit Bezugnahme für *„einzelne Arbeitnehmer"*[393]. Sinn und Zweck einer Ethikrichtlinie ist es unter anderem, ethisch einwandfreies Verhalten innerhalb des gesamten Unternehmens/Betriebs sicherzustellen, weshalb der Adressat der Ethikrichtlinie im Normalfall die gesamte Belegschaft ist. Aus diesem Grund handelt es sich bei der Einführung einer Ethikrichtlinie regelmäßig um eine Angelegenheit mit kollektivem Bezug.

Der Komplex „Mitbestimmung des Betriebsrats nach dem BetrVG" bei der Einführung einer Ethikrichtlinie ist im Wesentlichen von folgenden Problemkreisen dominiert: Die Frage nach dem Umfang des Mitbestimmungsrechts bei der Einführung einer Ethikrichtlinie ist bis Juli 2008 kontrovers diskutiert worden (**da-**

---

[391] BAG vom 28.5.2002 – 1 ABR 32/01, NZA 2003, 166 ff.; *Hromadka*, Arbeitsrecht Band 1, § 6 Rn. 15.

[392] So die h.L. vgl. dazu *Fitting*, § 87 Rn. 14; *Richardi*, § 87 Rn. 17 m.w.N. und die Rechtsprechung vgl. z.B. für § 87 Abs. 1 Nr. 3 BetrVG BAG vom 2.3.1982 – 1 ABR 74/79; DB 1982, 1115 f.; BAG vom 18.11.1980 – 1 ABR 87/78, BB 1981, 1464 f.

[393] Ebenfalls ist § 87 Abs. 1 Nr. 9 BetrVG als Individualtatbestand einzuordnen, da bei der Zuweisung von Wohnräumen ein Mitbestimmungsrecht in jedem Einzelfall besteht, vgl. *Fitting*, § 87 Rn. 390.

zu I.). Zudem ist diskutabel, welche konkreten Mitbestimmungstatbestände bei der Implementierung eines Wertesystems in Betracht kommen (**dazu II.**) und welches Gremium für die Ausübung des Mitbestimmungsrechts zuständig ist (**dazu III.**). Abschließend wird erörtert, wie sich die Nichtbeteiligung des Betriebsrats auf die Wirksamkeit der Ethikrichtlinie auswirkt (**dazu IV.**), wobei zuletzt eine zusammenfassende Betrachtung erfolgt (**dazu V.**).

I. Umfang der Mitbestimmung

Im Hinblick auf den Umfang der Mitbestimmung stellt sich die umstrittene Frage, welche in der Juristerei rechtsgebietsübergreifend immer wieder ein „Klassiker“ ist, ob von einer Gesamtbetrachtung oder Einzelbetrachtung auszugehen ist. Ist ein Verhaltenskodex insgesamt mitbestimmungspflichtig oder ist einzeln für jede Klausel zu prüfen, ob ein Mitbestimmungsrecht besteht? Dazu existieren sowohl in der Literatur als auch in der Rechtsprechung der Landesarbeitsgerichte unterschiedliche Ansichten. Das BAG hat im Juli 2008 zu diesem Streitpunkt Stellung genommen.

1. Die Entwicklung der Rechtsprechung

Im Jahr 2002 hatte sich das BAG zum ersten Mal in der so genannten *Handelsblatt*-Entscheidung mit der Frage der Mitbestimmung bei Ethikrichtlinien auseinander zusetzen[394]. Eine Mitbestimmungspflicht bezogen auf den gesamten Kodex wurde im Rahmen dieses Verfahrens nicht diskutiert[395], weshalb das BAG diesbezüglich in seinem Beschluss keine Aussagen getroffen hat. Die Problematik war zum ersten Mal im *Wal-Mart*-Verfahren Gegenstand einer gerichtlichen Entscheidung[396]. Der in diesem Verfahren beteiligte Gesamtbetriebsrat war der Auffassung, dass der Verhaltenskodex insgesamt einem Mitbestimmungsrecht unterliege. Der Kodex sei in seiner Gesamtheit ein Leitfaden für moralisches Handeln, dessen einzelne Bestandteile nicht im Einzelnen betrachtet werden könnten. Dieser Argumentation hat sich das ArbG Wuppertal nicht angeschlossen und begründete die Entscheidung auszugsweise wie folgt: *„Bei den einzelnen Regelungsbereichen der Unternehmensethik handelt es sich um klar abgrenzbare Regelungsbereiche, wobei jeder Regelungsbereich für sich betrachtet sinnvoll aufrechterhalten werden kann. Aus diesem Grunde ist für jeden einzelnen Regelungsbereich der Unternehmensethik zu fragen, ob dieser Mitbe-*

---

[394] BAG vom 28.5.2002 – 1 ABR 32/01, NZA 2003, 166 ff.

[395] Der Beteiligte Betriebsrat war nicht der Auffassung, dass der Verhaltenskodex insgesamt der Mitbestimmung unterliegt, sondern beschränkte seinen Unterlassungsanspruch zur Sicherung der Mitbestimmung auf einzelne konkrete Vorschriften des Kodex.

[396] ArbG Wuppertal vom 15.6.2005 – 5 BV 20/05, NZA-RR 2005, 476 ff.; LAG Düsseldorf vom 14.11.2005 – 10 TaBV 46/05, DB 2006, 162 ff.

stimmungsrechte tangiert oder nicht[397]." Dieser Entscheidung hat sich das LAG Düsseldorf am 14.11.2005 angeschlossen und einzeln – für jede Richtlinie gesondert – geprüft, ob Mitbestimmungsrechte tangiert sind[398]. Dieses Verfahren führte zu keiner höchstrichterlichen Entscheidung durch das BAG. Bedingt durch den Rückzug der Supermarktkette *Wal-Mart* aus Deutschland ist die gegen den Beschluss des LAG Düsseldorf eingelegte Rechtsbeschwerde zurückgenommen worden. Die vom ArbG Wuppertal und dem LAG Düsseldorf vertretene Ansicht entspricht der herrschenden Literatur[399], denn gemäß dieser ist auf die jeweils konkreten Inhalte der einzelnen Klauseln abzustellen und nicht darauf, ob der Kodex als Ganzes mitbestimmungspflichtig oder mitbestimmungsfrei ist[400].

Die Rechtsprechung des LAG Düsseldorf ist allerdings durch den Beschluss des LAG Hessen vom 18.1.2007[401] in Frage gestellt worden. Enthält eine Ethikrichtlinie eine verbindliche Verpflichtung, Verstöße anderer Mitarbeiter gegen dieses Regelwerk zu melden (Whistleblower-Klausel), so ist der Kodex regelmäßig insgesamt gemäß § 87 Abs. 1 Nr. 1 BetrVG mitbestimmungspflichtig, unabhängig davon, ob die in der Richtlinie aufgeführten Pflichten das Ordnungsverhalten oder das Arbeitsverhalten betreffen oder nur gesetzlich bestehende Verpflichtungen wiederholen. Das LAG Hessen sieht in einer Whistleblower-Klausel eine „vor die Klammer" gezogene Meldeverpflichtung, welche, wenn sie sich auf den gesamten Kodex erstreckt, eine Mitbestimmungspflicht des gesamten Kodex auslöst. Auch bei der Entscheidung des LAG Düsseldorf war eine Whistleblower-Klausel Bestandteil des Verhaltenskodex[402] – das LAG Düsseldorf hat dieser Regelung jedoch nicht die gleiche Bedeutung beigemessen wie das LAG Hessen. Gegen den Beschluss des LAG Hessen ist Revision eingelegt worden, so dass sich im folgenden das BAG mit dieser Thematik auseinander zu setzen hatte.

---

397 ArbG Wuppertal vom 15.6.2005 – 5 BV 20/05, NZA-RR 2005, 476 ff.

398 LAG Düsseldorf vom 14.11.2005 – 10 TaBV 46/05, DB 2006, 162 ff.

399 *Meyer*, NZA 2006, 3605 (3608); *Mengel/Hagemeister*, BB 2007, 1386 (1392); *Schuster/Darsow*, NZA 2005, 273 (274).

400 *Fitting*, § 87 Rn. 71 nimmt zunächst in der 23. Auflage eine allgemeine Mitbestimmungspflicht für den gesamten Kodex an. In der 24. Auflage erfolgt eine differenziertere Auseinandersetzung vgl. *Fitting*, § 87 Rn. 71. *Richardi*, § 87 Rn. 195 geht in der 10. Auflage von keinem Mitbestimmungstatbestand bei der Aufstellung von Ethikregeln aus. In der 11. Auflage erfolgt eine differenziertere Betrachtung in Richtung herrschende Literatur vgl. *Richardi*, § 87 Rn. 195.

401 LAG Hessen vom 18.1.2007 – 5 TaBV 31/06, AiB 2007, 663 ff.

402 Seite 5 der Richtlinie: *„Tatsächlich sind unsere Mitarbeiter verpflichtet, jede bekannte oder vermutete Verletzung der Gesetze, gültigen Bestimmungen, dieser Unternehmensethik oder einer [Unternehmen] Richtlinie mitzuteilen"*, vgl. LAG Düsseldorf vom 14.11.2005 – 10 TaBV 46/05, DB 2006, 162 ff.

2. Der *Honeywell*-Beschluss des BAG vom 22.7.2008

Der Streit ist letztlich durch den Beschluss des BAG vom 22.7.2008 höchstrichterlich entschieden worden. Einen Tag später, am 23.7.2008, titelte das Handelsblatt: *„Vom Flirt bis zur Dienstreise. Arbeitgeber erlassen Ethikrichtlinien – jetzt hat das Bundesarbeitsgericht entschieden, wann der Betriebsrat mitreden darf*[403]*.“* *„Ethik-Regeln werden mitbestimmt – Bundesarbeitsgericht stärkt Betriebsräte“* war in der FAZ zu lesen[404]. Das BAG hat seiner Entscheidung im Wesentlichen folgende Argumentation zugrundegelegt: Nach Ansicht des 1. Senats des BAG führt ein Mitbestimmungsrecht an einzelnen Regelungen der Ethikrichtlinie nicht zu einem Mitbestimmungsrecht an der Gesamtheit. Zunächst zeigte der 1. Senat auf, dass ein Verhaltenskodex kein unauflösbares Gesamtwerk darstellt. *„Der Umstand, dass ein Arbeitgeber Verlautbarungen unterschiedlicher Inhalte in einem Gesamtwerk, wie etwa einem Handbuch oder Katalog zusammenfasst, hat nicht zur Folge, dass das Gesamtwerk mitbestimmungsrechtlich nur einheitlich behandelt werden könnte. Ein solches Gesamtwerk kann sowohl Teile enthalten, die mitbestimmungspflichtig sind, als auch solche, die nicht der Mitbestimmung unterliegen. Entscheidend ist nicht die mehr oder weniger zufällige Zusammenfassung arbeitgeberseitiger Verlautbarungen in einem Werk, sondern der Inhalt der einzelnen Bestimmungen. Das gilt auch für konzernweite Ethik-Richtlinien. Diese sind weder pauschal mitbestimmungspflichtig noch pauschal mitbestimmungsfrei. Vielmehr ist nach dem Inhalt der einzelnen Regelungen zu differenzieren*[405]*.“* Weiter setzte sich das BAG mit der Argumentation des LAG Hessen auseinander. Nach Ansicht des BAG führt die Normierung einer Meldeverpflichtung innerhalb des Kodex nicht dazu, dass ein Mitbestimmungsrecht an dem Gesamtwerk entsteht. Die Argumentation des LAG Hessen, dass eine „vor die Klammer“ gezogene Meldeverpflichtung, welche, wenn sie sich auf den gesamten Kodex erstreckt, eine Mitbestimmungspflicht für den gesamten Kodex auslöst, ist nach Ansicht des BAG rechtsfehlerhaft. In der Entscheidung heißt es: *„Gleichwohl ist deshalb nicht der gesamte Verhaltenskodex mitbestimmungspflichtig. Die Meldepflicht ist entgegen der Auffassung des Landesarbeitsgerichts keine “Klammer”, die ein Mitbestimmungsrecht bei sämtlichen Regelungen des Verhaltenskodexes begründet. Das Mitbestimmungsrecht bei einem Meldeverfahren bezüglich bestimmter Tatbestände begründet kein Mitbestimmungsrecht bei den zu meldenden Tatbeständen selbst. Erhebliche Teile des Verhaltenskodexes regeln keine Verhaltenspflichten der Arbeitnehmer, sondern beschreiben Ziele, Wertvorstellungen und Selbstverpflichtungen des Unternehmens. Insoweit gibt es nichts zu melden. Aber auch soweit die Meldepflicht sich auf Pflichtenverstöße von Arbeitnehmern in ihrem*

---

[403] *Sigmund*, Handelsblatt vom 23.7.2008, Nr. 141, S. 19.
[404] FAZ vom 23.7.2008, Nr. 170, S. 13.
[405] BAG vom 22.7.2008 – 1 ABR 40/07, NZA 2008, 1248 ff.

Arbeitsverhalten bezieht, begründet ein Mitbestimmungsrecht bei der Einführung und Ausgestaltung einer Meldepflicht kein Mitbestimmungsrecht beim Arbeitsverhalten[406].“

3. Stellungnahme

Der Ausgang der Entscheidung wurde in der Literatur anders prognostiziert[407]. Dennoch überzeugt die Entscheidung des BAG. Weder die Argumentation über ein *„unauflösbares Gesamtwerk“*, noch die Argumentation über die *„Meldeverpflichtung“* sind geeignet, von den Grundsätzen des Betriebsverfassungsrechts abzuweichen. Die Betriebsverfassung sieht stringent vor, dass Mitbestimmung dort ausgeübt wird, wo tatsächlich mitbestimmungspflichtige Tatbestände betroffen sind. Anders formuliert: Mitbestimmung hat dort nichts zu suchen, wo die Betriebsverfassung auch keine mitbestimmungspflichtigen Tatbestände vorsieht. Auf diese Grundsätze besinnt sich das BAG und denkt das zu Ende, was das LAG Hessen nur angedacht hat. Dazu muss man sich nochmals den Ausgangspunkt und die letztendliche Konsequenz der Ansicht des LAG verdeutlichen. Eine „vor die Klammer“ gezogene Meldeverpflichtung, welche sich auf den gesamten Kodex erstreckt, löst eine Mitbestimmungspflicht des gesamten Kodex aus. Diese pauschale Mitbestimmung würde im Ergebnis dazu führen, dass nunmehr auch nicht mitbestimmungspflichtiges Verhalten – wie z.B. das Arbeitsverhalten – von der Mitbestimmung umfasst ist. Konsequenz der Argumentation des LAG Hessen wäre eine Mitbestimmung bei nicht mitbestimmungspflichtigen Tatbeständen. Das BAG betont, dass ein Mitbestimmungsrecht bei der Einführung und Ausgestaltung einer Meldepflicht kein Mitbestimmungsrecht beim Arbeitsverhalten begründet[408]. Auch wenn die Meldeverpflichtung mitbestimmungspflichtig ist, begründet dies keine pauschale Mitbestimmung bei den zu meldenden Tatbeständen selbst[409]. *Im Ergebnis* findet eine Mitbestimmung dort statt, wo es die Betriebsverfassung vorsieht. Daran ändert auch eine „vor die Klammer gezogene“ Meldeverpflichtung innerhalb der Ethikrichtlinie nichts[410]. Die Entscheidung des BAG ist begrüßenswert, hat zur Rechtssicherheit beigetragen und auch in der Literatur Zustimmung gefunden[411].

Am Rande sei erwähnt, dass die Entscheidung des LAG Hessen den Eindruck erweckt hat, nicht unbedingt emotionsfrei getroffen worden zu sein. Dieser Anschein wird zumindest durch eine Ausführung in den Entscheidungsgründen erweckt, welche vor allem auf politische Vorbehalte gegenüber dem streitgegen-

---

406 BAG vom 22.7.2008 – 1 ABR 40/07, NZA 2008, 1248 ff.
407 *Wybitul*, AuA 2007, 695.
408 BAG vom 22.7.2008 – 1 ABR 40/07, NZA 2008, 1248 ff.
409 BAG vom 22.7.2008 – 1 ABR 40/07, NZA 2008, 1248 ff.
410 Weiterführend und vertiefend zum Beschluss des BAG vom 22.7.2008 siehe *Kort*, NJW 2009, 129 ff.
411 *Kort*, NJW 2009, 129 (133); *Barthel/Unger-Hellmich*, AuA 2009, 78 (80).

ständlichen Ethikkodex schließen lässt und wie folgt lautet[412]: *„Mit welcher Totalität Persönlichkeit, Denkweise und Weltsicht durch das Unternehmen geprägt werden sollen, macht schließlich folgende Formulierungen ... des Kodexes deutlich."*

II. Die Mitbestimmung in sozialen Angelegenheiten gemäß § 87 Abs. 1 BetrVG

Der Betriebsrat hat bei der Aufstellung von Ethikrichtlinien dann ein Mitbestimmungsrecht, wenn der Verhaltenskodex mitbestimmungspflichtige Regelungen enthält. Bei der Einführung einer Ethikrichtlinie sind regelmäßig die Mitbestimmungsrechte in sozialen Angelegenheiten nach § 87 Abs. 1 Nr. 1 BetrVG und § 87 Abs. 1 Nr. 6 BetrVG tangiert. Nach § 87 Abs. 1 Nr. 1 BetrVG hat der Betriebsrat bei Fragen der Ordnung des Betriebs und des Verhaltens der Arbeitnehmer im Betrieb mitzubestimmen. Das ist regelmäßig Schwerpunkt der Auseinandersetzung. Zudem besteht bei der Einführung und Anwendung von technischen Einrichtungen, die dazu bestimmt sind, das Verhalten oder die Leistung der Arbeitnehmer zu überwachen, ein Mitbestimmungsrecht nach § 87 Abs. 1 Nr. 6 BetrVG. Dieser Mitbestimmungstatbestand soll entsprechend dem Gang der Untersuchung in Kapitel 5 behandelt werden, welches sich mit der Einrichtung eines Kommunikationskanals auseinandersetzt. In der Praxis stellt sich die Frage, ob ein Mitbestimmungsrecht nach § 87 Abs. 1 Nr. 1 BetrVG in den einzelnen Kategorien des Verhaltenskodex existiert. Gegenstand dieser Untersuchung und Ziel dieser Arbeit ist es nicht, die Frage der Mitbestimmung für jede einzelne Regelung in einem Verhaltenskodex zu klären und untersuchen[413]. Ziel ist es im Folgenden, die Mitbestimmungsgrundsätze im Rahmen der in Kapitel 2 vorgeschlagenen Kategorisierung herauszuarbeiten.

1. Schwerpunkt: Mitbestimmungsrecht nach § 87 Abs. 1 Nr. 1 BetrVG

Schwerpunkt der Regelungen einer Ethikrichtlinie sind konkrete Verhaltensanweisungen an die Arbeitnehmer. Im Bereich des Verhaltens der Arbeitnehmer stellt sich regelmäßig die Frage, ob der mitbestimmungspflichtige Tatbestand des § 87 Abs. 1 Nr. 1 BetrVG vorliegt. Nach § 87 Abs. 1 Nr. 1 BetrVG hat der Betriebsrat ein Mitbestimmungsrecht in Fragen der Ordnung des Betriebs und des Verhaltens der Arbeitnehmer im Betrieb. Das BAG unterscheidet in ständiger Rechtsprechung zwischen mitbestimmungspflichtigem Ordnungsverhalten

[412] LAG Hessen vom 18.1.2007 – 5 TaBV 31/06, AiB 2007, 663 ff.

[413] Zur Mitbestimmung konkreter einzelner Regelungen innerhalb einer Ethikrichtlinie siehe beispielsweise *Eisenbeis/Nießen*, FS Leinemann, 697 (714 ff.); *Triskatis*, Ethikrichtlinien im Arbeitsrecht, 178 ff.; *Wagner*, Ethikrichtlinien, 92 ff.

und mitbestimmungsfreiem Arbeitsverhalten[414]. Das Mitbestimmungsrecht des § 87 Abs. 1 Nr. 1 BetrVG bezieht sich auf das Ordnungsverhalten der Arbeitnehmer im Betrieb. Nicht erfasst ist hingegen das so genannte Arbeitsverhalten der Arbeitnehmer, denn Gegenstand der Mitbestimmung ist das betriebliche Zusammenleben und Zusammenwirken der Arbeitnehmer und nicht die Erbringung der Arbeitsleistung durch den Arbeitnehmer[415]. Zweck der Mitbestimmung im Bereich des Ordnungsverhaltens ist, dem Arbeitnehmer durch den Betriebsrat die Einflussnahme auf die Gestaltung des betrieblichen Zusammenlebens zu ermöglichen und zu gewährleisten[416]. Schwierigkeiten kann im konkreten Einzelfall die Abgrenzung zwischen mitbestimmungspflichtigem Ordnungsverhalten und mitbestimmungsfreiem Arbeitsverhalten bereiten. Nach der Rechtsprechung des BAG ist dabei nicht auf die subjektiven Vorstellungen, die den Arbeitgeber zur Maßnahme bewogen haben, abzustellen, sondern auf den objektiven Regelungszweck, der sich nach dem Inhalt der Maßnahme und nach der Art des zu beeinflussenden betrieblichen Geschehens bestimmt[417]. Ausgehend von diesen Grundsätzen im Bezug auf den Mitbestimmungstatbestand des § 87 Abs. 1 Nr. 1 BetrVG ist bei der Einführung einer Ethikrichtlinie jede einzelne Klausel daraufhin zu untersuchen, ob das mitbestimmungspflichtige Ordnungsverhalten oder mitbestimmungsfreie Arbeitsverhalten betroffen ist.

2. Die Mitbestimmung nach § 87 Abs. 1 Nr. 1 BetrVG in den einzelnen Kategorien einer Ethikrichtlinie

a) Mitbestimmung bei Ethikrichtlinien, welche die Hauptleistungspflichten des Arbeitnehmers konkretisieren

Mitbestimmungsfrei sind solche Anordnungen, mit denen die Arbeitspflicht unmittelbar konkretisiert und abgefordert wird[418]. Mithin besteht kein Mitbestimmungsrecht des Betriebsrats bei Ethikrichtlinien, welche die Hauptleistungspflichten der Arbeitnehmer konkretisieren und damit dem Bereich des Arbeitsverhaltens hinzuzuordnen sind.

---

[414] BAG vom 24.3.1981 – 1 ABR 32/78, DB 1981, 1674 ff.; BAG vom 18.4.2000 – 1 ABR 22/99, BB 2000, 2521 f.; BAG vom 28.5.2002 – 1 ABR 32/01, NZA 2003, 166 ff.; so auch die herrschende Meinung im Schrifttum vgl. *Richardi*, § 87 Rn. 177 ff.; *Fitting*, § 87 Rn. 64 ff.

[415] *Richardi*, § 87 Rn. 177.

[416] BAG vom 18.4.2000 – 1 ABR 22/99, BB 2000, 2521 f.

[417] BAG vom 11.6.2002 – 1 ABR 46/01, NZA 2002, 1299 f. So auch *Fitting*, § 87 Rn. 68, kritisch dazu *Richardi*, § 87 Rn. 180 nach dessen Ansicht die Abgrenzung nicht praktikabel ist.

[418] BAG vom 22.7.2008 – 1 ABR 40/07, NZA 2008, 1248 ff.; BAG vom 8.6.1999 – 1 ABR 67/98, NZA 1999, 1288 f.; BAG vom 18.4.2000 – 1 ABR 22/99, BB 2000, 2521 f.; *Mengel/Hagemeister*, BB 2007, 1386 (1392).

b) Mitbestimmung bei Ethikrichtlinien, welche auf die Nebenpflichten des Arbeitnehmers hinweisen und/oder die Nebenpflichten des Arbeitnehmers erweitern

Die Mitbestimmung bei Ethikrichtlinien, welche auf die Nebenpflichten des Arbeitnehmers hinweisen und/oder die Nebenpflichten des Arbeitnehmers erweitern, bedarf einer differenzierten Betrachtung.

aa) Mitbestimmung bei Ethikrichtlinien, welche die Nebenpflichten des Arbeitnehmers wiedergeben bzw. konkretisieren

Die Mitbestimmung in sozialen Angelegenheiten ist nach § 87 Abs. 1 Einleitungssatz BetrVG eröffnet, soweit eine gesetzliche oder tarifliche Regelung nicht besteht. Beschränkt sich die Ethikrichtlinie auf die Wiedergabe gesetzlicher Vorschriften im Sinne von § 87 Abs. 1 Einleitungssatz BetrVG, so ist die Mitbestimmung ausgeschlossen. Der Hinweis auf gesetzliche Nebenpflichten in der Ethikrichtlinie ist daher der Mitbestimmung entzogen, soweit sich die Normierung auf die Widergabe der gesetzlichen Nebenpflicht beschränkt.

Wie auch schon in anderem Zusammenhang[419] stellt sich die Frage, was genau unter einer *gesetzlichen Regelung* im Sinne des § 87 Abs. 1 Einleitungssatz BetrVG zu verstehen ist. Eine ähnliche Problematik ist bereits im Rahmen der Anwendung und Auslegung des § 307 Abs. 2 Nr. 1 BGB aufgetaucht. So erscheint es zunächst naheliegend und als einfacher Weg, die Auslegung des Tatbestandmerkmals *gesetzliche Regelung* im Sinne des § 307 Abs. 2 Nr. 1 BGB unreflektiert auf § 87 Abs. 1 Einleitungssatz BetrVG zu übertragen und dies mit dem Argument der Einheit der Rechtsordnung zu begründen, und zwar: einheitliche Auslegung unterschiedlicher Rechtskomplexe. Dem Institut der Einheit der Rechtsordnung begegnen jedoch methodische Bedenken. Die Formel von der Einheit der Rechtsordnung kann nicht als begründungstragende Argumentationsfigur herangezogen werden. Verfassungsrechtliche Untersuchungen haben bestätigt, dass die Einheit der Rechtsordnung im geltenden Verfassungsrecht keine Grundlage findet und es sich um eine verfassungsrechtlich nicht haltbare *„verschwommene Vorstellung“* handelt[420]. Letztlich bedarf es in der konkreten Situation keines Rückgriffs auf die Einheit der Rechtsordnung, da wie aufzuzeigen sein wird, die Lösung mit Methodenlehre in Form der Auslegung zu erzielen ist.

Nach der Rechtsprechung des BAG ist eine *gesetzliche Regelung* im Sinne des § 87 Abs. 1 Einleitungssatz BetrVG jedes förmliche oder materielle Gesetz, so-

[419] Siehe dazu oben in diesem Kapitel unter A. II. 3. c).
[420] Zusammenfassend dazu *Felix*, Einheit der Rechtsordnung, 399, 401.

weit es sich um eine zwingende Regelung handelt[421]. In der Literatur herrscht Streit, ob bei § 87 Abs. 1 Einleitungssatz BetrVG eine ähnlich weite Auslegung wie bei § 307 Abs. 2 Nr. 1 BGB zu favorisieren ist, wonach gesetzliche Regelungen nicht nur Gesetzesbestimmungen, sondern auch alle Rechtssätze, welche durch Auslegung, Analogie und Rechtsfortbildung aus den gesetzlichen Vorschriften hergeleitet werden, umfasst[422]. Wenn es nach *Fitting* geht, zählt zum Gesetzesrecht nicht gesetzesvertretendes Richterrecht[423]. Nach Ansicht der Autoren könne ein Richter keine Regelungen mit der Wirkung allgemeingültiger Gesetze schaffen – die Tätigkeit eines Richters sei vielmehr auf die Entscheidung von Einzelfällen beschränkt. *Richardi* ist hingegen der Ansicht, dass der *gesetzlichen Regelung* im Sinne des § 87 Abs. 1 Einleitungssatz BetrVG das gesetzesvertretende Richterrecht gleichzustellen sei[424].

Im Ergebnis kann an dieser Stelle offen bleiben, ob bei § 87 Abs. 1 Einleitungssatz BetrVG eine in allen Details identische, weite Auslegung wie bei § 307 Abs. 2 Nr. 1 BetrVG vorzunehmen ist. Die hier zu klärende Frage beschränkt sich darauf, ob vertragsimmanente arbeitsvertragliche Nebenpflichten aus §§ 242, 241 Abs. 2 BGB unter den Begriff der *gesetzlichen Regelungen* subsumiert werden können. Eine Lösung dieser Problematik lässt sich unter Anwendung der teleologischen Auslegung erzielen.

Dazu ist in einem ersten Schritt der Schutzzweck des § 87 Abs. 1 Einleitungssatz BetrVG darzustellen. Nach der Rechtsprechung des BAG ist der Schutzzweck wie folgt zu bestimmen: „*Der Einleitungssatz des § 87 Abs. 1 beruht auf der Erwägung, daß für die Erreichung des Mitbestimmungszwecks kein Raum mehr besteht, wenn eine den Arbeitgeber bindende Regelung durch Gesetz bereits vorliegt. In diesem Fall kann davon ausgegangen werden, daß mit dieser Regelung den berechtigten Interessen und dem Schutzbedürfnis der Arbeitnehmer Rechnung getragen worden ist. Für einen weiteren Schutz durch Mitbestimmungsrechte besteht dann kein Bedürfnis mehr*[425]." Kann das gesetzesvertretende Richterrecht diesen Schutzzweck erfüllen, mit der Folge, dass gesetzesvertretendes Richterrecht als *gesetzliche Regelung* im Sinne des § 87 Abs. 1 Einleitungssatz BetrVG anzusehen ist?

Zur Gewährleistung des Schutzzwecks müssen zwei Voraussetzungen vorliegen. Wie einem Gesetz, so muss auch dem Richterrecht Allgemeingültigkeit innewohnen, d.h. das Richterrecht darf nicht nur eine Entscheidung im Einzelfall

[421] BAG vom 28.5.2002 – 1 ABR 37/01, NZA 2003, 171 ff.
[422] BGH vom 12.3.1987 – VII ZR 37/86, BB 1987, 1131 ff.; BGH vom 28.4.1983 – VII ZR 259/82, NJW 1983, 1671 f.
[423] *Fitting*, § 87 Rn. 30 mit weiteren Nachweisen.
[424] *Richardi*, § 87 Rn. 145 mit weiteren Nachweisen.
[425] BAG vom 28.5.2002 – 1 ABR 37/01, NZA 2003, 171 ff.

sein. Es muss sich vielmehr um einen allgemein gültigen Rechtssatz handeln. Des Weiteren muss durch das Richterrecht eine umfassende Interessenabwägung stattgefunden haben, um dadurch dem Schutzbedürfnis der Arbeitnehmer ausreichend Rechnung zu tragen.

Die jedem Arbeitsvertrag innewohnenden vertragsimmanenten Nebenpflichten werden im Wege der Rechtsfortbildung durch das gesetzesvertretende Richterrecht aus gesetzlichen Vorschriften hergeleitet, hier: durch das Richterrecht geprägte Konkretisierungen der Generalklauseln, §§ 242, 241 Abs. 2 BGB. Den durch Judikate geprägten Konkretisierungen der vertraglichen Rücksichtnahmepflichten wohnt Allgemeingültigkeit inne und sie sind gerade keine auf den Einzelfall zugeschnittene Entscheidung. Die durch Richterrecht geprägten vertragsimmanenten Nebenpflichten sind allen Arbeitsverhältnisses nach § 611 BGB immanent, sofern es sich um selbständige (nichtleistungsbezogene) Nebenpflichten des Arbeitnehmers handelt.

Zudem erfolgt durch die Rechtsprechung bei Herleitung oder Ausgestaltung von arbeitsvertraglichen Nebenpflichten eine umfassende Interessenabwägung zwischen den beteiligten Interessen der Arbeitgeber und Arbeitnehmer. Das BAG sieht für die Ausgestaltung eine vollumfängliche Interessenabwägung unter Hinzuziehung der grundrechtlich geschützten Positionen vor[426]. Die vom Richterrecht bestätigten bzw. ausgeformten vertraglichen Rücksichtnahmepflichten werden dem Schutzzweck des § 87 Abs. 1 Einleitungssatz BetrVG gerecht. Den vertraglichen Rücksichtnahmepflichten §§ 242, 241 Abs. 2 BGB wohnt Allgemeingültigkeit inne, sie sind das Ergebnis einer umfassenden Interessenabwägung. *Im Ergebnis* sind danach vertragliche Rücksichtnahmepflichten als gesetzliche Regelungen im Sinne des § 87 Abs. 1 Einleitungssatz BetrVG anzusehen. Dies gilt allerdings nur, soweit die Nebenpflichten ausdrücklich durch die Judikative bestätig bzw. ausgeformt worden sind.

Darüber hinaus würde die Eröffnung einer Mitbestimmung bei der Wiedergabe bzw. dem Hinweis auf vertragliche Rücksichtnahmepflichten keinen Sinn machen, da der Zweck der Mitbestimmung in sozialen Angelegenheiten nach § 87 Abs. 1 Nr. 1 BetrVG von vornherein nicht erreicht werden könnte. Zweck ist es nämlich, wie bereits ausgeführt, dem Arbeitnehmer durch den Betriebsrat die Einflussnahme auf die Gestaltung des betrieblichen Zusammenlebens zu ermöglichen und zu gewährleisten[427]. Eine derartige Gestaltung ist jedoch bei durch Richterrecht geprägten, feststehenden vertraglichen Rücksichtnahmepflichten ausgeschlossen. Normiert beispielsweise ein Verhaltenskodex die ohnehin bestehende vertragsimmanente Verschwiegenheitspflicht eines Arbeitnehmers,

[426] BAG vom 3.7.2003 – 2 AZR 235/02, NZA 2004, 427 ff.
[427] BAG vom 18.4.2000 – 1 ABR 22/99, BB 2000, 2521 f.

welche sich aus der Rücksichtnahmepflicht §§ 242, 241 Abs. 2 BGB ergibt, kommt kein Mitbestimmungsrecht nach § 87 Abs. 1 Satz 1 BetrVG in Betracht[428].

Achtung ist geboten, wenn ein Gestaltungsspielraum dahingehend verbleibt, dass die Betriebsparteien regeln können, auf welche Art und Weise die bestehende vertragsimmanente Pflicht einzuhalten bzw. zu erfüllen ist – ohne jedoch an der Pflichtenschraube zu drehen. Handelt es sich um eine Konkretisierung der vertraglichen Rücksichtnahmepflicht, welche nicht die Ausgestaltung der Nebenpflicht betrifft („ob"), sondern näher bestimmt, wie die Nebenpflicht einzuhalten ist („wie"), kommt die Mitbestimmung wiederum in Betracht, da hier den Betriebsparteien ein Gestaltungsspielraum verbleibt[429]. Voraussetzung dafür ist selbstverständlich, dass die *gesetzliche Regelung*, also die im Wege des Richterrechts entwickelte vertragliche Rücksichtnahmepflicht, überhaupt einen verbleibenden Gestaltungsspielraum für die Betriebsparteien zulässt. Für diesen Fall ist zu prüfen, ob der Mitbestimmungstatbestand nach § 87 Abs. 1 Nr. 1 BetrVG eröffnet ist, also ob das mitbestimmungsfreie Arbeitsverhalten oder das mitbestimmungspflichtige Ordnungsverhalten betroffen ist.

bb) Mitbestimmung bei Ethikrichtlinien, welche die Nebenpflichten des Arbeitnehmers erweitern

Werden innerhalb der Ethikrichtlinie die vertraglichen Rücksichtnahmepflichten der Arbeitnehmer erweitert und evtl. vorgeschrieben, wie die erweiterten Pflichten einzuhalten sind, besteht ein Mitbestimmungsrecht des Betriebsrats, sofern das mitbestimmungspflichtige Ordnungsverhalten der Arbeitnehmer betroffen ist. § 87 Abs. 1 Halbsatz 1 BetrVG schließt das Mitbestimmungsrecht aus, *„soweit"* eine gesetzliche Regelung besteht. Enthalten die Regelungen über gesetzliche Nebenpflichten und arbeitsvertragliche Nebenpflichten hinausgehende Regelungen, sind diese Erweiterungen nicht vom Tatbestand des § 87 Abs. 1 Halbsatz 1 BetrVG erfasst, weshalb in diesen Fällen ein Mitbestimmungsrecht nicht an § 87 Abs. 1 Halbsatz 1 BetrVG scheitert. Gleiches gilt, wenn die erweiterten Rücksichtnahmepflichten bzw. erweiterten gesetzlichen Nebenpflichten konkretisiert werden, d.h. näher bestimmt wird, wie die Pflichten einzuhalten sind. Voraussetzung dafür ist der Verbleib eines Gestaltungsspielraums. In beiden Fällen ist jeweils gesondert und im Einzelfall zu prüfen, ob das Ordnungsverhalten oder das Arbeitsverhalten betroffen ist.

---

[428] Ohne Begründung aber im Ergebnis richtig *Triskatis*, Ethikrichtlinien im Arbeitsrecht, 202. Vertiefend zu der vertragsimmanenten Verschwiegenheitsverpflichtung *Graser*, Whistleblowing, 140 f.; *Preis* in ErfK, BGB, § 611 Rn. 710.

[429] BAG vom 22.7.2008 – 1 ABR 40/07, NZA 2008, 1248 ff.; *Kania* in ErfK, BetrVG, § 87 Rn. 13.

An dieser Stelle liegen in der Praxis die weitaus schwierigsten Problemkreise, wenn es darum geht, festzustellen, ob eine konkrete Ethikrichtlinie das Ordnungsverhalten oder das Arbeitsverhalten berührt. Um der Bedeutung in der Praxis gerecht zu werden, soll die Einordnungsproblematik exemplarisch an einem Beispiel – betreffend die Erweiterung einer gesetzlichen Nebenpflicht – verdeutlicht werden. Zur Darstellung eignet sich eine Ethikrichtlinie, welche die Bestechlichkeit und Bestechung im geschäftlichen Verkehr gemäß § 299 StGB regelt und in einem Verhaltenskodex regelmäßig unter der Überschrift *„Annahme von Geschenken"* zu finden ist.

Soweit sich die Ethikrichtlinie auf die Wiedergabe des Wortlauts des § 299 StGB beschränkt, scheidet ein Mitbestimmungsrecht aus, vgl. § 87 Abs. 1 Halbsatz 1 BetrVG. Ein Mitbestimmungsrecht kommt in Betracht, sofern eine Erweiterung der gesetzlichen Nebenpflicht vorgenommen wird und damit die Mitbestimmung nicht mehr nach § 87 Abs. 1 Halbsatz 1 BetrVG ausscheidet. Unter der Vielzahl der möglichen Regelungsinhalte sei eine Regelung exemplarisch herausgegriffen, mit welcher sich das LAG Düsseldorf im *Wal-Mart*-Verfahren auseinander zusetzen hatte. Gegenstand des Verfahrens war eine umfangreiche Regelung in Bezug auf die Annahme von Geschenken, welche nicht bloß die Annahme von Schmiergeldern verboten hat, sondern die Annahme jeglicher Geschenke:

> *„Es ist Ihnen nicht erlaubt, von einem Lieferanten, potentiellen Lieferanten oder einer anderen Person, von der Sie annehmen, dass diese Person dadurch Einfluss auf eine Geschäftsentscheidung oder Transaktion, bei der X.-N. involviert ist, gewinnen möchte, Geschenke und Zuwendungen zu fördern, anzufragen oder anzunehmen...*
> *Zu BEACHTEN: Jedes Geschenk oder Zuwendung von einem Lieferanten muss unter Angabe dieser Richtlinie zurückgegeben werden. Sofern Rückgabe unmöglich ist, geht das Geschenke in das Eigentum von X.-X. über. Jedes Angebot über ein Geschenk oder eine Zuwendung ist dem Vorgesetzten zu melden[430]."*

Nach Ansicht des LAG Düsseldorf und der hier vertretenen Auffassung ist zunächst der Mitbestimmungsbereich nach § 87 Abs. 1 Halbsatz 1 BetrVG eröffnet, da die oben zitierte Regelung sich keineswegs auf die Wiedergabe des Gesetzeswortlautes des § 299 StGB beschränkt. Die gesetzliche Nebenpflicht des § 299 StGB wird erweitert, indem ein über die gesetzliche Regelung hinausgehendes generelles Verbot der Annahme von Geschenken normiert wird. Damit stellt sich die Frage, ob das mitbestimmungspflichtige Ordnungsverhalten oder das mitbestimmungsfreie Arbeitsverhalten im Sinne des § 87 Abs. 1 Nr. 1 BetrVG betroffen ist. Das LAG Düsseldorf begnügt sich mit folgender allgemeiner Feststellung, ohne eine konkrete Begründung zu liefern, warum nicht das Arbeits-

[430] LAG Düsseldorf vom 14.11.2005 – 10 TaBV 46/05, DB 2006, 162 ff.

verhalten sondern das Ordnungsverhalten betroffen zu sein scheint: *„Bei diesen in der Wirtschaft üblichen Gelegenheitsgeschenken, mit denen verständlicherweise kein Einfluss auf das Verhalten der Mitarbeiter genommen werden kann, hat der Gesamtbetriebsrat ein Mitbestimmungsrecht, ob und in welchem Wert die Mitarbeiter diese gebräuchlichen Werbegeschenke behalten dürfen, wann sie sie an den Lieferanten zurückgeben, wann sie sie an die Arbeitgeberin herausgeben müssen und schließlich in welchen Fällen der Vorgesetzte informiert werden muss[431].“* Auch die erstinstanzliche Entscheidung des ArbG Wuppertal hält sich in der Begründung knapp, wenn doch ein wenig ausführlicher: *„Auch hier wird das Ordnungsverhalten der Arbeitnehmer im Betrieb reglementiert. Entgegen der Ansicht der Beteiligten zu 2. handelt es sich auch nicht um Regelungen im Bereich des reinen Arbeitsverhaltens. Ob ein Arbeitnehmer Geschenke annimmt oder nicht, hat mit seiner zu erbringenden Arbeitsleistung nichts zu tun. ... ein Mitbestimmungsrecht [scheidet] auch nicht deshalb aus, weil durch die Anordnung nicht das Verhalten der Arbeitnehmer untereinander, sondern das Verhalten der Arbeitnehmer zu außerhalb des Betriebes stehenden Dritten betroffen sei. Auch wenn das Verhältnis zu einem Betriebsfremden betroffen ist, wird dem Arbeitnehmer aufgegeben, wie er sich in einer konkreten Situation im Betrieb zu verhalten habe[432].“*

In der Literatur werden unterschiedliche Ansichten vertreten. *Schuster/Darsow*[433] und *Triskatis*[434] lehnen ein Mitbestimmungsrecht bei einem Geschenkverbot ab, da mit dieser Regelung ausschließlich das Arbeitsverhalten betroffen ist. *Kock*[435] betrachtet differenziert, in dem er ein Mitbestimmungsrecht hinsichtlich der Regelung eines generellen Verbots der Annahme von Geschenken ablehnt (d.h. hinsichtlich des „ob“), hingegen ein Mitbestimmungsrecht annimmt, soweit der Arbeitgeber bestimmte Wertgrenzen für die Ablehnung einführt (d.h. hinsichtlich des „wie“).

Als *Zwischenergebnis* bleibt festzuhalten, dass die Frage nach der Mitbestimmung in Rechtsprechung und Literatur unterschiedlich beurteilt wird.

Unzweifelhaft handelt es sich bei Regelungen im Bezug auf Annahme von Geschenken um Regelungen, welche sowohl das Ordnungsverhalten, als auch das Arbeitsverhalten der Arbeitnehmer betreffen. Das Verbot der Annahme von Geschenken ist selbstverständlich bei Erbringung der Arbeitsleistung zu beachten. Andererseits muss die Tatsache, dass der Arbeitnehmer ein Geschenk annimmt,

---

431 LAG Düsseldorf vom 14.11.2005 – 10 TaBV 46/05, DB 2006, 162 ff.

432 ArbG Wuppertal vom 15.6.2005 – 5 BV 20/05, NZA-RR 2005, 476 ff.

433 *Schuster/Darsow*, NZA 2005, 273 (276).

434 *Triskatis*, Ethikrichtlinien im Arbeitsrecht, 209.

435 *Kock*, MDR 2006, 673 (675); ebenfalls differenzierte Betrachtung von *Wisskirchen/Jordan/Bissels*, DB 2005, 2190 (2191).

nicht zwangsläufig mit der zu erbringenden Arbeitsleistung in Verbindung stehen. Zur Lösung des Problems bedarf es zunächst eines Rückgriffs auf den Grundsatz, wie zu verfahren ist, wenn gleichwohl Arbeits- als auch Ordnungsverhalten tangiert sind. Richtungsweisend ist dabei die Entscheidung des BAG vom 11.6.2002: *„Ob das mitbestimmungsfreie Arbeitsverhalten betroffen ist, beurteilt sich nicht nach den subjektiven Vorstellungen, die den Arbeitgeber zu einer Maßnahme bewogen haben. Entscheidend ist der jeweilige objektive Regelungszweck. Dieser bestimmt sich nach dem Inhalt der Maßnahme sowie nach der Art des zu beeinflussenden betrieblichen Geschehens. Wirkt sich eine Maßnahme zugleich auf das Ordnungs- und das Arbeitsverhalten aus, so kommt es darauf an, welcher Regelungszweck überwiegt*[436]*.“* Weder die Rechtsprechung noch die Literatur[437] wenden diesen Grundsatz zur Klärung der Mitbestimmungsfrage an. Was ist der objektive Regelungszweck einer Regelung, welche die Annahme von Geschenken verbietet?

Der inhaltliche Anknüpfungspunkt der *Wal-Mart*-Klausel ist tätigkeitsbezogen, da in der Ethikrichtlinie ausdrücklich dass Verbot der Annahme von Geschenken insofern vorgeschrieben wird, als die Annahme von Geschenken mit der Einflussnahme auf Geschäftsentscheidungen im Zusammenhang steht. Die inhaltliche Ausrichtung der Klausel hat damit ausschließlichen Tätigkeitsbezug. Der Inhalt der Regelung verfolgt durch den ausdrücklichen Tätigkeitsbezug mehrere objektive Zweckrichtungen. Es soll keine Einflussnahme Dritter auf die Ausübung des Arbeitsverhaltens stattfinden und damit die Unabhängigkeit der Arbeitsleistung sichergestellt werden. Es soll ethisch einwandfreies Arbeitsverhalten gewährleistet werden und die Klausel soll insbesondere den Zweck erfüllen und dazu beitragen, dass die Arbeitnehmer bei Ausübung ihrer Tätigkeit keine Straftatbestände erfüllen. Als objektiver Regelungszweck überwiegt damit das Arbeitsverhalten. Im Ergebnis ist daher ein Mitbestimmungsrecht des Betriebsrats beim Verbot der Annahme von Geschenken im Sinne des § 87 Abs. 1 Nr. 1 BetrVG zu verneinen, wenn das Verbot für Fälle gilt, in welchen eine Einflussnahme auf Geschäftsentscheidungen anzunehmen ist[438].

Ein Mitbestimmungsrecht im Regelungsbereich *„Annahme von Geschenken“* kommt allerdings dann in Betracht, wenn der Arbeitgeber bei der Annahme von Geschenken ein Verfahren zur Regelung des Verhaltens einführt und dadurch überwiegend das Ordnungsverhalten tangiert wird. Dies ist zum Beispiel der Fall, wenn der Arbeitnehmer vor Geschenkannahme die Genehmigung eines

---

[436] BAG vom 11.6.2002 – 1 ABR 46/01, NZA 2002, 1299 f. So auch *Fitting*, § 87 Rn. 68, kritisch dazu *Richardi*, § 87 Rn. 180 nach dessen Ansicht die Abgrenzung nicht praktikabel ist.

[437] Mit Ausnahme von *Kock*, MDR 2006, 673 (675), welcher von *„überwiegend“* spricht und allem Anschein nach die Regelungszwecke einander gegenübergestellt hat.

[438] A.A. LAG Düsseldorf vom 14.11.2005 – 10 TaBV 46/05, DB 2006, 162 ff.; ArbG Wuppertal vom 15.6.2005 – 5 BV 20/05, NZA-RR 2005, 476 ff.

Vorgesetzten einholen muss[439]. Hier ist überwiegend das mitbestimmungspflichtige Ordnungsverhalten der Arbeitnehmer betroffen, da durch die Regelung, einen Vorgesetzten hinzuzuziehen, überwiegend das Zusammenleben und Zusammenwirken der Arbeitnehmer im Betrieb berührt wird[440]. Gleiches gilt, wenn gegenüber dem Arbeitnehmer angeordnet wird, jedes Angebot über ein Geschenk dem Vorgesetzten oder einer extra dafür eingerichteten Stelle zu melden.

Die Ausführungen zeigen die zwingende Notwendigkeit, bei Fragen der Mitbestimmung konsequent eine Einordnung im Einzelfall zu treffen. Bei den zahlreichen unterschiedlichen Ansichten und Begründungsansätzen in Rechtsprechung und Literatur darf nicht vergessen werden, dass das LAG Düsseldorf undifferenziert von einer vollumfänglichen Mitbestimmung betreffend den Regelungsbereich *„Annahme von Geschenken"* ausgeht[441]. Das Wissen darum muss bei einer Beratungsempfehlung in der Praxis berücksichtigt werden.

cc) Zusammenfassung

Zusammenfassend lässt sich festhalten: Beschränkt sich der Arbeitgeber auf den Hinweis gesetzlicher und vertragsimmanenter Nebenpflichten, scheidet eine Mitbestimmung aus. Insoweit werden lediglich bereits bestehende, aufgrund des Abschluss des Arbeitsvertrages vorhandene Pflichten wiederholt. Findet eine Konkretisierung dahingehend statt, dass zugleich näher bestimmt wird, auf welche Art und Weise die Pflichten einzuhalten sind, ist im Einzelfall zu entscheiden, ob das mitbestimmungsfreie Arbeitsverhalten oder das mitbestimmungspflichtige Ordnungsverhalten betroffen ist. Werden die bestehenden gesetzlichen und arbeitsvertraglichen Nebenpflichten erweitert, d.h. über die gesetzlichen und vertraglichen Nebenpflichten hinausgehende Regelungen getroffen und oftmals geregelt, wie die bestehenden Pflichten einzuhalten sind, kommt eine Mitbestimmung des Betriebsrats in Betracht, sofern die Regelungen das Ordnungsverhalten im Sinne des § 87 Abs. 1 Nr. 1 BetrVG betreffen.

c) Mitbestimmung bei Ethikrichtlinien, betreffend das sonstige Verhalten

Bei der Frage, ob ein mitbestimmungspflichtiger Tatbestand bei Ethikrichtlinien vorliegt, welche das sonstige Verhalten regeln, ergeben sich keine Besonderheiten. Im Einzelfall ist zu prüfen, ob das mitbestimmungspflichtige Ordnungsverhalten oder das mitbestimmungsfreie Arbeitsverhalten betroffen ist, vgl. § 87 Abs. 1 Nr. 1 BetrVG.

---

[439] So richtigerweise *Wisskirchen/Jordan/Bissels*, DB 2005, 2190 (2191).
[440] BAG vom 24.11.1981 – 1 ABR 108/79, BAGE 37, 112 ff.
[441] LAG Düsseldorf vom 14.11.2005 – 10 TaBV 46/05, DB 2006, 162 ff.

Da wie oben dargestellt[442], unter diese Kategorie häufig unverbindliche Verhaltensappelle fallen, stellt sich die Frage der Mitbestimmung bei unverbindlichen Verhaltensrichtlinien. Ausgangspunkt ist der Wortlaut des Gesetzes in § 87 Abs. 1 Halbsatz 1 BetrVG, welcher *„Angelegenheiten"* betreffend Fragen der Ordnung und des Verhaltens der Arbeitnehmer im Betrieb vorsieht. Der Begriff *„Angelegenheiten"* umfasst nach der Wortlautauslegung eine Vielzahl von Maßnahmen und nicht zwingend die Vorgabe von verbindlichen Regelungen. Unverbindliche Verhaltensappelle können durchaus in der Lage sein, Fragen betreffend die Ordnung des Betriebes zu regeln. Damit sind auch unverbindliche Verhaltensappelle vom Anwendungsbereich des § 87 Abs. 1 BetrVG erfasst, welcher nicht zwingend vorschreibt, dass nur verbindliche Regelungen zur Mitbestimmung führen. Diese Wortlautauslegung wird durch die Entscheidung des BAG vom 18.4.2000 gestützt, in welcher die Richter des 1. Senats wie folgt formulieren: *„§ 87 Abs.1 Nr. 1 BetrVG erfasst die Gestaltung der Ordnung des Betriebes zum einen durch die Schaffung verbindlicher Verhaltensregeln, zum anderen auch durch Maßnahmen, die das Verhalten der Arbeitnehmer im Bezug auf die betriebliche Ordnung betreffen und berühren, ohne dass sie verbindliche Normen für das Verhalten der Arbeitnehmer zum Inhalt haben. Ausreichend ist es, wenn die Maßnahme darauf gerichtet ist, die vorgegebene Ordnung des Betriebes zu gewährleisten und aufrechtzuerhalten*[443]*."* Ein unverbindlicher Verhaltensappell schließt demnach ein Mitbestimmungsrecht nicht per se aus[444]. Entscheidend ist der jeweilige Regelungsinhalt der unverbindlichen Regelung, inwieweit diese also darauf gerichtet ist, die vorgegebene Ordnung des Betriebs zu gewährleisten und aufrechtzuerhalten.

d) Mitbestimmung bei Ethikrichtlinien, welche das private bzw. außerdienstliche Verhalten regeln

Das private bzw. außerdienstliche Verhalten der Arbeitnehmer fällt nicht unter den Mitbestimmungstatbestand. Dieser Bereich ist der Regelungskompetenz der Betriebsparteien entzogen[445]. Besteht aufgrund besonderer Umstände eine eingeschränkte Regelungsbefugnis für die Betriebspartner[446] und damit der Bezug zu betrieblichen Belangen, ist insoweit das Mitbestimmungsrecht zu beachten, sofern die Voraussetzungen des § 87 Abs. 1 Nr. 1 BetrVG vorliegen. Gleiches Ergebnis erzielt man unter Zugrundelegung der *Handelsblatt*-Entscheidung, wonach bei betrieblichen Bezügen stets das dienstliche Verhalten betroffen zu sein scheint[447].

---

[442] Vgl. dazu Kapitel 2 C. III. 3.
[443] BAG vom 18.4.2000 – 1 ABR 22/99, BB 2000, 2521 f.
[444] So zutreffend *Triskatis*, Ethikrichtlinien im Arbeitsrecht, 180.
[445] Vgl. dazu oben in diesem Kapitel unter A. III. 1. und A. III. 3. d).
[446] Vgl. dazu oben in diesem Kapitel unter A. III. 1. und A. III. 3. d).
[447] Siehe dazu die Ausführungen in diesem Kapitel unter A. III. 3. d).

Da es sich bei dem außerdienstlichen Bereich um einen sehr grundrechtssensiblen Bereich handelt, ist im Zusammenhang von Grundrechten und Mitbestimmung auf eine Aussage des LAG Düsseldorf im *Wal-Mart*-Verfahren hinzuweisen. Nicht der Mitbestimmungspflicht unterliegen Bestimmungen, welche rechtswidrige Eingriffe in die Persönlichkeitssphäre der Arbeitnehmer bilden und insofern keine Angelegenheit sind, die der Arbeitgeber regeln kann[448].

III. Zuständiges betriebsverfassungsrechtliches Gremium für die Ausübung der Mitbestimmung

Neben der Zuständigkeit des Betriebsrats kommt bei der Einführung einer Ethikrichtlinie sowohl der Gesamtbetriebsrat als auch der Konzernbetriebsrat als zuständiges betriebsverfassungsrechtliches Gremium in Betracht. Mit der Zuständigkeit der beiden zuletzt genannten Gremien hat sich die Rechtsprechung in den Fällen *Honeywell* und *Wal-Mart* beschäftigt.

Die Zuständigkeit des Gesamtbetriebsrats ergibt sich aus § 50 Abs. 1 Satz 1 Halbsatz 1 BetrVG, wonach dieser für die Behandlung von Angelegenheiten zuständig ist, die das Gesamtunternehmen oder mehrere Betriebe betreffen und nicht durch die einzelnen Betriebsräte innerhalb ihrer Betriebe geregelt werden können. Der Gesamtbetriebsrat ist dann für die Ausübung des Mitbestimmungsrechts zuständig, wenn und soweit objektiv ein zwingendes Erfordernis für eine unternehmenseinheitliche oder betriebsübergreifende Regelung besteht. Ein zwingendes Erfordernis kann sich dabei aus technischen oder rechtlichen Gründen ergeben[449]. In der *Wal-Mart*-Entscheidung hat das LAG Düsseldorf die Zuständigkeit des antragstellenden Gesamtbetriebsrats bei der Einführung einer Ethikrichtlinie angenommen[450]. In dem dieser Entscheidung zu Grunde liegenden Sachverhalt hatte die Muttergesellschaft der Arbeitgeberin entschieden, die Ethikrichtlinie verbindlich für alle Betriebe weltweit einzuführen und über die Arbeitgeberin auch in Deutschland einzuführen. Ziel der Muttergesellschaft und der Arbeitgeberin war es, dass alle Mitarbeiter in Deutschland unternehmenseinheitlich nach einheitlichen Wertmaßstäben arbeiten. Darin hat das LAG Düsseldorf richtigerweise ein zwingendes Erfordernis für eine unternehmenseinheitliche Regelung gesehen. Nach Ansicht der 10. Kammer des LAG Düsseldorf könne die Ethikrichtlinie nur einheitlich in allen Betrieben eingeführt werden. Das im Verhaltenskodex zum Ausdruck kommende ethische Anforderungsprofil könne nicht unterschiedlich geregelt werden, je nachdem ob ein Angestellter im Betrieb A oder im Betrieb B arbeite[451]. Wegen des zwingenden Charakters der

---

[448] LAG Düsseldorf vom 14.11.2005 – 10 TaBV 46/05, DB 2006, 162 ff.
[449] Ständige Rechtsprechung des BAG, vgl. BAG vom 26.4.2005 – 1 AZR 76/04, NZA 2005, 892 ff.
[450] LAG Düsseldorf vom 14.11.2005 – 10 TaBV 46/05, DB 2006, 162 ff.
[451] LAG Düsseldorf vom 14.11.2005 – 10 TaBV 46/05, DB 2006, 162 ff.

Ethikrichtlinie für alle Betriebe und Arbeitnehmer kann nur eine unternehmenseinheitliche Regelung und keine Regelung auf Betriebsebene erfolgen. Festzuhalten ist, dass bei Anstreben einer bundesweit einheitlichen Regelung im Unternehmen die Zuständigkeit des Gesamtbetriebsrats aufgrund zwingender sachlicher Notwendigkeit einer unternehmenseinheitlichen Regelung gegeben ist[452]. Dieser Ansatz des LAG Düsseldorf ist durch die Entscheidung des BAG vom 22.7.2008 für die Zuständigkeit des Konzernbetriebsrats bestätigt und nochmals argumentativ aufgearbeitet und vertieft worden[453].

Die Zuständigkeit des Konzernbetriebsrats ergibt sich aus § 58 Abs. 1 Satz 1 Halbsatz 1 BetrVG, danach ist dieser für die Behandlung von Angelegenheiten zuständig, die den Konzern oder mehrere Konzernunternehmen betreffen und nicht durch die einzelnen Gesamtbetriebsräte innerhalb ihrer Unternehmen geregelt werden können. Die originäre Zuständigkeit des Konzernbetriebsrats bestimmt sich nach den gleichen wie beim Gesamtbetriebsrat zugrundegelegten Kriterien[454]. Nach der Rechtsprechung des BAG kann sich eine Zuständigkeit aus objektiv zwingenden Gründen oder aus der „subjektiven Unmöglichkeit" einer Regelung auf Betriebs- oder Unternehmensebene ergeben[455]. Ein objektiv zwingendes Erfordernis für eine konzerneinheitliche Regelung können technische oder rechtliche Umstände begründen[456]. *Honeywell* beabsichtigte, die Ethikrichtlinie im gesamten Konzern einzuführen und nicht nur in vereinzelten Konzernunternehmen oder Betrieben. Der 1. Senat des BAG hat zutreffend erkannt, dass durch den Verhaltenskodex eine konzerneinheitliche „Unternehmensphilosophie" umgesetzt und für ein „ethisch-moralisch einheitliches Erscheinungsbild" und eine konzernweite Identität gesorgt werden soll. Dieses Ziel lässt sich selbstredend durch unterschiedliche Regelungen auf Unternehmens- und Betriebsebene nicht realisieren. *„Ein konzernbezogenes identitätsstiftendes "ethisch-moralisches Erscheinungsbild" ist nur einheitlich umsetzbar*[457]." Das BAG hat im Ergebnis daher zu Recht ein zwingendes Erfordernis für die konzerneinheitliche Regelung und damit die Zuständigkeit des Konzernbetriebsrats nach § 58 Abs. 1 Satz 1 Halbsatz 1 BetrVG gesehen.

[452] So neben der Rechtsprechung auch die Literatur, vgl. *Eisenbeis/Nießen*, FS Leinemann, 697 (713); *Ohlendorf/Bünning*, AuA 2006, 200; Triskatis, Ethikrichtlinien im Arbeitsrecht, 170.

[453] BAG vom 22.7.2008 – 1 ABR 40/07, NZA 2008, 1248 ff.

[454] BAG vom 19.6.2007 – 1 AZR 454/06, DB 2007, 2377 ff.

[455] BAG vom 19.6.2007 – 1 AZR 454/06, DB 2007, 2377 ff.; BAG vom 22.7.2008 – 1 ABR 40/07, NZA 2008, 1248 ff.

[456] BAG vom 22.7.2008 – 1 ABR 40/07, NZA 2008, 1248 ff.

[457] BAG vom 22.7.2008 – 1 ABR 40/07, NZA 2008, 1248 ff.

IV. Rechtsfolgen bei Nichtbeteiligung des zuständigen Gremiums

Liegt ein mitbestimmungspflichtiger Tatbestand vor, so kann der Arbeitgeber die Angelegenheit nur mit Zustimmung des Betriebsrats regeln. Wird der Betriebsrat nicht beteiligt, hat dies sowohl kollektivrechtliche als auch individualrechtliche Folgen. Aufgrund der Verletzung seiner Mitbestimmungsrechte kann der Betriebsrat im Beschlussverfahren vor dem Arbeitsgericht Unterlassungsansprüche im Bezug auf die vom Arbeitgeber geplante Maßnahme durchsetzen[458], unter Umständen ein einstweiliges Verfügungsverfahren oder ein Verfahren nach § 23 Abs. 3 BetrVG einleiten[459].

In individualrechtlicher Hinsicht gilt nach ständiger Rechtsprechung[460] und der herrschenden Literatur[461] die Theorie der Wirksamkeitsvoraussetzung. Danach sind Maßnahmen des Arbeitgebers individualrechtlich unwirksam, wenn der Arbeitgeber das Mitbestimmungsrecht des Betriebsrats verletzt hat und die Maßnahmen zu einer Belastung des Arbeitnehmers führen. Nach Ansicht der höchstrichterlichen Rechtsprechung sind den Arbeitnehmer belastende Maßnahmen nur solche, welche bereits bestehende Rechtspositionen des Arbeitnehmers schmälern[462].

Im Zusammenhang mit der Einführung einer Ethikrichtlinie stellt sich zwangsläufig die Frage, ob sich mitbestimmungswidriges Verhalten des Arbeitgebers und die damit nach der Theorie der Wirksamkeitsvoraussetzung einhergehende Unwirksamkeitsfolge auf die gesamte Ethikrichtlinie erstreckt oder sich die Unwirksamkeitsfolge auf die mitbestimmungswidrig eingeführte Einzelregelung beschränkt und die restliche Ethikrichtlinie individualrechtlich wirksam bleibt. Der Problemlösung nähert man sich, indem man sich zunächst den Grundsatz bei Mängeln der Betriebsvereinbarung verinnerlicht. Ist ein Teil der Betriebsvereinbarung unwirksam, dann bleiben die übrigen Teile analog § 139 BGB wirksam[463], wenn diese noch eine sinnvolle und in sich geschlossene Regelung ergeben[464]. Verbleibt die Frage, ob die unterschiedlichen, in einem Verhaltenskodex befindlichen, Regelungsbereiche isoliert betrachtet, sinnvolle und in sich geschlossene Regelungen darstellen. Zur Beantwortung dieser Frage lässt sich auf die *Honeywell*-Entscheidung zurückgreifen, in welcher das BAG eine deutliche Positionierung für eine Ethikrichtlinie vornimmt und keine Fragen mehr of-

---

458 Grundlegend dazu BAG vom 3.5.1994 – 1 ABR 24/93, NZA 1995, 40 ff.
459 Vgl. dazu *Fitting*, § 87 Rn. 596.
460 BAG vom 19.7.2005 – 3 AZR 472/04, DB 2006, 343 f.; BAG vom 11.6.2002 – 1 AZR 390/01, NZA 2003, 570 ff.
461 *Fitting*, § 87 Rn. 599 mit weiteren Nachweisen. Kritisch dazu *Richardi*, § 87 Rn. 104 ff.
462 BAG vom 19.7.2005 – 3 AZR 472/04, DB 2006, 343 f.
463 Es herrscht Streit darüber, ob § 139 BGB analog anzuwenden ist. Vertiefend dazu siehe mit weiteren Nachweisen *Richardi*, § 77 Rn. 48.
464 *Fitting*, § 77 Rn. 32; *Richardi*, § 77 Rn. 48.

fen bleiben: *„Bei den einzelnen Regelungsbereichen der Unternehmensethik handelt es sich um klar abgrenzbare Regelungsbereiche, wobei jeder Regelungsbereich für sich betrachtet sinnvoll aufrechterhalten werden kann*[465]*.“*

Im Ergebnis erstreckt sich die Unwirksamkeitsfolge einer mitbestimmungswidrig eingeführten Regelung auf die jeweilige Regelung und lässt den Rest der Unternehmensethik unberührt.

V. Ergebnis – Nicht zu verkennender Gestaltungsspielraum

Wie aufgezeigt, kann die Frage nach der Mitbestimmung bei Ethikrichtlinien im Einzelfall Schwierigkeiten bereiten, wenn Regelungen sowohl das Arbeitsverhalten, als auch das Ordnungsverhalten tangieren. Hervorzuheben bleibt abschließend die wegweisende und vollumfänglich überzeugende Rechtsprechung des BAG in Sachen *Honeywell*. Fast schon verloren geglaubter[466] Gestaltungsspielraum bei der Einführung einer Ethikrichtlinie ist wieder eröffnet. Hätte sich das BAG der Ansicht des LAG Hessen angeschlossen, hätte sich die Verhandlungsmacht eindeutig zugunsten der Betriebsräte verschoben, da sich die Mitbestimmungspflichtigkeit bei Vorhandensein einer Whistleblower-Klausel stets auf den gesamten Kodex erstreckt hätte. Da dem nicht so ist, steht es der Unternehmensführung nun wieder frei, beispielsweise Regelungen über Unternehmensphilosophien, das heißt, über allgemeine ethische und moralische Programmansätze oder Zielvorgaben und Selbstverpflichtungen des Unternehmens, sowie beispielsweise Regelungen über Arbeitsanweisungen zu gesetzmäßigem Verhalten einzuführen – und das ohne die Zwänge der Mitbestimmung. Darin liegt ein noch oft verkannter Gestaltungsspielraum[467].

---

[465] BAG vom 22.7.2008 – 1 ABR 40/07, NZA 2008, 1248 ff.

[466] So zumindest nach Ansicht von *Wybitul*, AuA 2007, 695, welcher prognostiziert hatte, dass sich das BAG der Entscheidung des LAG Hessen anschließen wird.

[467] *Mengel*, Frankfurter Allgemeine Zeitung vom 27.8.2008, S. 19.

„Our lives begin to end the day we become silent about things that matter"
(Martin Luther King)

Kapitel 4

Stufe 2 des Compliance-Systems: Normierung einer Meldeverpflichtung innerhalb der Ethikrichtlinie – Die Whistleblower-Klausel

Das „Herzstück" einer Ethikrichtlinie ist die Normierung einer Meldeverpflichtung (Whistleblower-Klausel). Die Verpflichtungen sehen regelmäßig vor, Verstöße Dritter gegen den Ethikkodex an eine genau bezeichnete Stelle zu melden. Die Meldeverpflichtung soll Gewähr dafür bieten, dass das dienstliche Verhalten der Mitarbeiter im Einklang mit der Ethikrichtlinie steht. Die Ethikrichtlinie soll als „living paper" nicht nur auf dem Papier existieren. Ein Durchsetzungs- und Kontrollmechanismus dafür ist eine Meldeverpflichtung.

Problematisiert wird das Thema Whistleblowing bislang vor allem anhand der Fragestellung, ob ein Arbeitnehmer gegen den Willen des Arbeitgebers „die Pfeife blasen" darf. Ausgangssituation dieser Untersuchung ist aber gerade nicht die bisweilen im Schrifttum häufig diskutierte Frage, ob das Melden von Verstößen eine Verletzung arbeitsvertraglicher Pflichten darstellt. Ausgangspunkt ist die umgekehrte Situation, nämlich der Wunsch des Arbeitgebers, den Arbeitnehmer zu verpflichten, beobachtetes Fehlverhalten Dritter bei einer genau bezeichneten Stelle zu melden. In diesem Zusammenhang stellt sich nicht die Frage, ob durch eine Anzeige arbeitsvertragliche Pflichten verletzt werden. Vielmehr stellen sich die Fragen: Inwieweit ergibt sich eine Verpflichtung zur Anzeige des Fehlverhaltens Dritter aus den vertragsimmanenten Nebenpflichten des Arbeitnehmers? Besteht eine Verpflichtung des Arbeitnehmers zum internen Whistleblowing aufgrund vertraglicher Rücksichtnahmepflichten, vgl. §§ 242, 241 Abs. 2 BGB? *Deinert* bringt den Stand der wissenschaftlichen Diskussion auf den Punkt, indem er formuliert: *„Wie weit eine solche Denunziation verpflichtend vorgeschrieben werden kann, ist für das deutsche Recht jedenfalls noch nicht geklärt... Die Diskussion ist hiermit eröffnet!*[468]*."* Ziel von Kapitel 4 ist es, einen ersten Schritt zu gehen und die Diskussion zu eröffnen.

Da sich Kapitel 4 mit der Whistleblower-Klausel beschäftigt, zwingt dies zunächst, sich einführend mit dem Begriff des Whistleblowing auseinander zu setzen (**dazu A.**). Im Anschluss wird untersucht, inwieweit sich eine Verpflichtung zur Meldung von Fehlverhalten Dritter aus den arbeitsvertraglichen Neben-

[468] *Deinert*, AuR 2008, 90 (91).

pflichten des Arbeitnehmers ergibt (**dazu B.**) und ob und in welchem Umfang die Erweiterung einer Anzeigeverpflichtung eines Arbeitnehmers vertraglich möglich ist (**dazu C.**). Die Einführung einer Whistleblower-Klausel wirft auch zahlreiche praktische Fragen auf, insbesondere wie die Klausel in das Arbeitsverhältnis eingeführt wird (**dazu D.**) und ob dabei die Mitbestimmungsrechte des Betriebrats zu beachten sind (**dazu E.**). Zum Abschluss von Kapitel 4 werden praktische Überlegungen und praktische Hinweise im Zusammenhang mit der Einführung einer Whistleblower-Klausel diskutiert (**dazu F.**).

A. Der Begriff Whistleblowing

Wörter wie „Handy" und „Mobbing" sind heutzutage jedem geläufig und feste Bestandteile des deutschen Wortschatzes. Interessanterweise hat es die Bezeichnung „Handy" für Mobiltelefone im englischsprachigen Raum nie gegeben[469]. Der Begriff tauchte Mitte der 80-Jahre erstmals in Deutschland auf[470]. Anders hingegen der Terminus Whistleblowing, der im englischen Sprachraum tatsächlich existiert, in Deutschland jedoch im allgemeinen Sprachgebrauch kaum verwendet wird und kaum jemandem bekannt ist.

I. Begriffsbestimmung

Unter Whistleblowing versteht man im weitesten Sinne kritische Äußerungen, Beschwerden oder Anzeigen von abhängig Beschäftigten über Missstände oder Fehlverhalten in ihrem Unternehmen gegenüber staatlichen Stellen oder sonstigen Dritten[471].

Der Begriff stammt aus dem anglo-amerikanischen Rechtskreis des common law und wird dort denkbar weit umschrieben als *„the disclosure by organization members (former or current) of illegal, immoral, or illegitimate practices under the control of their employers, to persons or organizations that may be able to effect action*[472]*."* Beide Begriffsbestimmungen kennzeichnen den Terminus anhand der Merkmale des Organisationsinsiders[473], der illegalen Handlung[474] und der Informationsoffenlegung an geeigneter Stelle[475].

[469] Die Engländer bzw. US-Amerikaner verwenden für das Wort Mobiltelefon „mobile phone" (British English) bzw. „cellular phone" (American English); tatsächliche Bedeutung des Wortes „handy": greifbereit, praktisch. Für das Wort Mobbing wird im englischen Sprachraum „bullying" verwendet.

[470] *Sick*, Der Dativ ist dem Genitiv sein Tod, 214; *Sauer*, DöD 2005, 121.

[471] *Graser*, Whistleblowing, 4; *Schmitt*, Whistleblowing – "Verpfeifen" des Arbeitgebers, 1; *Müller*, NZA 2002, 424 (426).

[472] *Berndt/Hoppler*, BB 2005, 2623 (2624).

[473] Organization members (former or current): abhängig Beschäftigte.

[474] Illegal, immoral or illegitimate practices: Missstände oder Fehlverhalten.

[475] To persons or organizations that may be able to effect action: staatliche Stelle oder sonstigen Dritten.

1. Organisationsinsider

Kennzeichnend ist zunächst, dass es sich bei Whistleblowern um Personen einer Organisation – hier eines Unternehmens – handeln muss, die als Mitarbeiter unmittelbar selbst in das Organisationsgeschehen eingebunden sind oder als Kunden bzw. Lieferanten (sog. „Insider“) mit der Organisation eng in Verbindung stehen[476].

2. Illegale Handlung

Der Whistleblower muss Missstände oder Fehlverhalten im unternehmensinternen Bereich feststellen. Dabei kommen sowohl Handlungen von Arbeitnehmerseite durch Kollegen oder Vorgesetzte als auch illegale Verhaltensweisen des Arbeitgebers in Betracht. Nach der amerikanischen Begriffsbestimmung fallen neben illegalen und illegitimen Praktiken ebenso unmoralische[477] Handlungen unter den Terminus des Whistleblowing. Darin zeigt sich eine fast schon ausufernde Dimension der Definition, die den Anwendungsbereich nahezu im Unbestimmten verschwimmen lässt. Denn zum einen entzieht sich unmoralisches Handeln der Justiziabilität[478]. Zum anderen macht es schon allein aus Gründen der Praktikabilität keinen Sinn. Folge wäre nämlich, dass man von dem Whistleblower erwarten müsste, bestimmte Verhaltensweisen nach subjektiven Wert-, Sitte- und Moralvorstellungen zu hinterfragen und der Hinweisgeber müsste wiederum subjektiv zu dem Ergebnis kommen, das Handeln sei unmoralisch. Daher ist für die nachfolgende Untersuchung beim Whistleblowing primär auf die Aufdeckung illegaler Handlungen und Verstöße gegen Ethik- bzw. Verhaltensrichtlinien abzustellen. Gegenstand der Anzeigen kann danach ein breites Spektrum sein. Neben dem großen Bereich der Wirtschaftskriminalität ist unter anderem an Umweltstraftaten und an Verstöße gegen das Arbeitnehmerschutzrecht zu denken.

3. Informationsoffenlegung an geeigneter Stelle

Als drittes Kriterium ist von entscheidender Bedeutung, gegenüber wem die Informationsoffenlegung erfolgt. Bei der geeigneten Stelle muss es sich um Personen oder Organisationen handeln, die zunächst das Vertrauen des Whistleblowers genießen. Zum anderen müssen sie grundsätzlich dazu in der Lage sein, den Vorwurf illegaler Handlung zu untersuchen und festgestelltes deliktisches Verhalten zu unterbinden. Eine Differenzierung wird anhand der Adressaten

---

476 *Berndt/Hoppler*, BB 2005, 2623 (2624).

477 Zu den Hintergründen der Einbeziehung unmoralischen Handelns siehe *Leisinger*, Whistleblowing und Corporate Reputation Management, 259 ff.

478 *Berndt/Hoppler*, BB 2005, 2623 (2624).

vorgenommen, da die Informationsoffenlegung sowohl intern als auch extern erfolgen kann.

a) Internes Whistleblowing

Internes Whistleblowing liegt vor, wenn sich der Hinweisgeber an Vorgesetzte, Kollegen, Geschäftsleitung oder anderweitige unternehmensinterne Stellen wendet[479]. Als Anlaufstellen kommen speziell dafür eingerichtete innerbetriebliche Beschwerdestellen oder extern vom Unternehmen mit der Entgegennahme beauftragte Stellen in Betracht. Entscheidend ist, dass sich der Adressat der Mitteilung im Unternehmen befindet oder zur Entgegennahme vom Unternehmen beauftragt ist[480]. So kommt grundsätzlich eine direkte Meldung an den Arbeitgeber, Betriebsrat, die Geschäftsleitung, den Aufsichtsrat etc. in Betracht.

Bezüglich einer Mitteilung an die betriebliche Arbeitnehmervertretung ist eine Besonderheit des BetrVG zu beachten. Nach § 84 BetrVG hat jeder Arbeitnehmer ein Beschwerderecht. Nach § 85 Absatz 1 BetrVG hat der Betriebsrat Beschwerden von Arbeitnehmern entgegenzunehmen und, falls er sie für berechtigt erachtet, beim Arbeitgeber auf Abhilfe hinzuwirken. Der gesetzliche Anwendungsbereich der §§ 84 f. BetrVG erfasst allerdings nur bestimmte Beschwerdegegenstände. Beschwerdefähig ist danach die Behauptung des Arbeitnehmers, er fühle sich in seiner individuellen Position vom Arbeitgeber oder von Arbeitnehmern des Betriebes benachteiligt oder ungerecht behandelt oder in sonstiger Weise beeinträchtigt, vgl. § 84 Absatz 1 Satz 1 BetrVG. Missstände im Unternehmen oder rechtliches Fehlverhalten von Kollegen begründen für den Arbeitnehmer gerade kein Beschwerderecht, sofern er nicht persönlich betroffen ist. Insoweit kommt die betriebliche Arbeitnehmervertretung nur in begrenzten Fällen als Anlaufstelle für internes Whistleblowing in Betracht.

b) Externes Whistleblowing

Von externem Whistleblowing wird gesprochen, wenn sich der Whistleblower nicht an seine Vorgesetzten oder unternehmensinterne Stellen, sondern an Aufsichtsbehörden, Strafverfolgungsorgane, Medien, Interessengruppen oder irgendeine andere (Teil-) Öffentlichkeit wendet[481]. Hier wird externen – mit dem Unternehmen in keinem Zusammenhang stehenden – Adressaten der Zugang zu Informationen ermöglicht. Bezüglich der externen Anzeigeempfänger lässt sich

---

[479] *Bürkle*, DB 2004, 2158; Nach anderer Ansicht liegt internes Whistleblowing nur dann vor, wenn der Arbeitnehmer Hierarchieebenen überspringt, also nicht, wenn er seine Sichtweise mit seinem direkten Vorgesetzten bespricht, vgl. *Rohde-Liebenau*, Whistleblowing, 11; *Peter/Rohde-Liebenau*, AiB 2004, 615.

[480] Zum Beispiel nicht in die Unternehmenshierarchie eingegliedert, aber der Unternehmensorganisation zuzurechnen sind externe Ombudsmänner.

[481] *Graser*, Whistleblowing, 4.

eine weitere Differenzierung vornehmen. Es ist zu unterscheiden zwischen den zur Entgegennahme von Anzeigen berechtigten Stellen (Staatsanwaltschaft, Polizei etc.) und sonstigen Dritten (Presse, Verbände etc.).

Nach der Begriffsbestimmung lässt sich feststellen, dass es sich bei der Aufforderung, Fehlverhalten Dritter an eine unternehmensinterne Stelle zu melden, um internes Whistleblowing handelt. Die Meldeverpflichtung, welche in *Stufe 2* des Compliance-Systems untersucht wird, unterfällt demnach dem Begriff Whistleblowing.

II. Übersetzungsversuche

Whistleblowing leitet sich aus dem Englischen „to blow a whistle" ab. Eine wörtliche Übersetzung scheidet aus. So gibt Pfeifer bzw. Pfeifenbläser nicht den eigentlichen Sinngehalt des amerikanischen Begriffs wieder, der eher in Umschreibungen wie „Schiedsrichter" oder „Aufpasser" zu finden ist. Es wird hervorgebracht, der Terminus sei im Zusammenhang mit dem „Abpfeifen" eines Spieles durch den Schiedsrichter zu sehen oder mit dem „Alarm-Pfeifen" durch einen Polizisten in Verbindung zu bringen[482]. Daraus lässt sich die eigentliche Bedeutung ableiten, die in dem Anzeigen von etwas liegt, was illegal ist[483]. Der Schiedsrichter zeigt während eines Spieles regelwidrige Aktionen an, der Polizist macht auf illegale Handlungen oder Missstände aufmerksam. Ausgehend von diesem Sinngehalt ist der häufig in den Medien und der juristischen Fachliteratur zu lesende Begriff des „Verpfeifens[484]" unzutreffend. Denn verpfeifen kann man nur jemanden und nicht etwas[485]. Zudem führt das Wort „Verpfeifen" unvermeidlich zu einer einseitig negativen Konnotation, die mit treulosem Verhalten und Denunziation in Zusammenhang steht. Dieser Nebensinn ist nicht übereinstimmend mit den eigentlichen Motiven eines Whistleblowers. Charakterlich sind Whistleblower weder als Verräter noch als Spitzel einzuordnen. Vielmehr sind sie *„...ethische Dissidenten, Personen mit Zivilcourage, die aus gemeinnützigen Motiven die Alarmglocken läuten, um auf bedenkliche Ereignisse oder Vorgänge in ihrem Arbeits- oder Wirkungsbereich hinzuweisen und auf Abhilfe zu dringen[486]."* Sie handeln im Interesse des Unternehmens, uneigennützig und verfolgen das Ziel, die wirtschaftliche Leistungsfähigkeit durch konkrete Hinweise zu erhalten und langfristig zu sichern. Andere Übersetzungen, die dem Sinngehalt sehr nahe kommen, sind „Hinweisgeber" oder „wohlmeinender Informant". Diese Begriffe sind nicht mit negativem Nebensinn behaftet und bringen die gemeinnützigen Motive der Person zum Ausdruck. Allerdings fehlt es

---

[482] *Schmitt*, Whistleblowing – "Verpfeifen" des Arbeitgebers, 5.
[483] *Müller*, NZA 2002, 424 (426).
[484] Siehe dazu in Kapitel 1 A.
[485] *Müller*, NZA 2002, 424 (426).
[486] *Schönefeldt*, Personalführung 2005, 36.

dem „wohlmeinenden Informanten" aufgrund der positiven Konnotation an der Neutralität des amerikanischen Begriffs. Der Begriff „Hinweisgeber" lässt die Schlagkraft und die Entschiedenheit eines Anzeigenden vermissen. Die deutsche Sprache verfügt über keinen speziellen Terminus, der gleichermaßen objektiv und wertneutral das Phänomen des Whistleblowing beschreibt.

B. Anzeigepflicht aus den arbeitsvertraglichen Nebenpflichten des Arbeitnehmers bei Fehlverhalten Dritter?

Es sei nochmals die Ausgangssituation verdeutlicht: Die klassische Whistleblower-Klausel verpflichtet die Arbeitnehmer, Fehlverhalten von Kollegen/Dritten an speziell dafür eingerichtete Stellen zu melden. Beispielhaft sei auszugsweise die Whistleblower-Klausel erwähnt, welche in der Entscheidung des BAG vom 22.7.2008 dem streitgegenständlichen Ethikkodex unter der Überschrift *„Alle Mitarbeiter"* zugrunde lag[487]:

> *„Alle Honeywell-Mitarbeiter müssen den Verhaltenskodex sowie die Grundsätze und Verfahren des Unternehmens genau befolgen und mutmaßliche Verstöße umgehend melden... Mitarbeiter werden dazu angeregt, Verstöße durch ihre normalen Berichterstattungskanäle an den Kontrollbeauftragten ihrer Geschäftseinheit, ein Mitglied des Integrity and Compliance Council oder an die Rechtsabteilung zu melden... Außerdem haben alle Mitarbeiter Zugang zu einer oder mehreren Telefon-Helplines, die rund um die Uhr von einem professionellen, unabhängigen Auftragnehmer besetzt sind."*

Der Entscheidung des LAG Düsseldorf lag im Bezug auf das Melden des Fehlverhaltens Dritter folgende Klausel zugrunde:

> *„Nutzen Sie die Politik der Offenen Tür. Die Offene Tür ist der direkteste Weg, ein Anliegen dem Vorgesetzten zu melden. Wenn Sie denken, Ihr direkter Vorgesetzter ist bei diesem Fehlverhalten beteiligt, bringen Sie das Fehlverhalten der nächst höheren Stelle vor, von der Sie annehmen, dass diese nicht involviert ist oder nutzen Sie einen der unten genannten Kanäle... Außerdem richtete die Arbeitgeberin entsprechend der X.-N.-Ethikrichtlinie eine Telefonhotline ein, bei der die Mitarbeiter anonym Verstöße gegen den Verhaltenskodex melden können und sollen[488]."*

Beide Whistleblower-Klauseln haben einen wesentlichen Punkt gemeinsam. Nach beiden Klauseln sind uneingeschränkt alle Verstöße von Kollegen umgehend zur Anzeige zu bringen. In diesem Zusammenhang stellt sich nicht die Frage, ob durch eine Anzeige entsprechend des Kodex arbeitsvertragliche Nebenpflichten verletzt werden. Der Arbeitgeber verpflichtet ja gerade die Mitarbeiter zur Anzeige. Das wirft andere Fragen auf: Sind Whistleblower-Klauseln

---

[487] BAG vom 22.7.2008 – 1 ABR 40/07, NZA 2008, 1248 ff.

[488] LAG Düsseldorf vom 14.11.2005 – 10 TaBV 46/05, DB 2006, 162 ff.

zulässig? Oder bereits – unabhängig von der Zulässigkeit der Klausel – einen Schritt früher angesetzt: Inwieweit ergibt sich eine Verpflichtung zur Anzeige des Fehlverhaltens Dritter aus den vertragsimmanenten Nebenpflichten des Arbeitnehmers? Besteht eine Verpflichtung des Arbeitnehmers zum internen Whistleblowing aufgrund vertraglicher Rücksichtnahmepflichten, vgl. §§ 242, 241 Abs. 2 BGB? Ist ein Arbeitnehmer verpflichtet, ihm bekannt gewordenes straffälliges Verhalten eines Kollegen bzw. eines Dritten gegenüber dem Arbeitgeber anzuzeigen?

Ausgangspunkt ist eine durch die Rechtsprechung judizierte und allgemein anerkannte Anzeigeverpflichtung des Arbeitnehmers: Die Treuepflicht des Arbeitnehmers beinhaltet, dem Arbeitgeber (drohende) Schäden anzuzeigen[489].

I. Status Quo und konkrete Aufgabenstellung

In einem ersten Schritt ist es notwendig, sich den Status Quo vor Augen zu führen und zu untersuchen, welche (wissenschaftlichen) Erkenntnisse bereits durch die Rechtsprechung und Literatur im Hinblick auf eine Anzeigepflicht bezüglich des Fehlverhaltens von Kollegen herausgearbeitet und diskutiert worden sind. Daraus ergibt sich zugleich die Aufgabenstellung für den Fortgang der Untersuchung.

1. Die Rechtsprechung zur Anzeigepflicht im Bezug auf das Fehlverhalten Dritter

Die Rechtsprechung hat sich seit 1958 in vier Entscheidungen zumindest am Rande mit Anzeigepflichten der Arbeitnehmer im Bezug auf das Fehlverhalten Dritter auseinandergesetzt.

a) Die Entscheidung des BAG vom 12.5.1958

Aus der Rechtsprechung des BAG vom 12.5.1958[490] lässt sich eine nicht näher konkretisierte Handlungsverpflichtung eines leitenden Angestellten bzw. eines Arbeitnehmers gegenüber dem Arbeitgeber aufgrund einer aktualisierten Überwachungs- und Kontrollpflicht ableiten. Der Entscheidung lag folgender Sachverhalt zugrunde: Die Klägerin war eine GmbH, der Beklagte Prokurist der Klägerin und mit umfassenden Geschäftsführungsbefugnissen ausgestattet. Der Angestellte L der Klägerin hatte in den Jahren 1953 bis 1955 Gelder der Klägerin veruntreut. Die Klägerin nahm den Beklagten gesamtschuldnerisch mit L auf

---

[489] BAG vom 1.6.1995 – 6 AZR 912/94, NZA 1996, 135 ff. Der BGH leitet die Nebenpflicht aus der Schadensabwendungspflicht ab vgl. BGH vom 23.2.1989 – IX ZR 236/86, BB 1989, 649 ff.

[490] BAG vom 12.5.1958 – 2 AZR 539/56, NJW 1958, 1747 ff.

Schadenersatz mit der Begründung in Anspruch, die Veruntreuung durch L sei nur dadurch möglich gewesen, dass der Beklagte, der ihm obliegenden Kontroll- und Überwachungspflicht bezüglich der Tätigkeit des L nicht genügt habe. In den Entscheidungsgründen heißt es auszugsweise: Es gibt die Möglichkeit einer aktualisierten Überwachungspflicht *„..., d.h. einer Überwachungspflicht in bestimmten Fällen aus gegebenem Anlass. Eine derartige aktualisierte Überwachungs- und Kontrollpflicht braucht nicht auf einer ausdrücklichen Vertragsabsprache zu beruhen; sie kann sich vielmehr bereits aus dem Grundsatz der Treuepflicht des Arbeitnehmers gegenüber dem Arbeitgeber ergeben und ein Handeln aus der konkreten Situation heraus in einem mehr oder weniger großen Umfang, der ebenfalls von den jeweiligen Umständen des Einzelfalls abhängt, dem Arbeitnehmer zur Pflicht zu machen*[491]*.“* Das BAG ging in seiner Entscheidung von einer aktualisierten Überwachungspflicht des Beklagten aus, da dieser die ranghöchste Stellung im Betrieb hatte, ihm Einzelprokura mit umfassender Geschäftsführungsbefugnis erteilt worden war, der Betrieb überschaubar war und aufgrund der Tatsache, dass der Beklagte Kassenbelege, Konten- und Bankauszüge gegenzeichnete, die Hauptbewegungsvorgänge im Kassen- und Buchhaltungswesen in der Hauptsache aus seiner eigenen Ein- und Verkaufstätigkeit herrührten. Er hatte somit im wesentlichen einen Überblick über das gesamte Geschäftsgeschehen der Klägerin. *„Denn wenn ein Arbeitnehmer seinem Arbeitgeber gegenüber unter Umständen schon aus dem Grundsatz der Treuepflicht verpflichtet sein kann, ihm bekannt gewordenen Unredlichkeiten zu verhindern, muss als Pflicht eines Angestellten im Range und mit dem Aufgabenkreis des Beklagten in Betracht gezogen werden, dass er auch ohne ausdrücklichen Auftrag aus sachlich gebotenem Anlass im Interesse seines Arbeitgebers überwachend und kontrollierend in Bezug auf andere Arbeitnehmer tätig wird*[492]*.“*

Zusammenfassend lässt sich aus dieser Entscheidung festhalten: Das BAG normiert keine Anzeigeverpflichtung eines Arbeitnehmers, bringt jedoch zum Ausdruck, dass eine nicht näher konkretisierte Handlungspflicht eines Arbeitnehmers besteht, wenn diesen aufgrund seiner Stellung im Unternehmen eine aktualisierte Überwachungs- und Kontrollpflicht trifft. Ob die aus der Überwachungspflicht resultierende Handlungspflicht des Arbeitnehmers, ein Unterbinden des Fehlverhaltens des Dritten oder eine Meldung des Fehlverhaltens an den Arbeitgeber fordert, führt das BAG nicht aus.

[491] BAG vom 12.5.1958 – 2 AZR 539/56, NJW 1958, 1747 ff.
[492] BAG vom 12.5.1958 – 2 AZR 539/56, NJW 1958, 1747 ff.

b) Die Entscheidung des BAG vom 18.6.1970

Mit der Entscheidung des BAG vom 18.6.1970[493] geht die Rechtsprechung einen Schritt weiter in Richtung Konkretisierung einer unselbständigen (leistungsbezogenen) Nebenpflicht und normiert erstmals eine Anzeigeverpflichtung eines Arbeitnehmers unter bestimmten Voraussetzungen. Der Entscheidung des BAG lag folgender Sachverhalt zugrunde: Der Beklagte war kaufmännischer Angestellter eines Versorgungsunternehmens und mit der Abrechnung der Hauskassierer betraut. Obwohl er Unterschlagungen einer der Hauskassierer vermutete, hat er nichts dagegen unternommen und die Arbeitgeberin – Klägerin – nicht darüber in Kenntnis gesetzt. In der Entscheidung heißt es auszugsweise[494]: *„Diese Rechtswidrigkeit besteht darin, dass der Beklagte, obwohl sein Aufgabenbereich die Abrechnung mit den Einkassierern (Ablesekassierern) umfasste, seit Anfang 1967 Unterschlagungen seitens des Angestellten M. vermutete und dass er gleichwohl eine Meldung an die Klägerin nicht erstattete. Es kann dahingestellt bleiben, ob ein Arbeitnehmer in jedem Fall verpflichtet ist, gegen den Arbeitgeber gerichtete schädigende Handlungen seiner Arbeitskollegen dem Arbeitgeber mitzuteilen. Jedenfalls besteht eine solche Verpflichtung, wenn sich die schädigende Haltung in dem Aufgabenbereich abspielt, mit dem der betreffende Arbeitnehmer betraut ist, und wenn eine Wiederholungsgefahr besteht, d.h. es nicht von der Hand zu weisen ist, dass durch ein Unterlassen der Meldung des Arbeitnehmers an den Arbeitgeber der dem Arbeitgeber entstehende Schaden nicht behoben oder sogar vergrößert wird. Es handelt sich um eine aktualisierte Überwachungs- und Kontrollpflicht, die sich aus der Stellung des Arbeitnehmers ergibt. Da sich die schädigende Handlung im Aufgabenbereich des Arbeitnehmers abspielt, gebieten es dessen auf Grund des Arbeitsvertrages gegebene Sachnähe und das Interesse des Arbeitgebers, eine Miteilung zu machen, wenn hierdurch der in Rede stehenden Wiederholungsgefahr irgendwie begegnet werden kann."* Dem BAG war bewusst, dass diese Entscheidung von Kritikern schnell in die Ecke eines „praktizierenden Denunziantentums" gerückt werden könnte und formulierte deshalb weiter[495]: *„In Fällen vorliegender Art von dem Arbeitnehmer eine Meldung an den Arbeitgeber zu fordern, bedeutet nicht, dass dem Arbeitnehmer ungerechtfertigterweise eine Anschwärzung eines Arbeitskollegen zugemutet würde. Vielmehr verlangt es die arbeitsvertragliche Treuepflicht, dass der Arbeitnehmer seinem Arbeitgeber Meldung erstattet, wenn in seinem Aufgabenbereich und durch eine Person, mit der er, der Arbeitnehmer, auf Grund des Arbeitsvertrages dienstlich zusammen zu arbeiten hat, Gefahren für den Arbeitgeber erkennbar werden... Wenn der Beklagte trotz Vermutung, nicht allein des Verdachts von Unterschlagungen seitens des Ange-*

[493] BAG vom 18.6.1970 – 1 AZR 520/69, NJW 1970, 1861 f.
[494] BAG vom 18.6.1970 – 1 AZR 520/69, NJW 1970, 1861 f.
[495] BAG vom 18.6.1970 – 1 AZR 520/69, NJW 1970, 1861 f.

stellten M eine Meldung an die Klägerin unterließ, so verstieß er dadurch nicht nur gegen seine ihm der Klägerin gegenüber obliegende Treuepflicht, sondern erwies auch dem Angestellten M einen schlechten Dienst, in dem er ihn – sei es auch ungewollt – zu immer weiteren und immer größeren Unterschlagungen ermunterte.“

Zusammenfassend lässt sich aus dieser Entscheidung festhalten: Für einen Arbeitnehmer besteht eine Meldeverpflichtung gegenüber dem Arbeitgeber für vermutetes Fehlverhalten Dritter (hier: Unterschlagungen), wenn den Arbeitnehmer aufgrund seiner Stellung im Unternehmen eine Überwachungspflicht trifft, sich das Fehlverhalten des Dritten in dem eigenen – zu überwachenden – Arbeitsbereich des Arbeitnehmers abspielt und Wiederholungsgefahr droht[496]. Das BAG hat an den Umständen des Einzelfalls orientiert eine unselbständige leistungsbezogene arbeitsvertragliche Treuepflicht näher ausgestaltet. Ob ebenfalls eine Meldeverpflichtung in Betracht kommt, wenn keine Aufsichtspflicht des Arbeitnehmers besteht, hatte das BAG nicht zu entscheiden – eine derartige selbständige (nichtleistungsbezogene) Nebenpflicht aber auch nicht kategorisch ausgeschlossen.

c) Die Entscheidung des LAG Berlin vom 9.1.1989

Aufmerksamkeit erregt der Leitsatz der Entscheidung des LAG Berlin vom 9.1.1989, wonach sich die zweite Instanz mit der Frage auseinander zu setzen hatte, ob und unter welchen Voraussetzungen ein Arbeitnehmer verpflichtet ist, dem Arbeitgeber von unerlaubten Handlungen anderer Arbeitnehmer Mitteilung zu machen[497]. Hingegen ist die Auseinandersetzung mit dieser Problematik in den Entscheidungsgründen eher dürftig.

Zunächst jedoch zum Sachverhalt: Der Kläger war als Ausschneider bei der Beklagten, welche ein Fleischgroßhandels- und Zerlegeunternehmen betreibt, beschäftigt. Die Betriebsräume der Beklagten befinden sich auf dem Fleischgroßmarkt Berlin. Auf dem Gelände des Fleischgroßmarktes arbeiten etwa 40 bis 50 Fleischereibetriebe. Im Tatbestand des Urteils wurde keine besondere Stellung des Klägers im Unternehmen festgestellt. Ende August 1987 entdeckten Mitarbeiter einer anderen Firma auf dem Gelände des Fleischgroßmarktes ein Warenversteck. Die Mitarbeiter vermuteten, dass es sich bei den Waren im Versteck um Diebesgut handelt. Zur Aufklärung der Angelegenheit wurde eine Videokamera installiert. Eine Videoaufzeichnung zeigte den Kläger mit dem

---

[496] Das ArbG Stuttgart hat bei seiner Entscheidung vom 9.12.1982 – 2 Ca 290/81, DB 1982, 1626 f. die vom BAG erarbeiteten Grundsätze aufgegriffen und angewendet – ohne jedoch neue Erkenntnisse zu formulieren. Ebenso das LAG Hamm in der Entscheidung vom 29.7.1994 – 18 (2) Sa 2016/93, BB 1994, 2352.

[497] LAG Berlin vom 9.1.1989 – 9 Sa 93/88, LAGE § 1 KSchG Verhaltensbedingte Kündigung Nr. 21.

Betriebsobmann[498] der Beklagten am fraglichen Versteck. Aus der Aufnahme geht hervor, dass der Kläger in das Versteck hineingelangt hat, ohne jedoch Ware zu entnehmen. In einem späteren Anhörungsverfahren äußerte sich der Kläger gegenüber dem Geschäftsführer der Beklagten, von einem Versteck nichts zu wissen. Mit seiner Klage hat sich der Kläger gegenüber der ihm ausgesprochenen außerordentlichen Verdachtskündigung zur Wehr gesetzt. Das LAG Berlin stellte fest, dass sich der Kläger aufgrund seiner Verhaltensweise am Versteck sowie anlässlich seiner Anhörung dem dringenden Verdacht ausgesetzt hat, eine strafbare Handlung begangen zu haben. Die Entscheidungsgründe setzen sich mit den Grundzügen der Verdachtskündigung auseinander und hätten eigentlich zur Begründung der Rechtswirksamkeit der Kündigung keiner Argumentation im Hinblick auf eine Anzeigeverpflichtung des Klägers bedurft. Dennoch schwenkt das LAG Berlin gegen Ende der Urteilsgründe auf diesen Themenkomplex um. Das LAG stellt zunächst in Anlehnung an die Rechtsprechung des BAG fest, dass es sich nach den Umständen des Einzelfalls beurteilt, insbesondere nach der betrieblichen Stellung des betreffenden Arbeitnehmers, ob und in welchem Umfang dieser arbeitsvertraglich verpflichtet ist, dem Arbeitgeber vertragswidrige (auch unerlaubte) Handlungen anderer Arbeitnehmer mitzuteilen. Dann subsumiert das LAG unter den vorliegenden Sachverhalt und stellt auf die in dem Leitsatz hingewiesene Problematik in einem Satz fest: *„Andererseits ist auch der damalige Betriebsobmann in den Vorfall verwickelt gewesen, so dass in diesem Fall die Treuepflicht des Klägers ihm geboten hätte, von schädigenden Handlungen durch andere Arbeitnehmer seines Betriebes Mitteilung zu machen, insbesondere wenn durch die rechtzeitige Anzeige der Schaden noch zu verhindern gewesen wäre oder doch weiterer Schaden hätte verhindert werden können[499].“*

Die Argumentation des LAG Berlin ist in sich widersprüchlich. Auf der einen Seite ist bei der Anzeigeverpflichtung aus arbeitsvertraglichen Nebenpflichten auf die Umstände des Einzelfalls abzustellen, insbesondere auf die Stellung des Arbeitnehmers im Unternehmen und eine unter Umständen daraus resultierende Überwachungspflicht. Auf der anderen Seite erfolgt die Feststellung des LAG, dass die Treuepflicht dem Kläger geboten hätte, über das Verhalten des Betriebsobmanns Mitteilung zu machen. Dieser Feststellung liegen jedoch keine Umstände des Einzelfalls zu Grunde – konkret: über die betriebliche Stellung des Klägers wird in dem gesamten Urteil nicht ein Wort verloren. Das LAG gibt orientiert an der Rechtsprechung des BAG einen Obersatz vor, subsumiert aber im Anschluss nicht darunter. Entgegen der Ankündigung im Leitsatz erfolgt gerade keine Auseinandersetzung mit der spannenden Frage, ob und unter welchen Voraussetzungen ein Arbeitnehmer verpflichtet ist, dem Arbeitgeber

[498] Bis 1989 Bezeichnung für den aus einer Person bestehenden Betriebsrat.
[499] LAG Berlin vom 9.1.1989 – 9 Sa 93/88, LAGE § 1 KSchG Verhaltensbedingte Kündigung Nr. 21.

von unerlaubten Handlungen anderer Arbeitnehmer Mitteilung zu machen. Vielmehr erfolgt eine Feststellung – ohne rechtliche Auseinandersetzung. Doch genau in diesem Fall wäre eine rechtliche Auseinandersetzung angebracht gewesen. Es lag nämlich eine Situation vor, in welcher der Arbeitnehmer keine besondere Stellung im Unternehmen innehatte. Die Rechtsprechung hätte sich damit zum ersten Mal mit der Frage der Anzeigeverpflichtung als selbständige (nichtleistungsbezogene) Nebenpflicht auseinandersetzen können. Darüber hinaus bestehen aus anderen Gründen Bedenken gegen eine Meldeverpflichtung des Klägers in der konkreten Situation. Das LAG Berlin hat nicht berücksichtigt, dass eine Mitteilung des Klägers einer Selbstbezichtigung gleichgekommen wäre.

Im Ergebnis ist vor den oben dargestellten Hintergründen dem Urteil keine weiterführende Bedeutung beizumessen. Die gegen das Urteil eingelegte Nichtzulassungsbeschwerde wurde als unzulässig verworfen. Das ist nicht verwunderlich, denn in der Sache war die streitgegenständlich ausgesprochne Verdachtskündigung bereits aus anderen Gründen rechtswirksam. Auf die Frage einer Nebenpflichtverletzung ist es nicht angekommen.

d) Die Entscheidung des BGH vom 23.2.1989

Der BGH hat in seiner Entscheidung vom 23.2.1989 die Rechtsprechung des BAG zur Anzeigepflicht von Arbeitnehmern aus arbeitsvertraglicher Treuepflicht in Bezug genommen. Der BGH hat an diesem Punkt angesetzt und zunächst die Rechtsprechung des BAG vom 12.5.1958 und 18.6.1970 in kurzen Sätzen zusammengefasst. Im Anschluss bringt der BGH zum Ausdruck: *„Ob ein Arbeitnehmer darüber hinaus in jedem Fall verpflichtet ist, eine den Arbeitgeber schädigende Handlung zu melden, hat das Bundesarbeitsgericht ausdrücklich offengelassen*[500]*.“* Der BGH begnügt sich jedoch nicht mit dieser Feststellung, sondern geht einen Schritt weiter und macht folgende Ausführungen: *„Im Schrifttum wird eine allgemeine Verpflichtung, andere Dienstverpflichtete dem Arbeitgeber anzuzeigen, überwiegend abgelehnt, eine Anzeigepflicht jedoch auch über die vorstehend dargestellten Fälle einer vertraglichen Überwachungs- und Kontrollpflicht hinaus für solche Fälle bejaht, in denen dem Arbeitgeber erkennbar durch einen anderen Dienstverpflichteten erheblicher Schaden droht. Ob dieser Auffassung grundsätzlich gefolgt werden kann, bedarf im vorliegenden Fall keiner Entscheidung*[501]*.“* Wichtige Erkenntnis aus diesen Ausführungen ist, dass eine selbständige (nichtleistungsbezogene) Anzeigepflicht, über die Fälle der vertraglichen Überwachungs- und Kontrollpflicht hinausgehend, auch vom BGH nicht kategorisch ausgeschlossen wird.

[500] BGH vom 23.2.1989 – IX ZR 236/86, BB 1989, 649 ff.
[501] BGH vom 23.2.1989 – IX ZR 236/86, BB 1989, 649 ff.

Die Entscheidung des BGH birgt noch in anderer Hinsicht eine Erkenntnis: Eine Meldeverpflichtung aus den Nebenpflichten reicht nicht so weit, dass der Arbeitnehmer auch verpflichtet wäre sich selbst zu bezichtigen. Es besteht keine Pflicht, sein eigenes vertragswidriges Verhalten offenbaren zu müssen. Eine Pflicht zur Selbstbezichtigung wäre unzumutbar und würde daher die der Treuepflicht als vertraglicher Nebenpflicht durch § 242 BGB gezogenen Grenzen überschreiten[502]. Bereits das Reichsarbeitsgericht hat im Jahr 1932 festgestellt[503], dass keine Pflicht zur Selbstbezichtigung besteht, denn das würde im Ergebnis dazu führen, dass sich der Arbeitnehmer selbst um seinen Arbeitsplatz bringen würde. Nach Ansicht des Reichsarbeitsgerichts bedarf die Aussage, dass die Zumutung einer Selbstbezichtigung aus der Treuepflicht nicht herzuleiten ist, keiner weiteren Ausführungen[504]. Dem Standpunkt der Rechtsprechung hat sich die Literatur angeschlossen[505].

e) Zusammenfassung

Das BAG hat eine Meldeverpflichtung eines Arbeitnehmers gegenüber dem Arbeitgeber auf vermutetes Fehlverhalten Dritter ausgedehnt, wenn den Arbeitnehmer aufgrund seiner Stellung im Unternehmen eine Überwachungspflicht trifft, sich das Fehlverhalten des Dritten in dem eigenen – zu überwachenden – Arbeitsbereich des Arbeitnehmers abspielt und Wiederholungsgefahr droht. Das BAG hat an den Umständen des Einzelfalls orientiert eine unselbständige (leistungsbezogene) Nebenpflicht näher ausgestaltet. Durch die Rechtsprechung kommt immer wieder die besondere Sachnähe zum Arbeitsvertrag, welcher eine bestimmte Stellung im Unternehmen und damit verbunden entsprechende Aufsichtspflichten vorsieht, zum Ausdruck. Die Rechtsprechung konnte aufgrund der Stellung im Unternehmen die Nebenpflicht des Arbeitnehmers stets leistungsbezogen konkretisieren.

Im Ergebnis hatte sich die Rechtsprechung – sowohl das BAG[506], als auch der BGH[507] – bisher noch nicht damit auseinander zu setzen und jeweils ausdrücklich offen gelassen, ob über die Fälle einer vertraglichen Überwachungs- und Kontrollpflicht hinaus eine Meldeverpflichtung aus einer selbständigen (nichtleistungsbezogenen) Nebenpflicht des Arbeitnehmers bestehen kann.

---

502 BGH vom 23.2.1989 – IX ZR 236/86, BB 1989, 649 ff.
503 RAG vom 29.6.1932 – 162/32, BenshSlg. 15, 561 (566).
504 RAG vom 29.6.1932 – 162/32, BenshSlg. 15, 561 ff.
505 *Kraft* in Soergel, BGB, § 611 Rn. 145; *Blomeyer* in MünchArbR, § 54 Rn. 9.
506 BAG vom 18.6.1970 – 1 AZR 520/69, BB 1970, 1048 f., NJW 1970, 1861 f.
507 BGH vom 23.2.1989 – IX ZR 236/86, BB 1989, 649 ff., NJW-RR 1989, 614 f.

2. Die Literatur zur Anzeigepflicht im Bezug auf das Fehlverhalten Dritter

Die überwiegende Ansicht in der Literatur bejaht eine Anzeigeverpflichtung auch über die in der Rechtsprechung dargestellten Fälle einer vertraglichen Überwachungs- und Kontrollpflicht hinaus, wenn dem Arbeitgeber ein erheblicher Schaden droht[508]. Nach *Müller-Glöge* darf der Arbeitnehmer aus Gründen der Kollegialität vom „Anschwärzen" eines Arbeitskollegen absehen, wenn kein Personenschaden oder erheblicher Sachschaden droht[509]. Nach *Blomeyer* besteht für Arbeitnehmer, die nicht zur Aufsicht verpflichtet sind, eine Anzeigepflicht, bei Gefahr erheblicher Schäden, d.h. bei Personen oder Sachschäden. Die Schäden müssen für den Arbeitgeber Gewicht haben[510]. Bei Diebstählen mit Wiederholungsgefahr wird man von ausreichendem Gewicht für den Arbeitgeber ausgehen müssen[511]. Nach *Kraft* ist die Frage, ob ein Arbeitnehmer von Arbeitskollegen ausgehende Schäden anzuzeigen hat, von Fall zu Fall zu entscheiden[512].

Eine andere Ansicht vertritt *Boemke*, nach dessen Auffassung keine Anzeigepflicht des Arbeitnehmers besteht, wenn Bereiche außerhalb seines Wirkungskreises betroffen sind[513]. Nach Meinung von *Boemke* ist der Arbeitnehmer zur Schadensabwendung und damit auch zur Anzeige ausschließlich dann verpflichtet, wenn dies zu seinen Leistungspflichten zählt. Ansonsten bestehe keine Rechtsgrundlage für eine Anzeigeverpflichtung, auch dann nicht, wenn erheblicher Schaden droht[514]. *Boemke* sieht die Verantwortlichkeit eines Arbeitnehmers nur auf den eigenen Aufgabenbereich und das eigene Verhalten des Arbeitnehmers begrenzt – nicht für den Aufgabenbereich und das Verhalten Dritter[515]. *Boemke* ist zu gute zu halten, dass er sich dem Problem argumentativ nähert, während die herrschende Meinung hingegen ohne argumentative Auseinandersetzung und ohne Begründungsansätze die Erheblichkeit des Schadens heranzieht.

3. Arbeitsauftrag

Festzuhalten ist: Die Rechtsprechung liefert keine Ergebnisse und konnte bislang die Frage, ob über die Fälle einer vertraglichen Überwachungs- und Kontrollpflicht hinaus eine Meldeverpflichtung besteht, offen lassen. Die Literatur-

[508] *Müller-Glöge* in MünchKomm, BGB, § 611 Rn. 1082; *Linck* in Schaub ArbR-Hdb, § 55 Rn. 44; *Blomeyer* in MünchArbR, § 54 Rn. 9; *Edenfeld* in Ermann, BGB, § 611 Rn. 490; *Preis* in ErfK, BGB, § 611 Rn. 742.
[509] *Müller-Glöge* in MünchKomm, BGB, § 611 Rn. 1082.
[510] *Blomeyer* in MünchArbR, § 54 Rn. 9.
[511] *Blomeyer* in MünchArbR, § 54 Rn. 9.
[512] *Kraft* in Soergel, BGB, § 611 Rn. 145.
[513] *Boemke* in AR-Blattei SD, 1228, Rn. 163.
[514] *Boemke* in AR-Blattei SD, 1228, Rn. 164.
[515] *Boemke* in AR-Blattei SD, 1228, Rn. 164.

ansätze lassen zumindest weitgehend eine Auseinandersetzung in der Sache vermissen und verwenden durch Begriffe wie *erhebliche Schäden* Kriterien, welche keine scharfen Konturen aufweisen. Aus dem dargestellten Status Quo ergibt sich ein Arbeitsauftrag, der den Fortgang der Untersuchung vorgibt. Ob eine Meldeverpflichtung für Arbeitnehmer über die Fälle einer vertraglichen Überwachungs- und Kontrollpflicht hinaus besteht, hängt in erster Linie davon ab, wie genau die vertragliche Rücksichtnahmepflicht, (drohende) Schäden anzuzeigen, zu konkretisieren ist. Die Nebenpflicht bedarf einer Ausformung bzw. einer Konkretisierung. Das wird die Aufgabe im Folgenden sein.

II. Die Konkretisierung der arbeitsvertraglichen Rücksichtnahmepflicht, (drohende) Schäden anzuzeigen

Ausgangspunkt ist die durch die Rechtsprechung judizierte und allgemein anerkannte Rücksichtnahmepflicht des Arbeitnehmers, dem Arbeitgeber (drohende) Schäden anzuzeigen[516]. Zur Darstellung der Grundsätze, wie eine arbeitsvertragliche Rücksichtnahmepflicht zu konkretisieren ist, ist auf die Rechtsprechung des BAG vom 3.7.2003 zurückzugreifen[517]. Ausgangspunkt der Rechtsprechung des BAG im vorbenannten Verfahren war eine Bezugnahme auf die Entscheidung des BVerfG vom 2.7.2001[518], wonach eine Konkretisierung arbeitsvertraglicher Nebenpflichten nur in den Grenzen der Verfassung zulässig ist[519]. Um eine Nebenpflicht in den Grenzen der Verfassung zu konkretisieren, haben die Erfurter Richter in der Entscheidung vom 3.7.2003 zum Ausdruck gebracht, welcher Maßstab dabei zu Grunde zu legen ist[520]. Das BAG beginnt mit einer Herleitung der vertragsimmanenten Nebenpflichten und nimmt Bezug auf die vertragliche Rücksichtnahmepflicht, wonach der Arbeitnehmer verpflichtet ist, auf die geschäftlichen Interessen des Arbeitgebers Rücksicht zu nehmen und sie im zumutbaren Umfang zu wahren. Die vertragliche Rücksichtnahmepflicht wird durch die Grundrechte näher ausgestaltet. *„Kollidiert das dem Arbeitgeber als Ausfluss seiner grundrechtlich geschützten Betätigungsfreiheit nach Art. 12 Abs. 1 GG zustehende Recht, vom Arbeitnehmer die Einhaltung eines gewissen Maßes von Rücksicht auf seine Interessen zu verlangen, mit grundrechtlich geschützten Positionen des Arbeitnehmers, so ist das Spannungsverhältnis im Rahmen der Konkretisierung und Anwendung der §§ 242, 241 Abs. 2 BGB grundrechtskonform auszugleichen und sind die arbeitsvertraglichen Neben-*

[516] BAG vom 1.6.1995 – 6 AZR 912/94, NZA 1996, 135 ff. Der BGH leitet die Rücksichtnahmepflicht aus der Schadensabwendungspflicht ab vgl. BGH vom 23.2.1989 – IX ZR 236/86, BB 1989, 649 ff.

[517] BAG vom 3.7.2003 – 2 AZR 235/02, NZA 2004, 427 ff.

[518] BVerfG vom 2.7.2001 – 1 BvR 2049/00, NZA 2001, 888 ff.

[519] BAG vom 3.7.2003 – 2 AZR 235/02, NZA 2004, 427 ff.

[520] BAG vom 3.7.2003 – 2 AZR 235/02, NZA 2004, 427 ff. Das BAG hat in der Entscheidung vom 10.10.2002 die identischen Grundsätze formuliert, vgl. BAG vom 10.10.2002 – 2 AZR 472/01, BB 2003, 1283 ff.

pflichten entsprechend zu konkretisieren[521]." Die kollidierenden Grundrechte sind in ihrer Wechselwirkung so zu begrenzen, dass die bei der Ausformung[522] der vertraglichen Rücksichtnahmepflicht geschützten Rechtspositionen für alle Beteiligten möglichst weitgehend wirksam werden (praktische Konkordanz).

Daraus ergibt sich zusammenfassend folgende Anleitung für die Konkretisierung der arbeitsvertraglichen Rücksichtnahmepflicht:

- Darstellung der tangierten Grundrechte und geschützten Interessen von Arbeitgeber und Arbeitnehmer.
- Aufzeigen der Kollision der tangierten Grundrechte.
- Aufstellen von Kriterien, die es bei einer Meldeverpflichtung ermöglichen, dass die geschützten Rechtspositionen/Interessen der Arbeitgeber und Arbeitnehmer möglichst weitgehend wirksam werden.

Der Untersuchungsgang ist in verschiedene zielführende Teilabschnitte gegliedert. Aufgrund der oben ausgeführten Grundsätze sind in den ersten zwei Schritten die tangierten Grundrechte und grundrechtlich geschützten Interessen der Arbeitnehmer und Arbeitgeber darzustellen (**dazu 1.**) und die Interessenkollision aufzuzeigen (**dazu 2.**). Kriterien sind zu entwickeln, die sicherstellen, dass bei einer Ausformung einer Meldeverpflichtung die geschützten Rechtspositionen möglichst weitgehend wirksam werden (**dazu 3.**). Bei der Ausformung der vertraglichen Rücksichtnahmepflicht muss die durch die Rechtsprechung aufgestellte Zumutbarkeitsgrenze bei Anzeigeverpflichtungen beachtet werden (**dazu 4.**). Abschließend erfolgt eine Wertung, ob das herausgearbeitete Ergebnis einer umfassenden Interessenabwägung gerecht wird und zusammenfassend eine Darstellung der konkretisierten arbeitsvertraglichen Rücksichtnahmepflicht, (drohenden) Schäden anzuzeigen (**dazu 5. und 6.**).

1. Tangierte Grundrechte

Eine Anzeigeverpflichtung tangiert auf Arbeitnehmerseite das Recht der freien Meinungsäußerung nach Art. 5 Abs. 1 Satz 1 Halbsatz 1 GG und je nach organisatorischer Ausgestaltung der Anzeigepflicht das allgemeine Persönlichkeitsrecht nach Art. 2 Abs. 1, 1 Abs. 1 GG. Für die Arbeitgeberseite ist die Unternehmerfreiheit des Art. 12 Abs. 1 GG als vordergründiges Interesse betroffen.

---

[521] BAG vom 3.7.2003 – 2 AZR 235/02, NZA 2004, 427 ff.

[522] Das BAG spricht in der Entscheidung vom 10.10.2002 ebenfalls von der „*Ausformung*" der vertraglichen Rücksichtnahmepflicht.

a) Grundrechte der Arbeitnehmer

aa) Das Recht der freien Meinungsäußerung Art. 5 Abs. 1 Satz 1 Halbsatz 1 GG

Art. 5 Abs. 1 Satz 1 Halbsatz 1 GG schützt das Recht der freien Meinungsäußerung als Ausprägung der Menschenwürde und des allgemeinen Persönlichkeitsrechts[523]. Die persönliche Meinung ist gekennzeichnet durch ihre Subjektivität, d.h. das Element der Stellungsnahme, des Dafürhaltens und Meinens im Rahmen einer geistigen Auseinandersetzung[524]. Anzeigen und Beschwerden der Arbeitnehmer fallen unter den Schutzbereich des Art. 5 Abs. 1 Satz 1 Halbsatz 1 GG[525]. Dies gilt nach überzeugender Ansicht des BAG nicht, wenn Anzeigen anonym erstattet werden. Einer anonymen Anzeige fehlt es gerade an dem konstituierenden Element der Subjektivität. Eine anonyme Äußerung kann nicht an der geistigen Auseinandersetzung teilnehmen, wenn aufgrund der Anonymität keine Zuordnung zu einer Person möglich ist[526].

Problematisch kann im Einzelfall sein, dass es sich bei Mitteilungen und Anzeigen von Arbeitnehmern um eine reine Tatsachenbehauptung handeln könnte, ohne dass die Mitteilungen mit einem persönlichen Element der Stellungnahme verbunden sind. Die Mitteilung einer Tatsache ist nämlich im strengen Sinne keine Äußerung einer Meinung, weil ihr das subjektive Element fehlt[527]. Allerdings ist die Mitteilung einer Tatsache vom Grundrecht der Meinungsäußerungsfreiheit geschützt, soweit sie Voraussetzung der Bildung von Meinungen ist, welche Art. 5 Abs. 1 Satz 1 Halbsatz 1 GG in seiner Gesamtheit gewährleistet[528]. Nicht vom Schutzbereich erfasst sind hingegen Äußerungen, welche nicht zur verfassungsmäßig vorausgesetzten Meinungsbildung beitragen, nämlich erwiesen oder bewusst unwahre Tatsachenbehauptung[529].

---

[523] BAG vom 12.1.2006 – 2 AZR 21/05, NZA 2006, 917 ff.

[524] *Dieterich in* ErfK, GG, Art. 5 Rn. 5.

[525] *Müller*, NZA 2002, 424 (430), *Graser*, Whistleblowing, 109; BAG vom 3.7.2003 – 2 AZR 235/02, NZA 2004, 427 ff. mit weiteren Nachweisen.

[526] BAG vom 3.7.2003 – 2 AZR 235/02, NZA 2004, 427 ff.

[527] *Dieterich in* ErfK, GG, Art. 5 Rn. 6.

[528] Das BVerfG führt hierzu aus: *„Von hier aus ist der Begriff der "Meinung" in Art. 5 Abs. 1 Satz 1 GG grundsätzlich weit zu verstehen: Sofern eine Äußerung durch die Elemente der Stellungnahme, des Dafürhaltens oder Meinens geprägt ist, fällt sie in den Schutzbereich des Grundrechts. Das muss auch dann gelten, wenn sich diese Elemente, wie häufig, mit Elementen einer Tatsachenmitteilung oder -behauptung verbinden oder vermischen, jedenfalls dann, wenn beide sich nicht trennen lassen und der tatsächliche Gehalt gegenüber der Wertung in den Hintergrund tritt. Würde in einem solchen Fall das tatsächliche Element als ausschlaggebend angesehen, so könnte der grundrechtliche Schutz der Meinungsfreiheit wesentlich verkürzt werden"*, vgl. BVerfG vom 22.6.1982 - 1 BvR 1376/79, NJW 1983, 1415 ff.

[529] BVerfG vom 9.10.1991 – 1 BvR 1555/88, NJW 1992, 1439 ff.; BVerfG vom 22.6.1982 - 1 BvR 1376/79, NJW 1983, 1415 ff.; *Müller*, NZA 2002, 424 (430); *Graser*, Whistleblowing, 109.

Art. 5 Abs. 1 Satz 1 Halbsatz 1 GG schützt auch die negative Form des Verhaltens (negative Meinungsfreiheit), eine Meinung nicht zu äußern, insoweit zu schweigen[530]. Die Verpflichtung des Arbeitnehmers, dem Arbeitgeber (drohende) Schäden anzuzeigen, fällt in den Schutzbereich der negativen Meinungsfreiheit des Art. 5 Abs. 1 Satz 1 Halbsatz 1 GG. Der Arbeitnehmer wird durch eine Meldeverpflichtung buchstäblich gezwungen, eine Meinung kund zu tun. Die Mitteilung eines Arbeitnehmers, *„ich bin der Meinung, dass ein anderer Arbeitnehmer gegen die Regelungen aus dem Kodex verstoßen hat"*, stellt als wertende Stellungnahme eine Meinung im Sinne des § 5 Abs. 1 Satz 1 Halbsatz 1 GG dar[531]. Die Wertung ergibt sich aus der Schlussfolgerung des Arbeitnehmers, dass aufgrund eines bestimmten Sachverhalts ein Verstoß gegen eine Regelung des Kodex vorliege.

Im Zusammenhang mit der negativen Meinungsfreiheit kann der oben erwähnte Anonymitätsansatz des BAG nicht gelten, wonach es einer anonymen Anzeige an dem Merkmal der Subjektivität fehlt, weshalb eine anonyme Anzeige nicht vom Schutzbereich des Art. 5 Abs. 1 Satz 1 Halbsatz 1 GG umfasst sei. Dieser Grundsatz kann bei einer Verpflichtung zur anonymen Anzeige und damit einem Eingriff in die negative Meinungsfreiheit nicht gelten. Ansonsten hätte es der Arbeitgeber durch Anordnung einer anonymen Meldeverpflichtung willkürlich in der Hand, den Grundrechtsschutz des Arbeitnehmers zu unterlaufen, wenn man die Meldung eines Arbeitnehmers aufgrund angeordneter Anonymität nicht in den Schutzbereich des Art. 5 Abs. 1 Satz 1 Hs. 1 GG mit einbeziehen würde.

Das Recht der freien Meinungsäußerung wird durch Art. 5 GG nicht schrankenlos gewährleistet. Nach Art. 5 Abs. 2 GG findet die negative Meinungsfreiheit ihre Schranken in den Vorschriften der allgemeinen Gesetze, den gesetzlichen Bestimmungen zum Schutze der Jugend und in dem Recht der persönlichen Ehre. Allgemeine Gesetze im Sinne des Art. 5 Abs. 2 GG sind unter anderem auch das von Gerichten anhand von Rechtsnormen entwickelte Richterrecht[532]. Die Pflicht zur gegenseitigen Rücksichtnahme nach § 241 Abs. 2 BGB gehört zu den allgemeinen Gesetzen im Sinne des § 5 Abs. 2 GG[533]. Durch die Darstellung der Rechtsprechung hat sich gezeigt, dass bis zum Zeitpunkt keine Judikate vorhanden sind, ob die Pflicht zur gegenseitigen Rücksichtnahme über die Fälle einer vertraglichen Überwachungs- und Kontrollpflicht hinaus eine Meldeverpflichtung aus selbständigen (nichtleistungsbezogenen) Nebenpflichten des Arbeitnehmers vorsieht. Das bedeutet, dass insoweit noch keine durch das Richterrecht geprägte Konkretisierung des § 241 Abs. 2 BGB erfolgt ist, weshalb die Schran-

---

[530] *Schulze-Fielitz* in Dreier, Art. 5 I, II GG Rn. 74; *Pieroth/Schlink*, Grundrechte, Rn. 559.

[531] Ebenso *Triskatis*, Ethikrichtlinien im Arbeitsrecht, 220.

[532] BVerfG vom 14.2.1973 – 1 BvR 112/65, NJW 1973, 1221 ff.; *Schulze-Fielitz* in Dreier, GG, Art. 5 I, II Rn. 136; *Jarass* in Jarass/Pieroth, GG, Art. 5 Rn. 55.

[533] BAG vom 24.6.2004 – 2 AZR 63/03, NJW 2005, 619 ff.; *Linck* in Schaub ArbR-Hdb, § 55 Rn. 31.

ke in Form der allgemeinen Gesetze im Sinne des Art. 5 Abs. 2 GG bislang noch nicht existiert. Im Ergebnis ist jedoch nicht von einer schrankenlosen Gewährleistung der negativen Meinungsfreiheit auszugehen. Vielmehr sind die verfassungsimmanenten Schranken im Wege der praktischen Konkordanz heranzuziehen[534].

bb) Das allgemeine Persönlichkeitsrecht Art. 2 Abs. 1, 1 Abs. 1 GG

Das allgemeine Persönlichkeitsrecht findet nach der Rechtsprechung des BVerfG seine Grundlage in Art. 2 Abs. 1 GG in Verbindung mit Art. 1 Abs. 1 GG[535]. Der Schutzbereich umfasst neben dem Schutz der Privatsphäre und dem Ehrenschutz im Rahmen des Schutzes der sozialen Identität die informationelle Selbstbestimmung[536]. Die informationelle Selbstbestimmung umfasst das Recht des Einzelnen, selbst zu entscheiden, wann und wem er zu welchem Zweck personenbezogene Daten offenbart[537].

Das Recht auf informationelle Selbstbestimmung ist bei einer Anzeigeverpflichtung in mehrfacher Hinsicht betroffen. Das allgemeine Persönlichkeitsrecht in Form der informationellen Selbstbestimmung ist betroffen, wenn die Anzeigepflicht vorsieht, bei Anzeigeerstattung die persönlichen Daten preiszugeben. Die Verpflichtung stellt einen Eingriff in das Recht dar, dass der Arbeitnehmer selbst entscheiden kann, gegenüber wem, wann und wozu personenbezogene Daten mitgeteilt werden. Ferner ist das Recht auf informationelle Selbstbestimmung dahingehend betroffen, da auch das Wissen über das Fehlverhalten eines Dritten in den Schutzbereich fällt und der Arbeitnehmer auch diesbezüglich grundsätzlich selbst entscheiden kann, gegenüber wem, wann und wozu er personenbezogene Daten über einen Dritten mitteilt[538]. Zuletzt ist das Recht auf informationelle Selbstbestimmung des Dritten betroffen, sofern bei der entsprechenden Meldestelle die personenbezogenen Daten erhoben werden – was regelmäßig der Fall ist.

Das Grundrecht aus Art. 2 Abs. 1 GG in Verbindung mit Art. 1 Abs. 1 GG wird jedoch nicht in den Abwägungsvorgang zur Konkretisierung der vertraglichen Rücksichtnahmepflicht des Arbeitnehmers miteinbezogen, da der hier angesprochene Persönlichkeitsrechtsschutz auf andere Weise und an anderer Stelle er-

---

[534] *Schulze-Fielitz* in Dreier, GG, Art. 5 Rn. 152.

[535] Ständige Rechtsprechung des BVerfG siehe z.B. BVerfG vom 26.4.1994 – 1 BvR 1299/89, NJW 1994, 2475 ff.

[536] Zur Herleitung des Rechts auf informationelle Selbstbestimmung durch Wissenschaft und Rechtsprechung siehe die Nachweise bei *Dreier* in Dreier, Art. 2 I GG, Rn. 78.

[537] *Jarass* in Jarass/Pieroth, GG, Art. 2 Rn. 44; *Dreier* in Dreier, Art. 2 I GG, Rn. 78; *Pieroth/Schlink*, Grundrechte, Rn. 377b; *Dieterich/Schmidt* in ErfK, GG, § 2 Rn. 45.

[538] So *Mahnhold*, NZA 2008, 737 (738).

folgt und zwar im Rahmen der datenschutzrechtlichen Anforderungen an eine Whistleblowing-Hotline. Datenschutzrechtliche Gesetze tragen dafür Sorge, dass entsprechende organisatorische und verfahrensrechtliche Vorkehrungen getroffen werden, um der Gefahr einer Verletzung des allgemeinen Persönlichkeitsrechts entgegenzuwirken[539]. Zweck des Bundesdatenschutzgesetzes ist es, den Einzelnen davor zu schützen, dass er durch den Umgang mit seinen personenbezogenen Daten in seinem Persönlichkeitsrecht beeinträchtigt wird, vgl. § 1 Abs. 1 BDSG. Diese Problematik wird in Kapitel 5 dargestellt, in welchem *Stufe 3* des Compliance-Systems, die Einrichtung eines Kommunikationskanals behandelt wird. Daher ist *im Ergebnis* das Recht auf informationelle Selbstbestimmung an dieser Stelle nicht in die Abwägungsüberlegungen mit einzubeziehen.

b) Die Unternehmerfreiheit des Arbeitgebers aus Art. 12 Abs. 1 GG

Nach der Rechtsprechung des BVerfG schützt Art. 12 Abs. 1 GG die Unternehmerfreiheit, das heißt die freie Gründung und Führung von Unternehmen[540]. Ausfluss seiner grundrechtlich geschützten Betätigungsfreiheit aus Art. 12 Abs. 1 GG ist das Recht, vom Arbeitnehmer die Einhaltung eines gewissen Maßes an Rücksicht auf seine Interessen zu verlangen[541]. Die konkrete, der Untersuchung zu Grunde liegende vertragliche Rücksichtnahmepflicht besteht darin, dem Arbeitgeber (drohende) Schäden anzuzeigen[542].

Als Ausfluss der verfassungsrechtlich geschützten Unternehmerfreiheit hat der Arbeitgeber unter anderem ein rechtlich geschütztes Interesse, nur mit solchen Arbeitnehmern zusammenzuarbeiten, welche die Ziele des Unternehmens fördern und das Unternehmen vor Schäden bewahren[543]. Die Förderung der Unternehmensziele und das Abwenden von Schäden kommt unter anderem dadurch zum Ausdruck, dass der Arbeitnehmer (drohende) Schäden anzeigt und dadurch entweder den Eintritt eines Schadens verhindert oder gewährleistet, dass es nicht erneut zu schädlichen Vorfällen kommt. Eine Anzeigepflicht des Arbeitnehmers entspringt dem grundrechtlich geschützten Interesse des Arbeitgebers, nur mit solchen Arbeitnehmern zusammenzuarbeiten, welche die Ziele des Unternehmens fördern und das Unternehmen vor Schäden bewahren. Zudem hat der Arbeitgeber ein geschütztes Interesse an unternehmensinterner Aufklärung von

---

[539] *Dieterich/Schmidt* in ErfK, GG, § 2 Rn. 45.

[540] Zur Herleitung der Unternehmerfreiheit aus Art. 12 Abs. 1 GG siehe ausführlich BVerfG vom 1.3.1979 - 1 BvR 532/77, BVerfGE 50, 290 ff.

[541] BAG vom 3.7.2003 – 2 AZR 235/02, NZA 2004, 427 ff.

[542] BAG vom 1.6.1995 – 6 AZR 912/94, NZA 1996, 135 ff. Der BGH leitet die Nebenpflicht aus der Schadensabwendungspflicht ab vgl. BGH vom 23.2.1989 – IX ZR 236/86, BB 1989, 649 ff.

[543] BAG vom 3.7.2003 – 2 AZR 235/02, NZA 2004, 427 ff.; LAG Berlin vom 28.3.2006 – 7 Sa 1884/05, AuR 2007, 51 ff.

Fehlverhalten, welches gegen sein Vermögen gerichtet ist und von Mitarbeitern ausgeht[544].

Ein Bestandteil der von Art. 12 Abs. 1 GG geschützten Unternehmerfreiheit ist zudem die Organisationsfreiheit[545]. Die Organisationsfreiheit hat insoweit besondere Bedeutung, als die Organisation eines Unternehmens für den wirtschaftlichen Erfolg mitentscheidend, wenn nicht ausschlaggebend ist[546]. Ein von Art. 12 Abs. 1 GG umfasstes Interesse ist das Interesse an ordnungsgemäßer Unternehmensorganisation, hier, Informationen über Fehlverhalten Dritter systematisch aufzunehmen, auszuwerten und, wenn nötig, dagegen vorzugehen[547]. Ohne „Insider-Informationen" lassen sich interne Risiken oftmals überhaupt nicht oder verspätet aufklären. Eine Meldeverpflichtung steht somit im Einklang mit der grundrechtlich geschützten Organisationsfreiheit des Arbeitgebers, das Unternehmen dahingehend zu organisieren, dass Haftung vermieden werden kann und nachteilige Auswirkungen auf das Unternehmensimage durch Fehlverhalten Dritter verhindert werden können.

2. Die Kollision der grundrechtlich geschützten Interessen

Das grundrechtlich geschützte Interesse des Arbeitgebers, vom Arbeitnehmer die Einhaltung eines gewissen Maßes an Rücksicht auf seine Interessen zu verlangen, hier: (drohende) Schäden anzuzeigen, kollidiert mit der grundrechtlich geschützten negativen Meinungsfreiheit des Arbeitnehmers nach Art. 5 Abs. 1 Satz 1 Halbsatz 1 GG. Eine Anzeigeverpflichtung stellt einen Eingriff in die negative Meinungsfreiheit des Arbeitnehmers dar. Der Arbeitnehmer wird verpflichtet, eine wertende Stellungnahme (Meinung) abzugeben, indem vorgeschrieben wird, dass ihm bekannt gewordene Verstöße gegen den Ethikkodex zu melden sind. Der Arbeitgeber hat ein Interesse daran, dass das Unternehmen vor Schäden bewahrt wird. Der Arbeitgeber hat ein grundrechtlich geschütztes Interesse, nur mit solchen Arbeitnehmern zusammenzuarbeiten, welche die Ziele des Unternehmens fördern und das Unternehmen vor Schäden bewahren. Dieses Interesse kollidiert mit dem grundrechtlich geschützten Interesse des Arbeitnehmers, eine Meinung nicht zu äußern und insoweit zu schweigen.

Die Kollision der grundrechtlich geschützten Interessen ist grundrechtskonform auszugleichen und die arbeitsvertragliche Rücksichtnahmepflicht entsprechend zu konkretisieren[548]. Aufgabe ist es, die kollidierenden Grundrechte in ihrer

[544] *Gänßle*, FA 2005, 66 (67).
[545] *Ossenbühl*, AöR 1990, 1 (16); *Wieland* in Dreier, Art. 12 GG Rn. 67; *Mestmäcker* in FS Westermann, 411 (415 f.).
[546] *Ossenbühl*, AöR 1990, 1 (16).
[547] *Rohde-Liebenau*, BB 2008, Heft 46, M 16.
[548] BAG vom 3.7.2003 – 2 AZR 235/02, NZA 2004, 427 ff.

Wechselwirkung so zu begrenzen, dass die bei der Ausformung der vertraglichen Rücksichtnahmepflicht geschützten Interessen für alle Beteiligten möglichst weitgehend wirksam werden[549]. Dem Problem, den jeweiligen Interessen möglichst weitgehend zum Schutz zu verhelfen, nähert man sich zielgerichtet, indem man zunächst zwei Extrempositionen aufzeigt.

Auf der einen Seite steht eine generelle und umfassende Meldeverpflichtung, wie sie beispielsweise bei *Schuster/Darsow* zum Ausdruck kommt: *„Mitarbeiter, die feststellen, dass es während der Arbeit zu unrechtmäßigem Verhalten gekommen ist oder einen entsprechenden Verdacht haben, müssen ihren Vorgesetzten unverzüglich darüber in Kenntnis setzen*[550]*.“* Die Meldeverpflichtung ist undifferenziert und bezieht sich auf jegliches Fehlverhalten. Erfasst werden danach alle unrechtmäßigen Verhaltensweisen Dritter, unabhängig davon, ob durch das Verhalten des Dritten dem Unternehmen ein Schaden droht oder nicht. Gegen eine generelle und umfassende Meldeverpflichtung aus arbeitsvertraglichen Nebenpflichten hat die Rechtsprechung zu Recht Bedenken geäußert[551]. Eine generelle Anzeigepflicht überdehnt das grundrechtlich geschützte Interesse des Arbeitgebers und berücksichtigt nicht die negative Meinungsfreiheit der Arbeitnehmer. Aus der vertraglichen Rücksichtnahmepflicht eine umfassende Anzeigepflicht abzuleiten, wäre mit einer Instrumentalisierung des Arbeitnehmers zur „Anzeigemaschine“ gleichzusetzen. Auf der anderen Seite kann die negative Meinungsfreiheit der Arbeitnehmer aber gleichzeitig nicht soweit reichen, dass generell von einem Übergewicht des Art. 5 Abs. 1 Satz 1 Halbsatz 1 GG auszugehen ist. Dieses Ergebnis würde die grundrechtlich geschützten Interessen des Arbeitgebers nicht berücksichtigen.

Die zentral zu beantwortende Frage lautet: Wie ist ein angemessener Ausgleich zu gestalten, der beiden Interessen gerecht wird? Dazu bedarf es allen Interessen gerecht werdenden Differenzierungskriterien, anhand derer beurteilt werden kann, ob das Fehlverhalten Dritter zur Anzeige gebracht werden muss oder nicht. Die nachfolgend zu beantwortende Frage ist, welche Differenzierungskriterien dem Ansinnen, dass die geschützten Interessen der Beteiligten möglichst weitgehend wirksam werden, gerecht werden.

---

549 BAG vom 3.7.2003 – 2 AZR 235/02, NZA 2004, 427 ff.

550 *Schuster/Darsow*, NZA 2005, 273 (276).

551 BGH vom 23.2.1989 – IX ZR 236/86, BB 1989, 649 ff.

3. Differenzierungskriterien zur Ausformung einer Anzeigeverpflichtung

a) Differenzierung nach der Art der Tätigkeit bzw. der Stellung im Unternehmen?

Es ist bereits herausgearbeitet worden, dass nach der Rechtsprechung[552] und Literatur[553] im Hinblick auf die Frage, ob eine Pflicht zur Anzeige des Fehlverhaltens Dritter aus arbeitsvertraglichen Nebenpflichten besteht, entscheidend auf die Art der Tätigkeit bzw. die Stellung im Unternehmen abzustellen ist. Dies mag auch richtig sein, wenn es darum geht, im Einzelfall zu untersuchen, ob den konkreten Arbeitnehmer eine unselbständige (leistungsbezogene) arbeitsvertragliche Nebenpflicht zur Meldung trifft. Die hier zu untersuchende Fragestellung hat aber gerade nicht zum Gegenstand, eine leistungsbezogene Nebenpflicht des Arbeitnehmers näher zu bestimmen. Vielmehr soll untersucht werden, inwieweit eine durch die objektive Werteordnung ausgeformte Anzeigeverpflichtung allen Arbeitsverhältnissen immanent ist. Dabei handelt es sich um eine andere Form von Nebenpflichten – nicht um eine mit der Leistung des Arbeitnehmers in Zusammenhang zu bringende. Den Nebenpflichten wohnt eine näher zu betrachtende Unterscheidung inne. *Blomeyer* unterteilt zwischen unselbständigen Nebenleistungspflichten und selbständigen Nebenpflichten.

Unselbständige Nebenleistungspflichten[554] sichern die Erfüllung und Abwicklung der vertraglichen Hauptleistungspflicht, stehen somit in direktem Zusammenhang mit der Hauptleistungspflicht, weswegen sie der Klarheit halber als Nebenleistungspflichten[555] bzw. als unselbständige (leistungsbezogene) Nebenpflichten bezeichnet werden. Der Inhalt der Nebenleistungspflichten ergibt sich aus dem jeweils zu Grunde liegenden Arbeitsvertrag. Der Arbeitnehmer hat alles zu unternehmen, damit der vertraglich vereinbarte Leistungszweck auch erreicht wird und alles zu unterlassen, was den Leistungszweck vereiteln würde[556].

Selbständige (nichtleistungsbezogene) Nebenpflichten[557] begründen Pflichten, welche von der ordnungsgemäßen Erfüllung der Hauptleistungspflicht unabhängig sind[558]. Darunter fallen beispielsweise Schutzpflichten wie die Anzeige dro-

[552] Siehe dazu oben in diesem Kapitel unter B. I. 1.
[553] *Triskatis*, Ethikrichtlinien im Arbeitsrecht, 222; *Mengel/Ullrich*, NZA 2006, 240 (243).
[554] *Mahnhold* spricht von erfüllungsschützenden Nebenpflichten, welche der Erfüllung synallagmatischer Pflichten dienen, vgl. *Mahnhold*, Compliance und Arbeitsrecht, 165.
[555] *Blomeyer* in MünchArbR, § 51 Rn. 17; *Hromadka/Maschmann*, Arbeitsrecht Band 1, § 6 Rn. 99.
[556] *Blomeyer* in MünchArbR, § 51 Rn. 18.
[557] *Mahnhold* spricht von integritätswahrenden Nebenpflichten, welche unabhängig von der vertraglichen Leistung die Integrität der Rechtsgüter der Vertragspartner schützen, vgl. *Mahnhold*, Compliance und Arbeitsrecht, 165.
[558] *Hromadka/Maschmann*, Arbeitsrecht Band 1, § 6 Rn. 99; *Blomeyer* in MünchArbR, § 51 Rn. 19.

hender Schäden[559]. Infolge der Unabhängigkeit von der Hauptleistungspflicht ist es nur konsequent, dass die selbständigen Nebenpflichten nicht am Synallagma der Hauptpflichten teilnehmen[560]. Weitere Folge der Unabhängigkeit ist, dass der Arbeitgeber die Einhaltung der Schutzpflichten unabhängig von der Arbeitspflicht verlangen kann[561].

Die Nebenpflicht, (drohende) Schäden anzuzeigen, ist eine selbständige Nebenpflicht, welche in den Bereich der vertraglichen Rücksichtnahmepflichten (§ 241 Abs. 2 BGB) fällt[562]. Die Schutzpflicht ist gerade unabhängig von Bezügen zur Hauptleistungspflicht zu bestimmen. Ziel ist es auch nicht, eine unselbständige Nebenleistungspflicht näher zu bestimmen, sondern gerade eine durch die objektive Werteordnung ausgeformte Anzeigeverpflichtung, welche allen Arbeitsverhältnissen immanent ist, und damit eine selbständige (nichtleistungsbezogene) Nebenpflicht darstellt. Vor diesem Hintergrund ist verständlich, warum die subjektiven Kriterien der Art der Tätigkeit bzw. der Stellung im Unternehmen zwar zur Bestimmung einer leistungsbezogenen Anzeigeverpflichtung herangezogen werden können, nicht aber zur Konkretisierung einer allen Vertragsverhältnissen immanenten, unabhängig von der Hauptleistungspflicht bestehenden, selbständigen Nebenpflicht (Schutzpflicht). Eine Differenzierung nach Art der Tätigkeit bzw. Stellung im Unternehmen ist zudem nicht interessengerecht. Eine Unternehmensförderungspflicht und Schadensabwendungspflicht trifft jeden Arbeitnehmer, unabhängig von seiner Stellung im Unternehmen, unabhängig von der Art der Tätigkeit und unabhängig davon, ob er Beobachtungen im eigenen oder fremden Arbeitsbereich macht. *Mahnhold* weist zudem zurecht darauf hin, dass die Aufdeckung des Fehlverhaltens Dritter häufig von Zufällen abhängig ist[563], an welchen Sekretärinnen oder Putzkräfte ebenso beteiligt sein können wie Vorgesetzte mit Überwachungs- und Aufsichtsfunktion[564].

Wenn man sich nochmals die Argumentation *Boemkes* in Erinnerung ruft[565], ergibt sich der Eindruck, dass er offensichtlich bei den Nebenpflichten nicht zwischen unselbständigen Nebenleistungspflichten und selbständigen Nebenpflichten differenziert und bei Nebenpflichten zwingend einen Leistungsbezug fordert. Das ist auch der Hauptangriffspunkt gegen *Boemkes* Ansicht, welcher nicht berücksichtigt, dass zwei verschiedene Formen von Nebenpflichten existieren.

---

559 *Blomeyer* in MünchArbR, § 51 Rn. 22; *Herbert/Oberrath*, NZA 2005, 193 (195).
560 *Blomeyer* in MünchArbR, § 51 Rn. 19.
561 *Blomeyer* in MünchArbR, § 51 Rn. 19.
562 *Blomeyer* in MünchArbR, § 51 Rn. 20, 22.
563 Siehe dazu auch die Studie zur Wirtschaftskriminalität 2007 von PricewaterhouseCoopers: *Nestler/Salvenmoser/Bussmann*, Wirtschaftskriminalität 2007, 36.
564 *Mahnhold*, NZA 2008, 737 (739).
565 Siehe dazu oben in diesem Kapitel unter B. I. 2.

Im Ergebnis können daher die subjektiven Kriterien der Art der Tätigkeit bzw. der Stellung im Unternehmen nicht herangezogen werden, um eine selbständige Nebenpflicht auszuformen.

b) Differenzierung nach der Art des Fehlverhaltens

Die Art des Fehlverhaltens stellt einen Ansatzpunkt dar, welcher geeignet ist, die beiderseitigen Interessen von Arbeitgeber und Arbeitnehmer zu einem angemessenen Ausgleich zu bringen. Die Grundüberlegung resultiert aus dem Hauptangriffspunkt gegen eine generelle, umfassende Meldeverpflichtung. Der Ansatz, jegliches Fehlverhalten zu melden, steht wie bereits dargestellt, nicht im Einklang mit den grundrechtlich geschützten Interessen der Beteiligten. Nicht jegliches Fehlverhalten begründet die Gefahr eines Schadens für den Arbeitgeber. Es darf nicht aus dem Blickfeld geraten, dass die Rücksichtnahmepflicht den Arbeitnehmer dazu anhält, (drohende) Schäden anzuzeigen. Richtige Ausgangsüberlegung ist es demnach, zunächst danach zu differenzieren, welches Fehlverhalten geeignet ist, Schäden zum Nachteil des Unternehmens zu verursachen. Beispielsweise ist das pauschale Kriterium, ob es sich bei dem Fehlverhalten des Dritten um eine Straftat handelt, dazu nicht geeignet. Die Formel wäre recht einfach auf den Punkt gebracht: Es besteht eine Anzeigepflicht eines Arbeitnehmers, wenn es sich bei dem beobachteten Fehlverhalten eines Kollegen um einen Straftatbestand handelt. Dieses Ergebnis wäre zu undifferenziert, da in diese Überlegung auch Straftatbestände eingeschlossen wären, welche keinen betrieblichen Anknüpfungspunkt aufweisen und Straftatbestände, die gerade keine Gefahr eines Schadens zum Nachteil für das Unternehmen begründen. Bei der Art des Fehlverhaltens sind weitere Differenzierungen vorzunehmen.

Vor diesem Hintergrund ist es sehr hilfreich und logisch, dass *Mahnhold* als Erster einen neuen Ansatzpunkt in die Diskussion einführt, indem er auf § 130 OWiG verweist[566]. Die Norm des § 130 OWiG bietet einen interessanten Ansatzpunkt für eine interessengerechte Konkretisierung einer Anzeigeverpflichtung aufgrund der vertraglichen Rücksichtnahmepflicht der Arbeitnehmer und soll daher im folgenden untersucht werden.

§ 130 Abs. 1 OWiG lautet wie folgt:

> *„Wer als Inhaber eines Betriebes oder Unternehmens vorsätzlich oder fahrlässig die Aufsichtsmaßnahmen unterlässt, die erforderlich sind, um in dem Betrieb oder Unternehmen Zuwiderhandlungen gegen Pflichten zu verhindern, die den Inhaber treffen und deren Verletzung mit Strafe oder Geldbuße bedroht ist, handelt ordnungswidrig, wenn eine solche Zuwiderhandlung begangen wird, die durch gehörige Aufsicht ver-*

---

566 *Mahnhold*, NZA 2008, 737 (739).

hindert oder wesentlich erschwert worden wäre. Zu den erforderlichen Aufsichtsmaßnahmen gehören auch die Bestellung, sorgfältige Auswahl und Überwachung von Aufsichtspersonen.“

Die bußgeldrechtliche Verantwortlichkeit des Inhabers eines Betriebes oder Unternehmens kann für Zuwiderhandlungen gegen betriebsbezogne Pflichten, die in dem Betrieb oder Unternehmen begangen worden sind, eine Höhe von bis zu einer Million Euro erreichen, vgl. § 130 Abs. 3 Satz 1 OWiG. Die Vorschrift macht die Haftungsrisiken der Unternehmen für das Fehlverhalten Dritter deutlich. Die Regelung des § 130 OWiG zielt darauf ab, dass in Betrieben und Unternehmen Vorkehrungen gegen die Begehung von betriebsbezogenen Zuwiderhandlungen getroffen werden[567]. Der Vorschrift liegt der Gedanke zu Grunde, dass Betriebsinhaber verpflichtet sind, Pflichtverstößen entgegenzuwirken, welche ihrem betriebsbezogenen Risiko- und Organisationsbereich entstammen[568]. § 130 Abs. 1 Satz 1 OWiG normiert eine Haftung bei Zuwiderhandlungen gegen Pflichten, die den Inhaber als solchen Treffen. Diese Pflichten werden als betriebsbezogene Pflichten bezeichnet. Sie bilden den Ausgangspunkt für eine Haftung nach § 130 OWiG und gleichzeitig den Anknüpfungspunkt für eine interessengerechte Konkretisierung einer Meldeverpflichtung. Es sei betont, dass weder eine unmittelbare, noch eine entsprechende Anwendung des § 130 OWiG in Betracht kommt, sondern eines der Tatbestandsmerkmale des § 130 Abs. 1 OWiG ein Ansatzpunkt für ein Differenzierungskriterium ist, welches es unter Umständen ermöglicht, eine interessengerechte Anzeigeverpflichtung zu konkretisieren.

Was kennzeichnet betriebsbezogene Pflichten im Sinne des § 130 OWiG? Über diese Frage herrscht Streit[569]. Die herrschende Meinung in der Literatur folgt der Theorie des betrieblichen Zusammenhangs. Diese besagt, dass sich die Pflichten, welche den Inhaber des Betriebs oder Unternehmens als solchen treffen, nicht lediglich aus Sonderdelikten, sondern auch aus Allgemeindelikten ergeben können, wenn diese im Zusammenhang mit der Führung des Betriebes oder Unternehmens stehen[570]. Die Gegenauffassung[571] folgt der Theorie des Sonderdelikts. Danach fallen nur Sonderdelikte in den Anwendungsbereich der betrieblichen Zuwiderhandlungen[572]. Begründet wird diese Ansicht mit dem Wortlaut des § 130 Abs. 1 Satz 1 OWiG, *„...Pflichten, die den Inhaber als solchen tref-*

[567] *Rogall* in KK, OWiG, § 130 Rn. 1.

[568] *Rogall* in KK, OWiG, § 130 Rn. 1.

[569] Eine ausführliche Darstellung des Streitstandes ist bei *Rogall* in KK, OWiG, § 130 Rn. 78 ff. nachzulesen.

[570] Stellvertretend: *König* in Göhler, OWiG, § 130 Rn. 18; *Senge* in Erbs/Kohlhaas, OWiG, § 130 Rn. 21; *Pelz*, WM 2000, 1566 (1572); *Rogall* in KK, OWiG, § 130 Rn. 79 mit zahlreichen weiteren Nachweisen.

[571] Daneben existieren noch zwei vermittelnde Ansichten, die Theorie der Garantenpflicht und die normtheoretische Betrachtungsweise, vgl. dazu Rogall in KK, OWiG, § 130 Rn. 81 f., 83.

[572] Stellvertretend: *Rogall* in KK, OWiG, § 130 Rn. 80 mit zahlreichen weiteren Nachweisen; *Rogall*, ZStW 98, 574 (604 f.).

fen...“ Unter Zugrundelegung des Wortlauts kommt lediglich Fehlverhalten in Betracht, welches dem Betriebsinhaber beispielsweise in seiner Eigenschaft als Arbeitgeber, Hersteller oder Verteiler einer bestimmten Ware besondere Pflichten auferlegt, die als besondere persönliche Merkmale im Sinne von § 14 StGB, § 9 OWiG zu qualifizieren sind[573].

Je nachdem, welcher Auffassung gefolgt wird, ergibt sich ein deutlich unterschiedlicher Anwendungsbereich. Unter Anwendung der Theorie des Sonderdelikts ist nur in eng begrenzten Fällen von einer betriebsbezogenen Pflicht auszugehen, nämlich dann, wenn es der Tatbestand der Norm zulässt, so z.B. die Gebrauchsanmaßung nach § 290 StGB, wenn die Tat in dem Geschäftsbetrieb eines gewerblichen Pfandleihers begangen wird. Hingegen sind der Betrug nach § 263 StGB und die Unterschlagung nach § 246 Abs. 1 StGB nicht unter den Anwendungsbereich der Theorie des Sonderdelikts zu subsumieren – anzunehmen ist es jedoch für die veruntreuende Unterschlagung nach § 246 Abs. 2 StGB. Unter Anwendung der Theorie des betrieblichen Zusammenhangs stellen auch Fahrlässigkeitstaten aus dem allgemeinen Strafrecht, wie etwa Verstöße gegen §§ 222, 229 StGB, die von Mitarbeitern des Betriebs begangen werden, eine betriebsbezogene Pflicht dar, welche eine Aufsichtspflichtverletzung des Inhabers zur Folge haben können[574]. Nach *Lemke* muss zumindest bei diesen allgemeinen Pflichten ein sachlicher, räumlicher und personalbezogener Zurechnungszusammenhang zu dem Betrieb vorhanden sein[575].

Ein weiterer Streitpunkt im Rahmen der Anwendung des § 130 OWiG ist die Frage, ob die betriebsbezogene Pflichtverletzung von einem Betriebsangehörigen begangen werden muss. Dazu werden zwei Ansichten vertreten. Nach der herrschenden Meinung braucht der pflichtwidrig Handelnde im Sinne des § 130 OWiG kein Betriebsangehöriger zu sein. Er muss nur in Wahrnehmung der Angelegenheiten des Betriebs eine dem Inhaber obliegende Pflicht verletzen[576], sofern er der Verantwortungssphäre des Unternehmens zuzurechnen ist, also nicht im Rahmen eigenständiger unternehmerischer Verantwortung tätig wird[577]. Nach der herrschenden Meinung ist es ausreichend, wenn der Handelnde auch nur vorübergehend mit den Aufgaben des Unternehmens betraut ist, etwa als Sachverständiger[578]. Anders hingegen *Rogall*: Anknüpfend an den Begriff der Aufsichtspflicht zieht *Rogall* den Schluss, dass der unmittelbar Handelnde unter der Aufsicht des Betriebsinhabers stehen muss. Dies setzt seiner Ansicht nach ein Subordinationsverhältnis voraus, mit der Konsequenz, dass Personen, die

---

[573] *Rogall* in KK, OWiG, § 130 Rn. 78.
[574] *König* in Göhler, OWiG, § 130 Rn. 18; Rogall in KK, OWiG, § 130 Rn. 79.
[575] *Lemke*, OWiG, § 30 Rn. 40.
[576] *Senge* in Erbs/Kohlhaas, OWiG, § 130 Rn. 23.
[577] *Hecker*, GewArch 1999, 329 (324); vertiefend dazu *König* in Göhler, OWiG, § 130 Rn. 19.
[578] Umfassend mit zahlreichen weiteren Nachweisen *Rogall* in KK, OWiG, § 130 Rn. 92.

dem Weisungsrecht nach § 106 GewO des Betriebsinhabers nicht unterliegen, als unmittelbar Handelnde ausscheiden[579].

Als *Zwischenergebnis* ist festzuhalten, dass es an dieser Stelle keiner Entscheidung im Hinblick auf einen der Streitstände bedarf, da es letztlich nicht um die Anwendung des § 130 OWiG geht. Die aufgezeigten Grundzüge des § 130 OWiG sind jedoch hilfreich und schaffen Problembewusstsein für die hier anstehende Aufgabe, interessengerechte Kriterien zur Konkretisierung einer aus der Treuepflicht resultierenden Meldeverpflichtung zu erarbeiten.

Orientiert an dem Begriff der betrieblichen Pflichtverletzung des § 130 OWiG lautet der Konkretisierungsvorschlag bezüglich der Art des Fehlverhaltens unter Berücksichtigung der grundrechtlich geschützten Interessen der Beteiligten wie folgt:

Betriebliches Fehlverhalten, welches zu einer Anzeigeverpflichtung führt, liegt vor, wenn

- das Fehlverhalten im sachlichen, räumlichen und personalbezogenen Zurechnungszusammenhang zum Betrieb/Unternehmen steht und das Fehlverhalten dazu geeignet ist, den Betrieb/das Unternehmen zu schädigen (dazu sogleich **Punkt 1:**),
- das Fehlverhalten mit Strafe oder Geldbuße bedroht ist (dazu sogleich **Punkt 2:**),
- unabhängig davon, ob ein Betriebs- bzw. Unternehmensangehöriger oder ein „Fremder“ das Fehlverhalten begeht (dazu sogleich **Punkt 3:**).

Punkt 1: Grundvoraussetzung ist zunächst ein betrieblicher Anknüpfungspunkt des Fehlverhaltens, weshalb das Fehlverhalten im sachlichen, räumlichen und personalbezogenen Zurechnungszusammenhang zum Betrieb/Unternehmen stehen muss. Der betriebliche Anknüpfungspunkt ist zwingende Voraussetzung für die Einordnung einer Meldeverpflichtung in den dienstlichen Bereich, die Zuordnung zu dem Bereich der arbeitsvertraglichen Rücksichtnahmepflichten und gewährleistet, dass man sich im Rahmen des grundrechtlich geschützten Bereiches des Art. 12 Abs. 1 GG bewegt. Das zu meldende Fehlverhalten erfährt keine Einschränkung und Begrenzung dahingehend, dass nur Sonderdelikte, *„...Pflichten, die den Inhaber als solchen treffen...“*, als Fehlverhalten in Betracht kommen. Andererseits bedeutet dies aber auch nicht gleichzeitig, dass sämtliches im Betrieb begangenes Fehlverhalten zu einer Anzeigepflicht des Arbeitnehmers führt. Maßgeblicher Ansatzpunkt ist das grundrechtlich ge-

[579] *Rogall* in KK, OWiG, § 130 Rn. 92.

schützte Interesse des Arbeitgebers. Ausfluss seiner grundrechtlich geschützten Betätigungsfreiheit aus Art. 12 Abs. 1 GG ist das Recht, vom Arbeitnehmer die Einhaltung eines gewissen Maßes an Rücksicht auf seine Interessen zu verlangen[580], hier konkret: die Rücksichtnahmepflicht, dem Arbeitgeber (drohende) Schäden anzuzeigen[581]. Daher ist eine Anzeigeverpflichtung auf Fehlverhalten zu begrenzen, welches geeignet ist, den Betrieb/das Unternehmen zu schädigen. Darunter fallen insbesondere die klassischen Wirtschaftsdelikte wie Unterschlagung, Betrug, Falschbilanzierung, Korruption, Geldwäsche, Industriespionage, Kreditgefährdung etc.

Punkt 2: Die Forderung, dass das Fehlverhalten mit Strafe oder Geldbuße bedroht sein muss, bringt zum Ausdruck, das dem Fehlverhalten eine gewisse Erheblichkeit innewohnt. Schließlich ist nur erhebliches Fehlverhalten dazu geeignet, die negative Meinungsfreiheit des Arbeitnehmers einzuschränken und eine Mitteilungspflicht zu statuieren. Punkt 2 ist somit als Ausfluss aus Art. 5 Abs. 1 GG zu sehen.

Punkt 3: Bei einer Meldeverpflichtung kann es keinen Unterschied machen, ob das betriebliche Fehlverhalten von einem Betriebs- bzw. Unternehmensangehörigen oder einem Externen begangen wird. Die vertragliche Rücksichtnahmepflicht, dem Arbeitgeber (drohende) Schäden anzuzeigen, besteht unabhängig davon, ob ein Betriebsangehöriger der unmittelbar Handelnde ist oder nicht. Dadurch wird auch nicht das Risiko, welches sich der Arbeitgeber beispielsweise durch Beauftragung eines externen Wirtschaftsprüfer ins Haus holt, in unzulässiger Weise auf den Arbeitnehmer abgewälzt. Denn den Arbeitnehmer trifft gerade keine Aufsichtspflicht – und damit das Risiko – gegenüber Dritten. Den Arbeitnehmer trifft lediglich die Pflicht, ihm bekannt gewordenes Fehlverhalten des Dritten zu melden.

c) Das Kriterium: Verdachtsgrad

Eine weitere Frage stellt sich bei dem einer Anzeigepflicht zugrundezulegenden Verdachtsgrad. Ist ein mutmaßlicher Verdacht ausreichend oder sind an den Verdachtsgrad höhere Anforderungen zu stellen? In dem Verhaltenskodex, welcher durch die *Honeywell*-Entscheidung bekannt wurde, war ein geringer Verdachtsgrad normiert[582]:

---

[580] BAG vom 3.7.2003 – 2 AZR 235/02, NZA 2004, 427 ff.
[581] BAG vom 1.6.1995 – 6 AZR 912/94, NZA 1996, 135 ff.
[582] BAG vom 22.7.2008 – 1 ABR 40/07, NZA 2008, 1248 ff.

> *„Alle Honeywell-Mitarbeiter müssen den Verhaltenskodex sowie die Grundsätze und Verfahren des Unternehmens genau befolgen und mutmaßliche Verstöße umgehend melden."*

Der Verdachtsgrad lässt sich bestimmen, in dem die grundrechtlich geschützten Interessen der drei Beteiligten (Arbeitgeber, Anzeigender und Dritter bzw. Verdächtiger) einem interessengerechten Ausgleich zugeführt werden. Die Interessen aller drei Beteiligten sprechen dafür, von einer Anzeigeverpflichtung bei Mutmaßlichkeit bzw. einem geringen Verdachtsstadium abzusehen.

Der Arbeitgeber hat ein gesteigertes Interesse daran, Kenntnis von den den Arbeitgeber schädigenden Handlungen zu erlangen. Andererseits kann davon ausgegangen werden, dass ein arbeitgeberseitiges Interesse dahingehend besteht, kein Arbeitsklima zu schaffen, welches durch Denunziation geprägt ist. Diese Gefahr würde aber bestehen, wäre der Arbeitnehmer bei jedem noch so kleinen mutmaßlichen Verdacht zur Mitteilung verpflichtet. Im Interesse des Arbeitgebers liegt daher ein gesteigerter Verdachtsgrad, zumindest ein Verdachtsgrad über der Mutmaßlichkeitsschwelle. Im Interesse des Anzeigenden, insbesondere vor dem Hintergrund der negativen Meinungsfreiheit, liegt es aber, nicht schon bei jedem mutmaßlichen Verdacht einer Anzeigeverpflichtung ausgesetzt zu sein. Bei einem geringen Verdachtsgrad besteht zudem die Gefahr, dass sich der mutmaßliche Verdacht später als falsch herausstellt. Das birgt für den Arbeitnehmer die Gefahr arbeitsrechtlicher Sanktionen. Auch wird es regelmäßig im Interesse des Anzeigenden stehen, kein Arbeitsklima vorzufinden, welches die Basis für mutmaßliches Denunzieren bildet. Im Interesse des Dritten bzw. Verdächtigen steht vorrangig, dass seine personenbezogenen Daten nicht mit Sachverhalten in Verbindung gebracht werden, welche in Wirklichkeit nicht zutreffend sind. Die Gefahr der falschen Anschuldigung ist wesentlich größer, wenn bereits der mutmaßliche Verdacht zur Begründung einer Anzeigeverpflichtung ausreichen soll. In der Arbeitswelt kann bereits nur der geäußerte mutmaßliche Verdacht – unabhängig von dem Wahrheitsgehalt – dazu geeignet sein, Karrieren zu zerstören. Im Interesse des Anzeigenden ist es daher unzweifelhaft, einen gesteigerten Verdachtsgrad zu fordern, – so dass nicht jeder mutmaßliche, noch so zufällige Verdacht ausreichend ist.

Andererseits sind die Anforderungen an den Verdachtsgrad auch nicht zu überspannen. Oftmals sind nach Mitteilung durch den Arbeitnehmer noch zusätzliche Untersuchungen beispielsweise durch eine Compliance-Stelle erforderlich. Das ist vor allem im Bereich der Wirtschaftskriminalität der Fall, einem Deliktsbereich, in welchem sich die Sachverhaltsaufklärung oftmals schwierig gestaltet. Deshalb wäre es auch verfehlt, zu hohe Anforderungen an den Verdachtsgrad zu stellen, wie die Forderung, meldepflichtig sei ausschließlich das nachgewiesene betriebliche Fehlverhalten.

Im Ergebnis ist ein Mittelweg zu gehen und ein konkreter Verdachtsgrad zu fordern. Ein konkreter Verdachtsgrad, welcher eine Meldeverpflichtung auslöst, liegt vor, wenn ein auf objektiven Tatsachen beruhender Verdachtsmoment vorhanden ist. Ein konkreter Verdachtsgrad wird sowohl der negativen Meinungsfreiheit des Anzeigenden als auch dem allgemeinen Persönlichkeitsrecht des Dritten gerecht.

4. Die Zumutbarkeit als Grenze der Anzeigeverpflichtung

Der BGH hat in seiner Entscheidung vom 23.2.1989 der Anzeigepflicht des Arbeitnehmers eine Zumutbarkeitsgrenze gesetzt. Auch in unzumutbaren Situationen eine Anzeigepflicht zu bejahen, würde nach Ansicht des BGH dazu führen, dass dadurch die der arbeitsvertraglichen Nebenpflicht durch Treu und Glauben gezogene Grenze überschritten werden würde[583]. *Diller* und *Schuster/Darsow* haben sich dieser Argumentation angeschlossen, wonach sich die Notwendigkeit der Berücksichtigung der Zumutbarkeit aus den Grenzen von Treu und Glauben ergibt[584]. Ferner ist daran zu denken, dass sich die Zumutbarkeitsschranke ebenfalls als Ausfluss des jeweiligen grundrechtlich geschützten Interesses des Arbeitnehmers – hier die negative Meinungsfreiheit – darstellt. Es ist von Verfassung wegen geboten, dass eine Anzeigeverpflichtung eines Arbeitnehmers und damit eine Einschränkung des Grundrechts der negativen Meinungsfreiheit nur dann bestehen kann, wenn die Verpflichtung dem Arbeitnehmer im Einzellfall zumutbar ist.

Im Ergebnis herrscht – unabhängig von der Herleitung – Einigkeit darüber, dass eine Anzeigeverpflichtung für das Fehlverhalten Dritter nur so weit gehen kann, wie es dem Arbeitnehmer im Einzelfall zumutbar ist. Die Zumutbarkeit ist ein Korrektiv, das sachgerechte Einzelfallentscheidungen ermöglicht und eine Wertungsebene darstellt. Im Rahmen der Zumutbarkeit sind nach Ansicht der Rechtsprechung und der Literatur insbesondere folgende Faktoren zu berücksichtigen:

- Die Anzeige ist dem Arbeitnehmer unzumutbar, wenn Abhilfe berechtigterweise nicht zu erwarten ist[585]. Der Arbeitgeber hat durch entsprechende Organisation der Meldestelle dafür Sorge zu tragen, dass Abhilfe zu erwarten ist.

---

[583] BGH vom 23.2.1989 – IX ZR 236/86, BB 1989, 649 ff.
[584] *Diller*, DB 2004, 313 (314); *Schuster/Darsow*, NZA 2005, 273 (276).
[585] BAG vom 3.7.2003 – 2 AZR 235/02, NZA 2004, 427 ff.

- Hat der Arbeitnehmer bereits auf das gesetzeswidrige Fehlverhalten im Unternehmen hingewiesen und der Arbeitgeber nicht für Abhilfe gesorgt, besteht keine weitere vertragliche Rücksichtnahmepflicht[586]. Es wäre für den Arbeitnehmer unzumutbar, in diesem Fall von einer erneuten Anzeigeverpflichtung auszugehen.

- Nach *Blomeyer* ist eine Anzeige unzumutbar, wenn die Anzeige den Kollegen nur schädigen würde, vom Betrieb aber keinen Schaden abwendet, weil beispielsweise keine Wiederholungsgefahr droht[587]. Darüber lässt sich streiten. *Blomeyers* Ansicht weckt Zweifel an der Praktikabilität. Denn wann ist davon auszugehen, dass keine Wiederholungsgefahr droht? Ist es sinnvoll und interessengerecht, die Zumutbarkeit von der subjektiven Einschätzung des Arbeitnehmers abhängig zu machen? Es kann mit Sicherheit prognostiziert werden, dass sich jeder Arbeitnehmer mit dem Argument verteidigen würde: *Meiner Ansicht nach bestand keine Wiederholungsgefahr! Blomeyers* Ansicht ist daher aufgrund des Missbrauchspotenzials, sowie aufgrund mangelnder Praktikabilität abzulehnen.

- Unzumutbar ist eine Anzeigeverpflichtung, wenn es sich um Bagatellsachverhalte handelt. Das ist insbesondere bei der Geringwertigkeit des Schadens anzunehmen, sowie bei anderweitigen objektiven Umständen, aus welchen sich das Gesamtgeschehen (das Fehlverhalten) als Bagatelle darstellt.

- Unzumutbar ist eine Anzeigeverpflichtung bei vom Arbeitgeber selbst begangenen Straftaten[588].

- Nach der Rechtsprechung des BGH ist eine Meldung unzumutbar, wenn sich der Anzeigende dadurch selbst bezichtigen würde[589].

- Unzumutbar ist eine Anzeige auch dann, wenn dem Anzeigenden aufgrund der Umstände des Einzelfalls in der konkreten Situation ein Zeugnisverweigerungsrecht im Sinne des § 52 Abs. 1 StPO zustehen würde. Daher ist eine Mitteilung für den Arbeitnehmer unzumutbar, wenn es sich bei dem Dritten, welcher das Fehlverhalten begangen hat, beispielsweise um den Verlobten, den Ehegatten, den Lebenspartner oder einen Verwandten bzw. Verschwägerten handelt.

[586] BAG vom 3.7.2003 – 2 AZR 235/02, NZA 2004, 427 ff.
[587] *Blomeyer* in MünchArbR, § 54 Rn. 9.
[588] BAG vom 3.7.2003 – 2 AZR 235/02, NZA 2004, 427 ff.
[589] BGH vom 23.2.1989 – IX ZR 236/86, BB 1989, 649 ff.

Die Aufzählung ist keineswegs abschließend zu verstehen. Das ist auch nicht möglich und notwendig, da die Zumutbarkeit ein Korrektiv darstellt, um sachgerechte Einzelfallentscheidungen zu ermöglichen.

5. Gesamtabwägung

Die herausgearbeiteten Ergebnisse bringen die einzelnen Grundrechte der Beteiligten zur Geltung und sind zudem insgesamt interessengerecht, da die Wertungen auch den gemeinsamen Interessen der Beteiligten gerecht werden. Das führt dazu, dass das gefundene Ergebnis nicht nur die einzelnen Grundrechte zu einem angemessen Ausgleich führt, sondern auch insgesamt eine interessengerechte Ausgestaltung der vertraglichen Rücksichtnahmepflicht vorliegt.

Alle Beteiligten haben ein gemeinsames Interesse daran, Schäden vom Unternehmen fernzuhalten und Beeinträchtigungen des Unternehmensimages durch Fehlverhalten wenn möglich auszuschließen. Arbeitgeber und Arbeitnehmer haben ein gemeinsames Interesse daran, relevantes Fehlverhalten intern frühzeitig aufzuklären bzw. abzuschaffen. Besonders im Bereich der Wirtschaftsdelinquenz droht die Gefahr der Verhängung großer Strafen und der Verschlechterung der Unternehmensreputation. Dies kann dazu führen, dass ernsthafte wirtschaftliche Schwierigkeiten auftreten, welche letztlich Rationalisierungsmaßnahmen zur Folge haben. Daher liegt es im wohlverstandenen individuellen Interesse von Arbeitnehmer und Arbeitgeber, durch Fehlverhalten von Kollegen verursachte Schäden zur Anzeige zu bringen und dadurch einen Beitrag zum Erhalt des Unternehmens und zur Compliance zu leisten.

6. Zusammenfassende Darstellung

Unter Berücksichtigung der oben herausgearbeiteten Ergebnisse ist die vertragliche Rücksichtnahmepflicht des Arbeitnehmers, dem Arbeitgeber (drohende) Schäden anzuzeigen im Bezug auf das Fehlverhalten Dritter wie folgt zu konkretisieren bzw. auszuformen:

> *Der Arbeitnehmer ist verpflichtet, ihm bekannt gewordenes Fehlverhalten von anderen Arbeitnehmern und Dritten dem Arbeitgeber anzuzeigen, wenn ein konkreter Verdacht besteht, das Fehlverhalten im sachlichen, räumlichen und personalbezogenen Zurechnungszusammenhang zum Betrieb/Unternehmen steht, das Fehlverhalten dazu geeignet ist, das Unternehmen zu schädigen und das Fehlverhalten mit Strafe oder Geldbuße bedroht ist.*

C. Vertragliche Erweiterung der Anzeigeverpflichtung des Arbeitnehmers?

Fraglich ist, ob die vertragliche Rücksichtnahmepflicht, dem Arbeitgeber drohende Schäden anzuzeigen, durch eine individualvertragliche Abrede erweitert werden kann. Diese Möglichkeit ist im Grundsatz unter der Voraussetzung zu bejahen, dass die grundrechtlich geschützten Positionen der Beteiligten gewahrt werden. Bereits an dieser Stelle zeigt sich ein Grundsatzproblem bei der Erweiterung arbeitsvertraglicher Nebenpflichten aus §§ 242, 241 Abs. 2 BGB. Immerhin gilt es zu Bedenken, dass im Rahmen der Konkretisierung der vertraglichen Rücksichtnahmepflicht bereits eine umfassende Interessenabwägung vorgenommen worden ist und dabei bereits Grundrechte des Arbeitnehmers eingeschränkt worden sind, hier die negative Meinungsfreiheit. Wie viel weiterer Grundrechtsverzicht des Arbeitnehmers ist durch eine vertragliche Abrede möglich? Wo sind die Grenzen der Privatautonomie zu ziehen? Letztlich kommt hier das Spannungsfeld zum Ausdruck, zwischen der Möglichkeit des Grundrechtsverzichts des Arbeitnehmers auf der einen Seite und dem Eingreifen des Staates, zur Gewährleistung des Grundrechtsschutzes auf der anderen Seite[590]. Der Grenzverlauf ist eine schwierige Wertungsfrage, die hier nicht beantwortet werden kann. Es kann jedoch prognostiziert werden, dass vertragliche Vereinbarungen, die vorsehen, dass der Arbeitnehmer jegliches Fehlverhalten eines Dritten anzuzeigen hat, einem vollständigen Verzicht an negativer Meinungsfreiheit gleichkommen und diese Regelungen insoweit nicht verfassungskonform wären. Dadurch würden Arbeitnehmer zu einer bloßen Anzeigemaschine instrumentalisiert.

Eine vertragliche Regelung über die Einschränkung der Zumutbarkeit und damit über die Erweiterung der Anzeigeverpflichtung steht nicht zur Disposition der Beteiligten. Der Arbeitgeber kann die Anzeigeverpflichtung nicht von der Zumutbarkeit entkoppeln. Die Zumutbarkeit ist und bleibt unverzichtbarer Ausfluss aus § 242 BGB bzw. Art. 5 Abs. 1 GG und Art. 12 Abs. 1 GG. Art.12 Abs. 1 GG schützt auch das Interesse des Arbeitnehmers an zumutbaren Arbeitsbedingungen[591].

Eine Erweiterung der Anzeigeverpflichtung durch Absenken des Verdachtsgrades, weg vom konkreten Verdacht hin zum mutmaßlichen Verdacht, steht ebenfalls nicht zur Disposition der Beteiligten. Andernfalls würde der Schutz des Dritten (Verdächtigen) unterlaufen.

---

[590] Zu diesem Spannungsfeld vgl. Kapitel 3 A. II. 2. c).

[591] LAG Bremen vom 28.8.2008 – 3 Sa 69/08, AuR 2008, 455.

Verbleibt die Erweiterung der Anzeigepflicht im Hinblick auf das zu meldende Fehlverhalten. Hier kommt beispielsweise eine erweiterte Anzeigeverpflichtung für Fehlverhalten in Betracht, bei welchem dem Arbeitgeber kein Schaden droht. An dieser Stelle kommt man zu der schwierigen Wertungsfrage, inwieweit wirksam auf Art. 5 Abs. 1 GG verzichtet werden kann und inwieweit für die Pflichterweiterung ein von Art. 12 Abs. 1 GG geschütztes Arbeitgeberinteresse vorhanden ist[592].

Im Ergebnis ist die Erweiterung der Anzeigeverpflichtung des Arbeitnehmers nur in engen Grenzen zulässig, sofern die grundrechtlich geschützten Positionen der Beteiligten gewahrt werden.

D. Die Einführung einer Whistleblower-Klausel in der Ethikrichtlinie

Zurück zum Kern der *Stufe 2* des Compliance-Systems, der Frage nach der Statuierung einer Meldeverpflichtung innerhalb der Ethikrichtlinie. Wie bei allen Klauseln einer Ethikrichtlinie stellt sich auch bei der Whistleblower-Klausel die Frage nach den möglichen Einführungsformen. Dabei kann auf die in Kapitel 3 erarbeiteten Grundsätze zurückgegriffen werden, so dass sich die Untersuchung in den folgenden Abschnitten kurz hält. Zu untersuchen ist die Einführung anhand zwei verschiedener Anzeigeverpflichtungen, einmal die Möglichkeit der Einführung einer Whistleblower-Klausel, welche sich an der vertraglichen Rücksichtnahmepflicht des Arbeitnehmers orientiert und einmal die Whistleblower-Klausel, welche die vertraglichen Rücksichtnahmepflichten des Arbeitnehmers erweitert. Aufzuzeigen sind die Einführung per Direktionsrecht, per vertraglicher Abrede sowie per Betriebsvereinbarung.

I. Die Einführung einer Whistleblower-Klausel per Direktionsrecht

1. Normierung der vertraglichen Rücksichtnahmepflicht

Hält sich die Whistleblower-Klausel in den Grenzen der konkretisierten vertraglichen Rücksichtnahmepflicht, handelt es sich bei der Wiedergabe der arbeitsvertraglichen Nebenpflicht um einen bloßen Hinweis und keine Weisung im rechtstechnischen Sinn. Die Normierung bedarf keiner Einführungsform, da der Arbeitgeber ohnehin vom Arbeitnehmer die Einhaltung bestehender Verpflichtungen – unmittelbar aus Arbeitsvertrag oder Gesetz (§§ 242, 241 Abs. 2 BGB) – verlangen kann. Deshalb kann der Arbeitgeber auch unproblematisch im Rahmen eines Ethikkodex bestehende Pflichten normieren, vorrangig, um diesen

[592] Konkreter dazu gleich in diesem Kapitel unter D. II., wenn die vertragliche Einführung einer Whistleblower-Klausel untersucht wird.

Pflichten besonderen Nachdruck zu verleihen. Dies gilt, soweit sich der Arbeitgeber in den Grenzen der konkretisierten Anzeigeverpflichtung bewegt.

Hingegen unterfällt die Konkretisierung arbeitsvertraglicher Rücksichtnahmepflichten (das *„näher bestimmen“*) unter den Wortlaut des § 106 Satz 1 GewO. Die Konkretisierung arbeitsvertraglicher Nebenpflichten kann in einer Ethikrichtlinie erfolgen und mit dem Direktionsrecht umgesetzt werden. Nochmals sei klargestellt, was Konkretisierung in diesem Zusammenhang bedeutet: Konkretisierung bedeutet, eine bestehende Pflicht näher zu bestimmen, aber nicht die bestehende Pflicht zu erweitern oder an der „Pflichtenschraube“ an sich zu drehen. Durch eine Konkretisierung bleibt die Anzeigepflicht an sich unberührt, es kann aber näher bestimmt werden, wie die bestehende Pflicht einzuhalten ist. Eine Whistleblower-Klausel enthält regelmäßig eine Konkretisierung der Anzeigepflicht dahingehend, dass verbindlich vorgeschrieben wird, an welche Stelle sich der Mitarbeiter wenden soll, wenn er zur Anzeige verpflichtet ist. Dabei handelt es sich um eine Konkretisierung einer bestehenden Pflicht, indem näher bestimmt wird, auf welche Art und Weise die bestehende Anzeigepflicht einzuhalten ist. Eine derartige Konkretisierung der Whistleblower-Klausel ist per Direktionsrecht nach § 106 Satz 1 GewO möglich.

2. Erweiterung der vertraglichen Rücksichtnahmepflicht

Etwas anderes gilt hingegen, wenn der Arbeitgeber eine Anzeigeverpflichtung anstrebt, welche die vertragliche Rücksichtnahmepflicht erweitert. In diesen Fällen wird die Grenze der Weisungsbefugnis des Arbeitgebers überschritten. Der Arbeitgeber ist ausschließlich dazu legitimiert, die ohnehin bestehenden arbeitsvertraglichen Leistung- und Nebenpflichten des Arbeitnehmers mit Hilfe des Direktionsrechts näher zu bestimmen, nicht aber dazu, einseitig neue (erweiterte) Verpflichtungen zu schaffen. Daher ist die Einführung einer Whistleblower-Klausel, welche die arbeitsvertragliche Nebenpflicht des Arbeitnehmers erweitert, nicht von der Reichweite des Direktionsrechts umfasst.

II. Die Einführung einer Whistleblower-Klausel per vertraglicher Abrede

1. Normierung der vertraglichen Rücksichtnahmepflicht

Es steht dem Arbeitgeber frei, bestehende vertragsimmanente Rücksichtnahmepflichten aus §§ 242, 241 Abs. 2 BGB vertraglich zu fixieren. Die vertragliche Normierung ist besonders zu empfehlen, um der Verpflichtung Nachdruck zu verleihen.

Im Hinblick auf eine AGB-Kontrolle ist auf Folgendes hinzuweisen: Eine arbeitsvertragliche Nebenpflicht aus §§ 242, 241 Abs. 2 BGB ist als allgemeiner Rechtsgrundsatz anerkannt, wenn die Nebenpflicht durch Richterrecht im Wege der Rechtsfortbildung bestätigt oder konkretisiert worden ist. Gibt demnach eine Ethikrichtlinie arbeitsvertragliche Nebenpflichten in der Form wieder, wie sie durch die Rechtsprechung bestätigt bzw. konkretisiert worden sind, findet keine Inhaltskontrolle statt, vgl. § 307 Abs. 3 BGB. Das heißt für die in dieser Untersuchung konkretisierte arbeitsvertragliche Rücksichtnahmepflicht, dem Arbeitgeber (drohende) Schäden anzuzeigen: Es ist ein Stadium rechtlicher Unsicherheit vorhanden, bis ein entsprechendes Judikat vorliegt, bis die Rechtsprechung eine Konkretisierung der Anzeigeverpflichtung aus §§ 242, 241 Abs. 2 BGB des Arbeitnehmers vorgenommen hat. Davor kann nicht von einem allgemein anerkannten Rechtsgrundsatz ausgegangen werden und damit nicht von einer *„Rechtsvorschrift“* im Sinne des § 307 Abs. 3 BGB[593]. Bis zu diesem Zeitpunkt ist eine Überprüfung der Whistleblower-Klausel am Maßstab des § 307 Abs. 1 BGB vorzunehmen. Eine entgegen den Geboten von Treu und Glauben unangemessene Benachteiligung kann jedoch bei der der Konkretisierung der Anzeigeverpflichtung zugrundeliegenden Interessenabwägung nicht angenommen werden.

2. Erweiterung der vertraglichen Rücksichtnahmepflicht

Mangels Eignung des Direktionsrechts ist die vertragliche Vereinbarung das richtige Instrument bei der Erweiterung vertraglicher Rücksichtnahmepflichten und damit für die Erweiterung der Whistleblower-Klausel. Das darf aber nicht darüber hinweg täuschen, dass eine Erweiterung von Anzeigepflichten an den hohen Hürden der AGB-Kontrolle zu messen ist. Ebenso ist daran zu denken, dass die Erweiterung nur in Grenzen der Verfassung zulässig ist.

Im Hinblick auf die AGB-Kontrolle wird auf die ausführliche Darstellung in Kapitel 3 dieser Untersuchung verwiesen. Das dort erarbeitete Ergebnis bildet die Ausgangssituation für die hier zu erfolgende AGB-Prüfung[594]. Danach ist im Hinblick auf das Abweichungsinteresse zu prüfen, ob die Erweiterung der arbeitsvertraglichen Nebenpflicht aus §§ 242, 241 Abs. 2 BGB durch das Vorliegen besonderer Umstände keine unangemessene Benachteiligung darstellt. Das ist der Fall, wenn die Pflichtenerweiterung durch die Gewährung anderer rechtlicher Vorteile ausgeglichen wird oder wenn sie durch höherrangige Interessen des Arbeitgebers gerechtfertigt ist. Im letzteren Fall können sich die Besonderheiten aus dem Vertragsgegenstand, seinem Zweck, seiner Struktur oder aus den beteiligten Geschäftskreisen ergeben. Entscheidende Frage ist demnach, ob die

[593] Ausführlich dazu in Kapitel 3 A. II. 3. c).
[594] Siehe dazu umfassend in Kapitel 3 A. II. 3. c).

Whistleblower-Klausel, welche die arbeitsvertragliche Nebenpflicht erweitert, durch höherrangige Interessen des Arbeitgebers gerechtfertigt ist. An dieser Stelle fließen die Besonderheiten des Vertragsgegenstandes in die Prüfung mit ein, z.B. die Art der Tätigkeit und die Stellung im Unternehmen. Nun erlangt der konkrete Vertragsgegenstand eine Bedeutung, welcher noch bei Konkretisierung der selbständigen (nichtleistungsbezogenen) Nebenpflicht ausgeblendet und als Kriterium verworfen wurde[595].

Der Arbeitgeber hat im konkreten Einzelfall zu prüfen: Von wem kann ich welche Meldungen verlangen? Besteht für die erweiterte Meldeverpflichtung ein höherrangiges Interesse des Arbeitgebers? Zur Begründung höherrangigen Interesses ist primär mit der Art der Tätigkeit und der Stellung im Unternehmen zu argumentieren. Bereits hieran zeigt sich, dass eine Erweiterung einer Anzeigeverpflichtung nur in engen Grenzen zulässig sein wird. Grundsätzlich kann es zulässig sein, mit Führungskräften, welche eine herausgehobene Position bekleiden, oder Mitarbeitern in so genannten „Schlüsselpositionen" erweiterte Meldepflichten zu vereinbaren. Ebenfalls ist zur Begründung von Interessen an den Zweck des Vertrages zu denken. So ist es vorstellbar, das der Arbeitgeber wohl ein berechtigtes Interesse daran haben könnte, dass mit dem Chief Compliance Officer eine erweiterte Meldeverpflichtung vereinbart wird. In diesem Zusammenhang ist an das Gestaltungsinstrument der individuell ausgehandelten Klauseln gemäß § 305 Abs. 1 Satz 3 BGB zu denken, da bei solchen keine Inhaltskontrolle nach dem Recht der Allgemeinen Geschäftsbedingungen stattfindet[596]. *Im Ergebnis* sollte die Erweiterung der arbeitsvertraglichen Anzeigeverpflichtung, also eine erweiterte Whistleblower-Klausel, per Individualvereinbarung mit dem Arbeitnehmer umgesetzt werden.

Bis zu einem entsprechenden Judikat zur Anzeigeverpflichtung der Arbeitnehmer wird die Prüfung einer erweiterten Whistleblower-Klausel am Maßstab des § 307 Abs. 1 BGB vorzunehmen sein und kann dabei nicht auf das Abweichungsinteresse beschränkt werden.

III. Die Einführung einer Whistleblower-Klausel per Betriebsvereinbarung

1. Normierung der vertraglichen Rücksichtnahmepflicht

Im Rahmen einer Betriebsvereinbarung kann unproblematisch auf bestehende vertragsimmanente Rücksichtnahmepflichten des Arbeitnehmers hingewiesen werden. Dies gilt, soweit sich die Whistleblower-Klausel in der Betriebsverein-

[595] Siehe dazu oben in diesem Kapitel unter B. II. 3. a).
[596] Ausführlich zu dem Gestaltungsinstrument: Individuell ausgehandelte Klauseln in Kapitel 3 A. II. 4.

barung innerhalb der Grenzen der konkretisierten Anzeigeverpflichtung aus §§ 242, 241 Abs. 2 BGB bewegt.

Eine Whistleblower-Klausel enthält regelmäßig eine Konkretisierung der Anzeigepflicht dahingehend, dass verbindlich vorgeschrieben wird, an welche Stelle sich der Mitarbeiter wenden soll. Dabei handelt es sich um eine Konkretisierung einer bestehenden Pflicht, indem näher bestimmt wird, auf welche Art und Weise die bestehende Anzeigepflicht einzuhalten ist. Es wurde bereits herausgearbeitet, dass die Betriebsparteien die arbeitsvertraglichen Rücksichtnahmepflichten aus §§ 242, 241 Abs. 2 BGB per Betriebsvereinbarung näher bestimmen können[597]. Daher kann auch die Konkretisierung der Meldeverpflichtung per Betriebsvereinbarung erfolgen.

2. Erweiterung der vertraglichen Rücksichtnahmepflicht

Betriebsparteien können innerhalb einer Betriebsvereinbarung keine Regelungen über die Erweiterung arbeitsvertraglicher Nebenpflichten des Arbeitnehmers treffen. Die günstigeren Regelungen im Arbeitsvertrag gehen in dieser Konstellation den erweiterten Regelungen in einer Betriebsvereinbarung vor[598]. Daher ist eine über die Treuepflicht des Arbeitnehmers hinausgehende erweiterte Whistleblower-Klausel nicht per Betriebsvereinbarung regelbar, da das Günstigkeitsprinzip als Kollisionsnorm zu beachten ist. Hierbei ist wiederum anzumerken, das bis zum Zeitpunkt kein entsprechendes Judikat vorhanden ist, welches die arbeitsvertragliche Rücksichtnahmepflicht des Arbeitnehmers, (drohende) Schäden anzuzeigen, derart ausgeformt hat, wie in dieser Untersuchung vorgeschlagen.

E. Die Mitbestimmung des Betriebsrats bei der Einführung einer Whistleblower-Klausel

Das Mitbestimmungsrecht des Betriebsrats ist unabhängig von der Einführungsform der Whistleblower-Klausel zu beachten[599], sofern ein mitbestimmungspflichtiger Tatbestand betroffen ist. Die folgenden Ausführungen beschäftigen sich ausschließlich mit der Frage, ob die Meldeverpflichtung als solche der Mitbestimmung unterliegt. Die Mitbestimmung im Hinblick auf Vorgaben hinsichtlich des Meldewegs und der Meldestelle werden in Kapitel 5 behandelt, welches sich schwerpunktmäßig mit der Einrichtung des Kommunikationskanals auseinandersetzt.

---

[597] Siehe dazu oben in Kapitel 3 A. III. 3. b) aa).

[598] Siehe dazu oben in Kapitel 3 A. III. 2. c) und Kapitel 3 A. III. 3. b) bb).

[599] BAG vom 28.5.2002 – 1 ABR 32/01, NZA 2003, 166 ff.; *Hromadka*, Arbeitsrecht Band 1, § 6 Rn. 15.

Grundsätzlich sind arbeitsvertragliche Nebenpflichten aus §§ 242, 241 Abs. 2 BGB als *gesetzliche Regelungen* im Sinne des § 87 Abs. 1 Einleitungssatz BetrVG anzusehen[600]. Dies gilt allerdings nur, soweit die vertragsimmanenten Nebenpflichten ausdrücklich durch die Judikative bestätigt bzw. ausgeformt worden sind. Da bis zum Zeitpunkt kein entsprechendes Judikat vorhanden ist, welches die arbeitsvertragliche Rücksichtnahmepflicht des Arbeitnehmers, (drohende) Schäden anzuzeigen, derart ausgeformt hat, wie in dieser Untersuchung vorgeschlagen, ist die Mitbestimmung des Betriebrats nicht nach § 87 Abs. 1 Einleitungssatz BetrVG ausgeschlossen. Bis zur Rechtsfortbildung durch das Richterrecht stellt sich daher die Frage, ob eine Anzeigeverpflichtung das mitbestimmungspflichtige Ordnungsverhalten der Arbeitnehmer oder deren mitbestimmungsfreies Arbeitsverhalten betrifft, vgl. § 87 Abs. 1 Nr. 1 BetrVG. Die Frage kann einheitlich sowohl für die Whistleblower-Klausel, welche sich an der vertraglichen Rücksichtnahmepflicht des Arbeitnehmers orientiert, als auch für die Whistleblower-Klausel, welche die vertraglichen Rücksichtnahmepflichten des Arbeitnehmers erweitert, beantwortet werden. Die Frage ist in beiden Fällen: Mitbestimmungspflichtiges Ordnungsverhalten oder mitbestimmungsfreies Arbeitsverhalten?

Das LAG Düsseldorf hat in seiner Entscheidung vom 14.11.2005 die Mitbestimmungsfrage aufgeworfen, konnte die Beantwortung derselbigen jedoch offen lassen[601]:

> *„Zwar wird durch die Aufforderung zur Anzeige von Kollegen, die gegen die betriebsinternen Verhaltensrichtlinien verstoßen oder möglicherweise verstoßen haben, in erster Linie das Verhältnis von Arbeitnehmer und Arbeitgeber und damit das mitbestimmungsfreie Arbeitsverhalten betroffen. Tatsächlich konkretisiert die Arbeitgeberin jedoch nicht bloß die arbeitsvertragliche Treuepflicht des Arbeitnehmers, sondern ermuntert die Mitarbeiter, unabhängig von der arbeitsvertraglichen Treuepflicht jeglichen selbst einen nur möglichen Verstoß gegen die Ethikrichtlinie mitzuteilen, ohne dass ein Schaden eingetreten ist oder einzutreten droht, und damit ihre Arbeitskollegen zu denunzieren. Ob eine solche Bestimmung das mitbestimmungspflichtige Ordnungsverhalten der Arbeitnehmer oder noch deren mitbestimmungsfreies Arbeitsverhalten betrifft, brauchte jedoch letztlich nicht entschieden zu werden, da bereits aus anderen Gründen der Arbeitgeberin untersagt werden musste, diese Bestimmungen der Ethikrichtlinie weiterhin anzuwenden.“*

[600] Zur Herleitung ausführlich in Kapitel 3 B. II. 2. b) aa).
[601] LAG Düsseldorf vom 14.11.2005 – 10 TaBV 46/05, DB 2006, 162 ff. Auch die *Honeywell*-Entscheidung hat diesbezüglich nichts beigetragen, vgl. BAG vom 22.7.2008 – 1 ABR 40/07, NZA 2008, 1248 ff.

Nach der herrschenden Meinung in der Literatur[602] wird – zwar meist ohne Begründung – in der Verpflichtung zur Meldung ein mitbestimmungspflichtiges Ordnungsverhalten gesehen. Dieser Auffassung ist aus mehreren Gründen zuzustimmen. Die Pflicht, eine Meldung an den Arbeitgeber zu erstatten, erscheint zwar auf den ersten Blick als eine Pflicht, welche ausschließlich das Verhältnis zwischen Arbeitgeber und Arbeitnehmer betrifft. Insoweit könnte mit der Rechtsprechung des BAG vom 24.11.1981 argumentiert werden. In dieser Entscheidung hat der 1. Senat ausgeführt, dass kein Mitbestimmungsrecht bei Verhaltenspflichten besteht, welche lediglich das Verhältnis Arbeitnehmer/Arbeitgeber betreffen[603]. *Junker* stellt jedoch zutreffend und auf den Punkt gebracht fest, dass eine Anzeigepflicht nur geringe Berührungspunkte mit der Erbringung der eigentlichen Arbeitsleistung hat. Seiner Ansicht nach besteht ähnlich wie bei anderen Aufklärungspflichten kein Bezug zur Art und Weise der Arbeitsleistung[604]. Das muss insbesondere gelten, wenn eine selbständige (nichtleistungsbezogene) Anzeigepflicht formuliert wird, welche sozusagen von der Hauptleistungspflicht des Arbeitnehmers entkoppelt ist. Mitunter darf auch nicht vergessen werden, dass die Statuierung einer Anzeigeverpflichtung Auswirkungen auf das Zusammenleben und das Zusammenwirken der Arbeitnehmer im Betrieb hat. Es kann nicht geleugnet werden, dass eine Meldeverpflichtung für Arbeitnehmer Auswirkungen auf das Betriebsklima zeigen wird. Der Umgang der Mitarbeiter untereinander und insgesamt das Zusammenleben kann sich verändern. Gleiches Ergebnis mit gleicher Argumentation ergibt sich unter Zugrundelegung der Rechtsprechung des BAG, wenn man auf den objektiven Regelungszweck, der sich nach dem Inhalt der Maßnahme und nach der Art des zu beeinflussenden betrieblichen Geschehens bestimmt[605], abstellt.

Ein Mitbestimmungsrecht nach § 87 Abs. 1 Nr. 1 BetrVG ist auch dann anzunehmen, wenn die Anzeigeregelung lediglich Appellcharakter hat[606]. Entscheidend ist der jeweilige Regelungsinhalt der unverbindlichen Regelung, inwieweit diese darauf gerichtet ist, die vorgegebene Ordnung des Betriebes zu gewährleisten, aufrechtzuerhalten und zu beeinflussen[607]. Auch ein unverbindlicher Verhaltensappell führt zu den oben beschriebenen Auswirkungen auf das Zusammenleben und das Zusammenwirken der Arbeitnehmer im Betrieb.

---

[602] *Wisskirchen/Körber/Bissels*, BB 2006, 1567 (1571); *Ohlendorf/Bünning*, AuA 2006, 200 (202); *Eisenbeis/Nießen*, FS Leinemann, 697 (715); *Wisskirchen*, Personalführung 2006, 62 (64); *Wagner*, Ethikrichtlinien, 136 mit weiteren Nachweisen.

[603] BAG vom 24.11.1981 – 1 ABR 108/79, DB 1982, 1116 ff.

[604] *Junker*, BB 2005, 602 (604 f.).

[605] BAG vom 11.6.2002 – 1 ABR 46/01, NZA 2002, 1299 f. So auch *Fitting*, § 87 Rn. 68, kritisch dazu *Richardi*, § 87 Rn. 180 nach dessen Ansicht die Abgrenzung nicht praktikabel ist.

[606] *Wisskirchen/Körber/Bissels*, BB 2006, 1567 (1571); *Wagner*, Ethikrichtlinien, 136; a.A. *Mengel/Hage- meister*, BB 2007, 1386 (1392); *Barthel/Huppertz*, AuA 2006. 204 (205).

[607] BAG vom 18.4.2000 – 1 ABR 22/99, BB 2000, 2521 f. Siehe dazu auch grundlegend in Kapitel 3 B. I.

Im Ergebnis besteht hinsichtlich der Statuierung einer Anzeigeverpflichtung ein Mitbestimmungsrecht des Betriebsrats nach § 87 Abs. 1 Nr. 1 BetrVG. Dies gilt zumindest solange, bis im Rahmen der richterlichen Rechtsfortbildung eine Anzeigeverpflichtung entsprechend ausgeformt worden ist. Da die künftige Rechtsprechung nur schwierig zu prognostizieren ist, ist in jedem Fall rein vorsorglich der Betriebsrat bei der Statuierung einer Meldeverpflichtung zu beteiligen.

F. Praktische Überlegungen und praktische Hinweise im Zusammenhang mit der Einführung einer Whistleblower-Klausel

Die in dieser Untersuchung erarbeitete und zugrundegelegte konkretisierte Rücksichtnahmepflicht gibt Anlass, sich über die Positionierung einer Whistleblower-Klausel innerhalb einer Ethikrichtlinie Gedanken zu machen. Zudem ist zu diskutieren, ob aus präventiven Gesichtspunkten in der Praxis zu empfehlen ist, ergänzende Regelungen bzw. Hinweise im Zusammenhang mit einer Whistleblower-Klausel einzuführen.

I. Praktische Überlegungen bei der Einführung einer Whistleblower-Klausel

1. Notwendigkeit der Normierung einer Whistleblower-Klausel?

Jedem Schuldverhältnis, also auch dem Arbeitsvertrag, sind die aus §§ 242, 241 Abs. 2 BGB herzuleitenden Pflichten der Vertragspartner der Rücksichtnahme, des Schutzes und der Förderung des Vertragszwecks immanent[608]. So auch die im Rahmen dieser Untersuchung konkretisierte Anzeigepflicht des Arbeitnehmers im Hinblick auf das Fehlverhalten Dritter. Die Anzeigeverpflichtung ist vertragsimmanent und bedarf damit keiner ausdrücklichen Vereinbarung zwischen Arbeitnehmer und Arbeitgeber. Aufgrund der Vertragsimmanenz besteht daher auch keine – zumindest rechtliche – Notwendigkeit, eine Whistleblower-Klausel in die Ethikrichtlinie mit aufzunehmen. Die Aufnahme ist entbehrlich[609].

Gleichzeitig muss darauf hingewiesen werden, dass gerade die Ausformung einer selbständigen (nichtleistungsbezogenen) Nebenpflicht die Gefahr begründet, dass Arbeitnehmer nicht erkennen, welche Verhaltensweisen aufgrund der Rücksichtnahmepflicht letztlich gefordert sind und welche nicht. Der Arbeitnehmer muss wissen, welche Sachverhalte er anzuzeigen hat und welche nicht. Zugleich muss beachtet werden, dass es sich vorliegend um eine Rücksichtnahmepflicht handelt, welcher kein Judikat zugrunde liegt. Das begründet aus Gründen der Klarheit und Transparenz eine *tatsächliche* Notwendigkeit, eine

[608] *Preis* in ErfK, BGB, § 611 Rn. 707.
[609] *Preis*, Der Arbeitsvertrag, II A 40 Rn. 14.

Whistleblower-Klausel in die Ethikrichtlinie mit aufzunehmen[610]. Über die Pflichten des Arbeitnehmers muss Klarheit herrschen. Deshalb sollte eine Ethikrichtlinie – zumindest bis zum Vorhandensein entsprechender Judikate – durch entsprechende Formulierungen Klarheit und Transparenz darüber schaffen, in welchen Fällen der Arbeitnehmer zur Anzeige von Fehlverhalten seiner Kollegen verpflichtet ist. Dies gilt umso mehr im sensiblen Bereich der Anzeigeverpflichtung, zumal der Arbeitnehmer ohne konkrete Regelungen unter Umständen das Risiko der Entlassung wegen Denunziantentums trägt.

Bei der Erweiterung der vertraglichen Rücksichtnahmepflicht stellt sich diese Problematik nicht. Aufgrund der Erweiterung ist von keiner Vertragsimmanenz mehr auszugehen, was eine ausdrückliche vertragliche Vereinbarung bedingt.

2. Die Positionierung einer Whistleblower-Klausel

Whistleblower-Klauseln sind in der Praxis am Ende des Verhaltenskodex positioniert – oftmals unter der Überschrift „Implementierung" zu finden. In allen für diese Untersuchung gesichteten Ethikrichtlinien sind so genannte „All-Klauseln" verwendet worden, d.h. Klauseln, welche undifferenziert den gesamten Kodex in Bezug nehmen und den Arbeitnehmer anhalten, sämtliche gegen diesen Kodex registrierten Verstöße anzuzeigen. Dass derartige Klauseln nicht mit den grundrechtlich geschützten Interessen des Arbeitnehmers harmonieren und damit verfassungswidrig sind, ist in diesem Kapitel herausgearbeitet worden. Damit ist in einem ersten Schritt eine Whistleblower-Klausel zu konkretisieren, d.h. weg von der in Bezugnahme sämtlichen Fehlverhaltens hin zu der Benennung konkreter Pflichtverletzungen. Im Hinblick auf die Positionierung der Klausel kommen zwei Möglichkeiten in Betracht.

Zum einen besteht die Möglichkeit – identisch wie bei den All-Klauseln – die Klausel am Ende des Verhaltenskodex zu positionieren. Vorstellbar wäre eine Klausel, welche dem Arbeitnehmer aufgibt, ihm bekannt gewordene Verstöße Dritter gegen den Kodex zu melden, wenn das Fehlverhalten im sachlichen, räumlichen und personalbezogenen Zurechnungszusammenhang zum Betrieb/Unternehmen steht, das Fehlverhalten dazu geeignet ist, das Unternehmen zu schädigen, das Fehlverhalten mit Strafe oder Geldbuße bedroht ist und ein konkreter Verdacht besteht.

Zum anderen besteht die Möglichkeit, nach den jeweiligen Abschnitten eines Verhaltenskodex eine Klausel – wenn rechtlich zulässig – zu positionieren. Rechtlich zulässig ist eine Klausel nach den Abschnitten wie Korruption, Um-

[610] Ähnlich *Preis*, Der Arbeitsvertrag, II A 40 Rn. 14.

weltdelikte, Bestechung usw., also wenn Verhaltensregeln aufgestellt werden, welche betrieblichen Bezug aufweisen, das Fehlverhalten geeignet wäre den Arbeitgeber zu schädigen und das Fehlverhalten mit Strafe oder Geldbuße bedroht ist. Dabei ist nach jedem Abschnitt eine Prüfung vorzunehmen, ob die Voraussetzungen vorliegen. Eine Klausel wäre demnach nicht nach dem Abschnitt über Partnerschaftliches Verhalten am Arbeitsplatz zulässig. Bei solchen Regelungsbereichen kommt allenfalls in Betracht, eine Whistleblower-Klausel zu positionieren, welche im Hinblick auf eine Anzeigeverpflichtung einen unverbindlichen Verhaltensappell normiert. Der Arbeitgeber sollte sich grundsätzlich darüber Klarheit verschaffen, ob ein Interesse an diesbezüglicher Informationserlangung im Rahmen des Compliance-Systems besteht. Dieser Positionierungsvorschlag wird insbesondere Transparenzerfordernissen gerecht, indem dem Arbeitnehmer nach jedem Abschnitt mitgeteilt wird, ob eine Anzeigeverpflichtung besteht oder nicht. Ob die Positionierung allerdings aus psychologischen Gründen sinnvoll ist, bleibt zweifelhaft. Zumindest verbleibt ein negativer Beigeschmack, wenn nach jedem Abschnitt der Ethikrichtlinie eine (un)verbindliche Anzeigeverpflichtung normiert wird.

Deshalb kommt als Mittelweg eine Kombination aus beiden Positionierungsvorschlägen in Betracht. Die Whistleblower-Klausel wird wie in der ersten Alternative am Schluss des Kodex positioniert. Um Klarheit und Transparenz zu schaffen, werden im Zusammenhang mit der Whistleblower-Klausel ausdrücklich die Abschnitte bezeichnet, für welche eine Anzeigeverpflichtung besteht. Je nach Arbeitgeberinteresse kann im Anschluss darauf hingewiesen werden, dass in allen anderen Fällen die Möglichkeit der freiwilligen Anzeige besteht.

II. Annexregelungen einer Whistleblower-Klausel

Für die Praxis sind bestimmte Annexregelungen im Zusammenhang mit Whistleblower-Klauseln zu empfehlen.

1. Durch Anzeige keinen Nachteil

Absolut zu begrüßen sind Regelungen, welche dem Arbeitnehmer versichern, dass im Falle einer Anzeige keine Nachteile drohen. Derartige Klauseln sind insbesondere unter Motivations- und Vertrauensgesichtpunkten nicht zu unterschätzen. Unternehmen praktizieren dies beispielsweise wie folgt:

„Das Unternehmen hat sich verpflichtet, dafür Sorge zu tragen, dass Mitarbeitern, die in gutem Glauben vermutete Verstöße gegen den Verhaltenskodex melden, keinerlei Nachteile entstehen[611]*."*

„Nokia Siemens Networks wird dafür sorgen, dass es keine nachteiligen, die Arbeit betreffenden Folgen hat, wenn ein Mitarbeiter die Verletzung dieses Kodex über dieses Verfahren mitteilt[612]*."*

„Unser Unternehmen sichert zu, dass keinem Mitarbeiter, der von der Hotline Gebrauch macht, daraus ein Schaden oder eine andere Benachteiligung erwächst[613]*."*

2. Präventive Annexregelung

Es ist nicht wegzudiskutieren, dass eine Verpflichtung zur Anzeige auch Missbrauchspotenzial birgt. Ein Missbrauch liegt insbesondere dann vor, wenn – aus welchen Gründen auch immer – gezielte Fehlinformationen über das Verhalten eines Dritten gestreut werden. Um diesem Missbrauch vorzubeugen, ist der Arbeitnehmer darauf hinzuweisen, dass eine Meldung an den Arbeitgeber oder eine dafür eingerichtete Stelle, die wissentlich unwahre oder leichtfertige falsche Angaben enthält, eine Kündigung sozial rechtfertigen kann[614]. Neben der präventiven Wirkung bringt die Regelung zum Ausdruck, dass keine derartige Unternehmenskultur geduldet werden soll und dass der Arbeitgeber gewillt ist, gegen Personen vorzugehen, die gezielt Fehlinformationen streuen.

Abschließend dazu folgender Formulierungsvorschlag im Anschluss an eine Whistleblower-Klausel:

„Eine Meldung an den Arbeitgeber, die das Fehlverhalten eines Dritten gegen den Verhaltenskodex zum Gegenstand hat und wissentlich unwahre oder leichtfertig falsche Angaben enthält, kann zur Beendigung des Arbeitsverhältnisses führen."

---

[611] Verhaltenskodex des Unternehmens Air Products, Seite 6, verfügbar unter: http://www.airproducts.com (letzter Abruf 19.3.2009).

[612] Vergleiche dazu den Verhaltenskodex der Nokia Siemens Networks GmbH & Co.KG, verfügbar unter: http://www.nokiasiemensneworks.com/de/AboutUs/Corporate+responsibility/Code+of+Conduct.htm?languagecode=de (letzter Abruf: 19.3.2009).

[613] Grundwerte und Leitlinien der BASF AG, verfügbar unter: http://www.basf.com (letzter Abruf: 19.3.2009).

[614] BVerfG vom 2.7.2001 – 1 BvR 2049/00, NZA 2001, 888 ff.; *Linck* in Schaub ArbR-Hdb, § 127 Rn. 67.

„Datenschutz ist ein notwendiges Gegengewicht und ein Korrekturinstrument gegen übermäßige, die Individualrechte beeinträchtigende Datenverarbeitung, aber er kann und soll kein Verhinderungsinstrument sein"
(Hans Peter Bull)

Kapitel 5

***Stufe 3* des Compliance-Systems: Einrichtung eines Kommunikationskanals – Die Whistleblowing-Hotline**

Stufe 3 des Compliance-Systems ist gekennzeichnet durch die Einrichtung eines Kommunikationskanals – hier einer Whistleblowing-Hotline. Die so genannte Whistleblowing-Hotline dient zur Entgegennahme und Behandlung der Mitarbeiteranzeigen. Die technische Einrichtung ermöglicht es den Arbeitnehmern, telefonisch Verstöße gegen den Kodex zu melden. Bei der Festlegung des Verfahrens, wie Kommunikation zu erfolgen hat, sind aus arbeitsrechtlicher Sicht Mitbestimmungstatbestände betroffen (**dazu A.**). Außerdem stellt sich die praktisch äußerst relevante Frage, an welche Stelle bzw. an wen die Informationsübermittlung erfolgen soll (**dazu B.**). Mit der Einrichtung eines Kommunikationskanals sind darüber hinaus datenschutzrechtliche Probleme verbunden. Die Untersuchung endet mit einer datenschutzrechtlichen Betrachtung (**dazu C.**).

A. Mitbestimmungstatbestände bei der Einrichtung eines Kommunikationskanals

Mitbestimmungstatbestände des Betriebsrats können je nach Ausgestaltung des Kommunikationskanals in zweifacher Hinsicht bestehen. Einerseits im Rahmen des § 87 Abs. 1 Nr. 1 BetrVG wenn der Arbeitgeber die Nutzung eines Kommunikationssystems verbindlich vorschreibt. Andererseits ist regelmäßig zu prüfen, ob ein System gewählt wurde, welches als technische Einrichtung im Sinne des § 87 Abs. 1 Nr. 6 BetrVG anzusehen ist.

I. Mitbestimmung nach § 87 Abs. 1 Nr. 1 BetrVG

Durch die Installierung einer Whistleblowing-Hotline gibt der Arbeitgeber das Meldeverfahren vor, wie (per Telefon) und an welche Stelle die Kommunikation zu erfolgen hat. Zur Frage der Mitbestimmung führte bereits das LAG Düsseldorf aus, dass bei der Festlegung eines Verfahrens, wie ein Mitarbeiter auf einen erkannten Verstoß gegen den Verhaltenskodex reagieren muss, nicht das mitbestimmungsfreie Arbeitsverhalten, sondern das betriebliche Zusammenleben und Zusammenwirken der Arbeitnehmer und damit die betriebliche Ordnung im

Sinne des § 87 Abs. 1 Nr. 1 BetrVG betroffen ist[615]. Diese Ansicht wird auch von der Literatur vertreten[616]. Im Ergebnis ist der Rechtsprechung und der Literatur zuzustimmen. Unstreitig besteht bei der Einführung eines Meldeverfahrens ein Mitbestimmungsrecht des Betriebsrats. Durch die Vorgabe eines Meldeverfahrens werden interne Abläufe koordiniert, welche das betriebliche Zusammenleben und Zusammenwirken der Arbeitnehmer betreffen. Der Rechtsprechung des LAG Düsseldorf und der Ansicht der Literatur hat sich das BAG in der *Honeywell*-Entscheidung angeschlossen[617]. Das gilt auch dann, wenn das einzuhaltende Meldeverfahren nicht verpflichtend vorgeschrieben wird, sondern lediglich eine Empfehlung darstellt. Auch der Ratschlag, eine Whistleblowing-Hotline zu nutzen, ist als unverbindlicher Verhaltensappell dazu geeignet, das Zusammenleben und das Zusammenwirken der Arbeitnehmer im Betrieb zu beeinflussen[618].

Im Ergebnis ist der Betriebsrat nach § 87 Abs. 1 Nr. 1 BetrVG zu beteiligen, wenn den Arbeitnehmern ein Meldeverfahren über eine Whistleblowing-Hotline vorgegeben wird.

II. Mitbestimmung nach § 87 Abs. 1 Nr. 6 BetrVG

Wird als Kommunikationskanal eine Whistleblowing-Hotline eingerichtet, stellt sich die Frage der Mitbestimmung des Betriebsrats in sozialen Angelegenheiten nach § 87 Abs. 1 Nr. 6 BetrVG. Danach hat der Betriebsrat bei Einführung und Anwendung von technischen Einrichtungen, die dazu bestimmt sind, das Verhalten oder die Leistung der Arbeitnehmer zu überwachen, mitzubestimmen. Sinn und Zweck der Mitbestimmung nach § 87 Abs. 1 Nr. 6 BetrVG ist der Schutz der Arbeitnehmer vor den besonderen Gefahren von Überwachungsmaßnahmen, die sich für das Persönlichkeitsrecht der Arbeitnehmer aus dem Einsatz technischer Einrichtungen ergeben[619]. Nach ständiger Rechtsprechung des BAG ist ein datenverarbeitendes System zur Überwachung von Verhalten oder Leistung der Arbeitnehmer bestimmt, wenn es individualisierte oder individualisierbare Verhaltens- oder Leistungsdaten erhebt und aufzeichnet, unabhängig davon, ob der Arbeitgeber die Daten auswertet oder verwendet[620]. Mitbestimmungspflichtig ist neben der Einführung auch die Anwendung der Kontrolleinrichtung[621]. Ob die Whistleblowing-Hotline eine technische Einrichtung im Sin-

[615] LAG Düsseldorf vom 14.11.2005 – 10 TaBV 46/05, DB 2006, 162 ff.
[616] *Mengel/Hagemeister*, BB 2007, 1386 (1392); *Triskatis*, Ethikrichtlinien im Arbeitsrecht, 224; *Wagner*, Ethikrichtlinien, 136 f. mit weiteren Nachweisen.
[617] BAG vom 22.7.2008 – 1 ABR 40/07, NZA 2008, 1248 ff.
[618] BAG vom 18.4.2000 – 1 ABR 22/99, BB 2000, 2521 f.
[619] *Kania* in ErfK, BetrVG, § 87 Rn. 48; *Fitting*, § 87 Rn. 215; *Richardi*, § 87 Rn. 480; zuletzt BAG vom 22.7.2008 – 1 ABR 40/07, NZA 2008, 1248 ff.
[620] Zuletzt BAG vom 22.7.2008 – 1 ABR 40/07, NZA 2008, 1248 ff.
[621] BAG vom 22.7.2008 – 1 ABR 40/07, NZA 2008, 1248 ff.

ne des § 87 Abs. 1 Nr. 6 BetrVG ist, ist von der konkreten Ausgestaltung der technischen Mittel abhängig und von Einzelfall zu Einzelfall zu entscheiden. Die Telefonhotline muss eine eigenständige Kontrollwirkung entfalten und nicht bloß unterstützend zur Überwachung eingesetzt werden[622]. Die Frage nach der Mitbestimmung kann nicht für jeden Einzelfall beantwortet werden – dennoch zeichnen sich grundsätzlich folgende Leitlinien ab:

Ein Mitbestimmungsrecht nach § 87 Abs. 1 Nr. 6 BetrVG bei der Einrichtung einer Whistleblowing-Hotline ist beispielsweise anzunehmen, wenn die Anrufe der Arbeitnehmer auf einer dafür eingerichteten Telefonhotline aufgezeichnet werden[623].

Alternativ neben der Aufzeichnung der Telefonanrufe besteht die Möglichkeit der Entgegennahme der Anzeigen durch einen Telefonisten. In diesem Fall ist richtigerweise mit *Eisenbeis/Nießen* zu vermuten, dass eine Kontrollwirkung zumindest bei neueren Telefonanlagen zu bejahen ist, da diese in der Regel die Telefonnummern der eingehenden Anrufe automatisch speichern und eine Rückverfolgung des Anrufs ermöglichen[624]. Neben der Kontrollwirkung aufgrund der technischen Möglichkeiten fällt nach der Rechtsprechung und der Literatur ebenso die technische Verarbeitung manuell erfasster Daten unter den Mitbestimmungstatbestand des § 87 Abs. 1 Nr. 6 BetrVG[625]. Das bedeutet, dass die spätere Protokollierung der eingehenden Anrufe in eine Computerdatei mitbestimmungspflichtig ist[626].

Eine Mitbestimmung des Betriebsrats nach § 87 Abs. 1 Nr. 6 BetrVG würde dann ausscheiden, wenn bei der Nutzung der Whistleblowing-Hotline absolute Anonymität der Anrufer gewährleistet wäre[627]. Die Anonymitätsproblematik wird in dem Abschnitt über die datenschutzrechtlichen Aspekte einer Whistleblowing-Hotline beleuchtet[628].

---

622 *Kania* in ErfK, BetrVG, § 87 Rn. 57; *Eisenbeis/Nießen*, FS Leinemann, 697 (719); *Fitting*, § 87 Rn. 227; *Wisskirchen/Jordan/Bissels*, DB 2005, 2190 (2192); BAG vom 06.12.1983 – 1 ABR 43/81, BB 1984, 850 ff.

623 *Eisenbeis/Nießen*, FS Leinemann, 697 (718).

624 *Eisenbeis/Nießen*, FS Leinemann, 697 (719); *Behrendt/Kaufmann*, CR 2006, 642 (645); *Wisskirchen/Jordan/Bissels*, DB 2005, 2190 (2192).

625 *Fitting*, § 87 Rn. 238; *Kania* in ErfK, BetrVG, § 87 Rn. 49; *Eisenbeis/Nießen*, FS Leinemann, 697 (719); BAG vom 14.9.1984 – 1 ABR 23/82, DB 1984, 2513 ff.

626 *Eisenbeis/Nießen*, FS Leinemann, 697 (719).

627 *Behrendt/Kaufmann*, CR 2006, 642 (645).

628 Siehe dazu in diesem Kapitel unter C. I.

B. Wer sitzt am anderen Ende der Leitung? Präferenz für den externen Ombudsmann

Um eine weniger rechtliche, aber praktisch äußerst relevante Angelegenheit handelt es sich bei der Frage, wer am anderen Ende der Whistleblowing-Hotline positioniert wird. Soll diese Stelle intern oder extern angesiedelt sein? Soll die Stelle durch unternehmenseigene Mitarbeiter oder durch unabhängige Dritte besetzt werden? Die Präferenz geht eindeutig in Richtung externe Ombudsstelle[629]. Wie aufzuzeigen sein wird, überzeugt eine externe Ombudsstelle durch zahlreiche Argumente und Vorteile und verspricht nachweislich Erfolg, was am Beispiel der Deutschen Bahn AG illustriert werden kann[630].

Der Begriff Ombudsmann stammt aus Schweden[631]. Ombudsmann wird in den skandinavischen Ländern ein Parlamentsbeauftragter genannt, der als Verfassungsorgan den einzelnen Bürger gegen Verletzungen der Grundrechte und allgemein gegen behördliche Willkür schützen soll[632]. Der Ombudsmann steht im Bereich Compliance für die Bekämpfung von Korruption und anderen wirtschaftskriminellen Handlungen und ist der Ansprechpartner für Hinweisgeber, die einen konkreten Verdacht melden wollen. Der Volkswagenkonzern setzt auf ein Ombudsmann-System, in welchem zwei externe Anwälte als Ansprechpartner für die Arbeitnehmer dienen. Die Ombudsmänner sind über eine Telefonhotline erreichbar.

> *„Zwei renommierte Rechtsanwälte stehen als neutrale Ombudsmänner (schwedisch für Vermittler) zur Verfügung. Jeder Mitarbeiter und Geschäftspartner kann sich an einen der Ombudsmänner wenden, wenn er Hinweise auf Korruption entdeckt. Alle Hinweise werden vertraulich behandelt und der Hinweisgeber bleibt dabei strikt anonym, die Ombudsmänner unterliegen der anwaltlichen Schweigepflicht*[633]*.“*

Ist der Ombudsmann ein externer Rechtsanwalt, ist gewährleistet, dass dieser die Identität des Hinweisgebers zu schützen vermag. Der externe Anwalt unterliegt einerseits der beruflichen Verschwiegenheitspflicht vgl. § 43 a Abs. 2 BRAO, § 203 Abs. 1 Nr. 3 StGB und andererseits steht ihm ein Zeugnisverweigerungsrecht nach § 53 Abs. 1 Satz 1 Nr. 1 StPO zu[634]. Weder Syndikusanwälte, Justitiare noch andere Personen des Unternehmens, z.B. der Chief Compliance Of-

---

[629] In der Praxis wird durchgehend der Begriff Ombudsmann verwendet. Nach *Schimmelpfennig* ist die geschlechtsneutrale Bedeutung „Ombudsstelle“ vorzugswürdig, vgl. *Schimmelpfennig*, CCZ 2008, 161.

[630] Zu der Erfolgsgeschichte der Deutschen Bahn im Hinblick auf Korruptionsbekämpfung mit einem Ombudsmann-System siehe die Ausführungen in *Schönefeldt*, Personalführung 2005, 36 (39 f.).

[631] *Buchert*, CCZ 2008, 148.

[632] Vgl. dazu Deutsches Rechts-Lexikon, 3118 f.

[633] Siehe dazu: http://www.volkswagenag.com/vwag/vwcorp/content/de/the_group/group_profile_and_structure/ombudsman_system.html (letzter Abruf: 21.2.2009).

[634] *Buchert*, CCZ 2008, 148.

ficer, können mangels beruflichem Zeugnisverweigerungsrecht die Hinweisgeber umfassenden schützen. Das erzeugt ein besonderes Vertrauen der Hinweisgeber in externe Anwälte – was in den sensiblen Bereichen der Wirtschaftsdelinquenz auch dringend notwendig ist. Größte Befürchtung der Hinweisgeber ist nämlich mangelnde Vertraulichkeit. So befürchten die Hinweisgeber, nach der Ansicht von *Buchert* nicht unbegründet, Repressalien und Mobbing von Kollegen. Daneben besteht die Befürchtung, als „Nestbeschmutzer" und Denunziant abgestempelt zu werden[635]. Ebenso ist das Vertrauen der Hinweisgeber in externe Beauftragte größer als bei beauftragten Personen aus dem eigenen Unternehmen[636]. Eine externe Stelle gewährleistet für den Hinweisgeber (zumindest gefühlsmäßig) größere Neutralität und Unbefangenheit in der Sache. Vertrauen und Schutz, garantiert durch externe Ombudsmänner, ist eine wesentliche Basis für das Funktionieren eines Hinweisgebersystems. Werden Vertrauen und Schutz gewährleistet, werden mehr sachlich begründete Hinweise eingehen, als bei Installierung einer betriebsinternen Stelle, bei welcher sich der Hinweisgeber nicht sicher ist, wer die Hinweise entgegennimmt, welche Qualifikation und Ausbildung der Ansprechpartner hat, ob der Ansprechpartner vertrauenswürdig ist etc.[637].

Nach *Buchert* sind die Erfolge des Ombudsmann-Systems beeindruckend[638]. Er verweist dabei auf die Erfolge der Deutschen Bahn AG, welche aus dem Compliance-Bericht 2006/2007 des Konzerns hervorgehen[639]. Im Ergebnis ist aufgrund der oben dargestellten Argumente ein Rechtsanwalt als externer Ombudsmann in das Compliance-System einzubauen[640].

C. Datenschutzrechtliche Aspekte bei der Einrichtung eines Kommunikationskanals

In der Regel[641] stellt die Benutzung einer Whistleblowing-Hotline einen datenschutzrechtlich relevanten Vorgang dar. Die über die Whistleblowing-Hotline aufgenommenen Hinweise über das Fehlverhalten von Kollegen sind Einzelan-

[635] *Buchert*, CCZ 2008, 148.
[636] *Maschmann*, AuA 2009, 72 (75).
[637] Vgl. *Maschmann*, AuA 2009, 72 (75).
[638] *Buchert*, CCZ 2008, 148.
[639] Der Compliance-Bericht der Deutschen Bahn AG 2006/2007 ist verfügbar unter: http://www.deutschebahn.com/site/shared/de/dateianhaenge/berichte/compliance__bericht06__07.pdf (letzter Abruf: 20.3.2009).
[640] Vertiefend über die Ausgestaltung und Koordinierung eines Ombudsmann-Systems siehe *Buchert*, CCZ 2008, 148 ff. Weiterführend zu arbeitsrechtlichen Fragestellungen im Zusammenhang mit einem Ombudsmann-System siehe *Schimmelpfennig*, CCZ 2008, 161 ff.
[641] Eine Ausnahme – welche jedoch nur in der Theorie bestehen dürfte – führen *Behrendt/Kaufmann*, CR 2006, 642 (644) an. Nach ihrer Ansicht könnte das BDSG unanwendbar bleiben, wenn es sich nur um eine Datenverarbeitung außerhalb von nicht automatisierten Dateien handeln würde. Dies wäre der Fall, wenn die Dokumentation der gemeldeten Informationen auf einzelnen, handschriftlichen und nicht systematisch mit anderen gleichartig erstellten Berichten erfolgen würde.

gaben, welche einen Verdächtigen mit einem Sachverhalt in Verbindung bringen und damit personenbezogene Daten im Sinne des § 3 Abs. 1 BDSG. Spätestens mit Speicherung der Hinweise auf ein Computersystem nach § 3 Abs. 4 Nr. 1 BDSG erfolgt die Erhebung oder Verarbeitung mittels Datenverarbeitungsanlagen im Sinne des § 1 Abs. 2 Nr. 3 BDSG[642]. Sollte das System keine anonyme Meldung ermöglichen, stellt auch die Verarbeitung der personenbezogenen Daten des Hinweisgebers einen datenschutzrechtlich relevanten Vorgang dar. *Im Ergebnis* ist der Anwendungsbereich des BDSG im Falle der Erhebung, Verarbeitung und Nutzung personenbezogener Daten bei Nutzung einer Whistleblowing-Hotline eröffnet. Damit sind zwangsläufig bei dem dieser Untersuchung zugrundeliegenden Compliance-System datenschutzrechtliche Aspekte betroffen. Auch wenn die Untersuchung eine arbeitsrechtliche Schwerpunktsetzung hat, ist es notwendig, auf die datenschutzrechtlichen Problematiken einzugehen, welche zwingend bei der Einrichtung eines Kommunikationskanals tangiert sind.

I. Grundsatzentscheidung in der Frage der Anonymität

Bei der Frage nach der Anonymität befinden sich deutsche Unternehmen, deren Aktien in den USA gehandelt werden, die also der amerikanischen Börsenaufsicht unterliegen, in einem internationalen Spannungsverhältnis[643]. Die Anonymität der Anzeige ist in Section 301 Abs. 4 (B) Sarbanes-Oxley Act vorgesehen:

> *„(4) COMPLAINTS - Each audit committee shall establish procedures for--*
> *(B) the confidential, anonymous submission by employees of the issuer of concerns regarding questionable accounting or auditing matters[644].“*

Im Widerspruch dazu steht die Empfehlung der Art. 29-Datenschutzgruppe. Die Art. 29-Datenschutzgruppe ist das Beratungsgremium der Europäischen Gemeinschaft in Fragen des Datenschutzrechts und setzt sich zusammen aus den Datenschutzbeauftragten der 27 EU-Mitgliedsstaaten[645]. Die Art. 29-Gruppe verabschiedete am 1.2.2006 eine Stellungsnahme im Hinblick auf datenschutzrechtliche Anforderungen an Whistleblowing-Systeme[646]. Nach Ansicht der Art. 29-Gruppe verdient die Frage nach der Anonymität besondere Aufmerksamkeit, weshalb im Folgenden die tragenden Erwägungen der Art. 29-Gruppe dargestellt werden:

---

[642] *Zimmermann*, RDV 2006, 242 (243); *Behrendt/Kaufmann*, CR 2006, 642 (644).
[643] *Müller-Bonanni/Schell*, ArbRB 2006, 299 (300).
[644] Verfügbar unter: http://www.thecompliancepartners.com/klmbill2.html (letzter Abruf: 21.3.2009).
[645] Eine Übersicht über die Mitglieder der Art. 29-Gruppe ist verfügbar unter: http://ec.europa.eu/justice_home/fsj/privacy/workinggroup/members_de.htm (letzter Abruf: 21.3.2009).
[646] Verfügbar unter: http://ec.europa.eu/justice_home/fsj/privacy/docs/wpdocs/2006/wp117_de.pdf (letzter Abruf: 21.3.2009).

„Anonymität ist möglicherweise keine gute Lösung für den Hinweisgeber oder für die Organisation, und zwar aus einer Reihe von Gründen:

- *Anonymität hindert andere nicht daran, mit Erfolg zu erraten, wer die Beschwerde vorgebracht hat;*
- *die Beschwerde ist schwerer zu überprüfen, wenn keine Anschlussfragen gestellt werden können;*
- *anonyme Meldungen können dazu führen, dass sich die Menschen auf den Hinweisgeber konzentrieren, vielleicht mit dem Verdacht, dass er oder sie die Beschwerde aus Bosheit vorgebracht hat;*
- *eine Organisation läuft Gefahr, dass eine Kultur anonymer böswilliger Meldungen entsteht;*
- *das soziale Klima innerhalb der Organisation könnte schlechter werden, wenn den Beschäftigten bewusst würde, dass mit Hilfe des Verfahrens jederzeit anonyme Meldungen über sie gemacht werden könnten*[647]*.“*

Die Art. 29-Gruppe ist im Weiteren der Auffassung, dass ein Meldeverfahren so ausgestaltet sein sollte, dass anonyme Meldungen als normale Art der Beschwerde nicht unterstützt werden. Dazu sollen die Unternehmen nicht darauf hinweisen, dass das Verfahren anonyme Meldungen ermöglicht[648].

Aber auch deutsche Unternehmen, deren Aktien nicht in den USA gelistet sind, müssen sich entscheiden, ob anonyme Anzeigen über die Whistleblowing-Hotline entgegengenommen werden. Letztlich hat der Arbeitgeber das Für und Wider im Hinblick auf anonyme Anzeigen abzuwägen und eine Grundsatzentscheidung zu treffen.

Bürkle favorisiert die Installation einer Whistleblowing-Hotline, welche auch anonymen Hinweisen nachgeht[649]. *Bürkles* Argumentation ist zunächst zuzustimmen, wenn er ausführt, dass die Kenntnis im Unternehmen, dass anonyme Meldungen ernst genommen und verfolgt werden, die Entdeckungsgefahr unrechtmäßiger Praktiken erhöht und präventiv eine abschreckende Wirkung entfaltet. Weiter trifft *Bürkle* die Feststellung, dass durch anonyme interne Meldungen nachteiliges externes Whistleblowing vermieden werden kann[650]. Auch *Mengel* kommt insgesamt zu dem Ergebnis, dass aufgrund des Fehlens nationaler Whistleblowing-Schutzregelungen anonyme Meldungen vorzugswürdig sind und spricht in praktischer Hinsicht einem nicht-anonymen System die Effektivität ab[651].

---

[647] Verfügbar unter: http://ec.europa.eu/justice_home/fsj/privacy/docs/wpdocs/2006/wp117_de.pdf (letzter Abruf: 21.3.2009).

[648] Verfügbar unter: http://ec.europa.eu/justice_home/fsj/privacy/docs/wpdocs/2006/wp117_de.pdf (letzter Abruf: 21.3.2009).

[649] *Bürkle*, DB 2004, 2158 (2161).

[650] *Bürkle*, DB 2004, 2158 (2161).

[651] *Mengel*, CCZ 2008, 85 (89).

Mahnhold hingegen äußert Bedenken gegen ein anonymes System und formuliert zutreffend und etwas überspitzt: *„Whistleblowing-Systeme laufen Gefahr, im Arbeitsverhältnis den „unerkannten Spitzel" zu normalisieren und zu institutionalisieren*[652]*.*" Zwangsläufig werden mit Anonymität die negativen Assoziationen des Denunziantentums geweckt. *Mengel* ist diese Sichtweise zu pessimistisch[653].

Insgesamt sprechen die überzeugenderen Gründe für eine restriktive Handhabung, das heißt für eine Whistleblowing-Hotline, welche keine anonymen Anzeigen der Hinweisgeber entgegennimmt. Bei Entgegennahme anonymer Anzeigen schneidet man sich weitere Aufklärungsmöglichkeiten ab, da mangels Identitätsfeststellung des Hinweisgebers keine Rückfragen gestellt werden können. Das kann die Effektivität eines anonymen Systems beeinträchtigen. Durch die Mitteilung der eigenen personenbezogenen Daten hat der Hinweisgeber keine Nachteile zu erwarten, da die Identität des Anzeigenden vertraulich behandelt wird. Insoweit besteht auch keine Schutzbedürftigkeit des Hinweisgebers. Ausschlaggebend ist letztlich das Gefahrenpotenzial, welches regelmäßig mit einem anonymen Meldesystem verbunden ist. Nicht zu unterschätzen ist die Missbrauchsgefahr des Systems, die insbesondere dadurch zum Ausdruck kommt, dass über die Hotline gezielt Fehlinformationen gestreut werden können, ohne dass der Fehlinformant dafür zur Verantwortung gezogen werden kann. *Wagner* weist zutreffend auf eine weitere Gefahr hin, welche sich durch ein anonymes System ergeben könnte. Unter Umständen ist es vorstellbar, dass sich nach eingegangener anonymer Meldung die Ermittlungstätigkeit weniger auf die Aufklärung des Fehlverhaltens konzentriert, sondern vielmehr auf das Enttarnen des Hinweisgebers[654].

II. Datenschutzrechtliche Rechtfertigung

Nach § 1 Abs. 1 BDSG ist Zweck des Bundesdatenschutzgesetzes, den Einzelnen davor zu schützen, dass er durch den Umgang mit seinen personenbezogenen Daten in seinem Persönlichkeitsrecht beeinträchtigt wird. Aufgrund der Anwendbarkeit des Bundesdatenschutzgesetzes[655] bedarf es der datenschutzrechtlichen Zulässigkeit der Datenerhebung, -verarbeitung und -nutzung. Überschreitet der Arbeitgeber die Grenzen zulässiger Datenverarbeitung, kommt ein Schadensersatzanspruch nach § 7 BDSG in Betracht. Daneben begründet ein Verstoß eine Haftung nach den zivilrechtlichen Vorschriften §§ 280 Abs. 1, 311

[652] *Mahnhold*, NZA 2008, 737 (739).
[653] *Mengel*, CCZ 2008, 85 (89).
[654] *Wagner*, Ethikrichtlinien, 128.
[655] Dazu bereits oben in diesem Kapitel unter C.

Abs. 2, §§ 823 ff. BGB (das BDSG ist Schutzgesetz im Sinne des § 823 Abs. 2 BGB)[656].

Nach § 4 Abs. 1 BDSG ist die Erhebung, Verarbeitung und Nutzung personenbezogener Daten nur zulässig, soweit eine andere Rechtsvorschrift dies erlaubt oder anordnet, der Betroffene eingewilligt hat oder das Bundesdatenschutzgesetz eine Rechtfertigung anordnet oder erlaubt.

1. Andere Rechtsvorschriften im Sinne des § 4 Abs. 1 BDSG

Andere Rechtsvorschriften im Sinne des § 4 Abs. 1 BDSG sind nationale Rechtsvorschriften. Daher kommt der Sarbanes-Oxley Act als Rechtsvorschrift im Sinne des BDSG nicht in Betracht[657]. Unter die anderen Rechtsvorschriften im Sinne des § 4 Abs. 1 BDSG fallen neben Landesvorschriften beispielsweise Tarifverträge, Betriebs- und Dienstvereinbarungen[658]. Eine datenschutzrechtliche Rechtfertigung scheidet mangels Bestehen einer anderen Rechtsvorschrift, welche Geltung für eine Whistleblowing-Hotline beanspruchen könnte und welche die Erhebung, Verarbeitung und Nutzung personenbezogener Daten erlaubt oder anordnet, aus.

2. Einwilligung des Betroffenen

Eine Alternative der datenschutzrechtlichen Rechtfertigung stellt die Einwilligung der betroffenen Arbeitnehmer dar, vgl. § 4 Abs. 1 BDSG. Dieser Ansatz kann für die Rechtfertigung der Erhebung personenbezogener Daten des Hinweisgebers diskutiert werden, sollte das System nicht vollständig anonym ausgestaltet sein. Die Einholung einer Einwilligung des Verdächtigen scheidet schon aus praktischen Gründen aus. Zunächst kann mit an Sicherheit grenzender Wahrscheinlichkeit prognostiziert werden, dass der Verdächtige nicht in die Erhebung, Verarbeitung und Speicherung seiner Daten einwilligt. Zudem würde die in Kenntnis Setzung des Verdächtigen zu einem derart frühen Zeitpunkt unter Umständen den Untersuchungserfolg gefährden.

Die Einwilligung ist nur wirksam, wenn sie auf der freien Entscheidung des Betroffenen beruht, vgl. § 4a Abs. 1 Satz 1 BDSG. Im Arbeitsverhältnis bestehen Bedenken gegen die Freiwilligkeit der Einwilligung[659]. Die Motivation zur Erteilung der Einwilligung des Arbeitnehmers könnte ausschließlich darin liegen,

---

[656] *Wank* in ErfK, BDSG, § 7 Rn. 1.
[657] *Mengel*, CCZ 2008, 85 (89); *Zimmermann*, RDV 2006, 242 (244 f.).
[658] *Wank* in ErfK, BDSG, § 4 Rn. 2; weiterführend *Zimmermann*, RDV 2006, 242 (245) zur Möglichkeit der Einführung einer nach dem BDSG unzulässigen Datenverarbeitung über eine Betriebsvereinbarung.
[659] *Schmidl*, DuD 2006, 353 (355).

sein Arbeitsverhältnis nicht gefährden zu wollen[660]. Die Einwilligung als datenschutzrechtliche Rechtfertigung kann daher als fraglich angesehen werden. Auch eine im Vorfeld abstrakt erklärte Einwilligung des Arbeitnehmers ist rechtlich nicht möglich. Die Einwilligung kann nur für Einzelfälle erklärt werden und muss sich auf einen konkreten Datensatz beziehen[661]. Zudem ist zu bedenken, dass die Einwilligung des Betroffenen stets widerruflich ist[662].

Im Ergebnis begegnet die datenschutzrechtliche Rechtfertigung über die Einwilligung des Betroffenen erheblichen rechtlichen Bedenken und ist unpraktikabel.

3. Datenschutzrechtliche Rechtfertigung nach § 28 BDSG

Nach § 4 Abs. 1 BDSG ist die Erhebung, Verarbeitung und Nutzung personenbezogener Daten zulässig, soweit das Bundesdatenschutzgesetz dies erlaubt oder anordnet. Das Bundesdatenschutzgesetz sieht in § 28 BDSG eine Datenerhebung für eigene Zwecke vor.

a) Rechtfertigung nach § 28 Abs. 1 Satz 1 Nr. 1 BDSG

Nach § 28 Abs. 1 Satz 1 Nr. 1 BDSG ist das Erheben, Speichern, Verändern oder Übermitteln personenbezogener Daten oder ihre Nutzung als Mittel für die Erfüllung eigener Geschäftszwecke zulässig, wenn es der Zweckbestimmung eines Vertragsverhältnisses oder vertragsähnlichen Vertrauensverhältnisses mit dem Betroffenen dient.

Das Arbeitsverhältnis ist ein *Vertragsverhältnis* im Sinne des § 28 Abs. 1 Satz 1 Nr. 1 BDSG[663]. Für die datenschutzrechtliche Zulässigkeit ist nach § 28 Abs. 1 Satz 1 Nr. 1 BDSG entscheidend, ob die Verarbeitung der Daten durch das Whistleblowing-System der *Zweckbestimmung* des Arbeitsverhältnisses mit dem Betroffenen dient. Wann die Verarbeitung und Nutzung der Zweckbestimmung des Vertragsverhältnisses dient, beantwortet das Gesetz nicht. Dazu werden in der Literatur unterschiedliche Ansichten vertreten[664]. Nach *Schaffland/Wiltfang* muss die Datenverarbeitung zur Verwirklichung des Vertragszwecks geeignet sein[665]. Nach *Simitis* muss die Datenverarbeitung zur Verwirklichung des Vertragszwecks erforderlich sein[666]. Trotz unterschiedlicher Ansichten stellt *Zim-*

[660] *Backes/Eul/Guthmann/Martwich/Schmidt*, RDV 2004, 156 (159); *Mengel*, CCZ 2008, 85 (89); *Zimmermann*, RDV 2006, 242 (244); *Schmidl*, DuD 2006, 353 (355).
[661] *Zimmermann*, RDV 2006, 242 (244).
[662] *Zimmermann*, RDV 2006, 242 (244); *Mengel*, CCZ 2008, 85 (89).
[663] *Gola/Schomerus*, BDSG, § 28 Rn. 9.
[664] Eine ausführliche Darstellung des Meinungsstandes bei *Gola/Schomerus*, BDSG, § 28 Rn. 13.
[665] *Schaffland/Wiltfang*, BDSG, § 28 Rn. 18.
[666] *Simitis* in Simitis, BDSG, § 28 Rn. 85.

mermann zutreffend fest, dass ein Konsens dahingehend besteht, dass die Datenverarbeitung einen Bezug zum Vertragszweck haben muss[667].

Die Zweckbestimmung des Arbeitsverhältnisses kann sich aus dem Vertragsinhalt ergeben, konkret: den im Vertrag geregelten bzw. vertragsimmanenten Rechten und Pflichten der Parteien[668]. Die durch die Whistleblowing-Hotline eingegangenen und zu verarbeitenden Informationen müssen sich demnach auf Pflichten des betroffenen Arbeitnehmers beziehen, bzw. es muss sich um Hinweise auf Pflichtverletzungen handeln[669]. Nach *Wisskirchen/Körber/Bissels* ist zu fragen, ob eine Datenverarbeitung möglicherweise von den sich aus dem Arbeitsvertrag ergebenden Nebenpflichten gedeckt ist. Möglich ist eine Datenverarbeitung mit dem Ziel, eine Gefährdung des Vertragszwecks durch Nebenpflichtverletzung zu verhindern[670]. Nach *Schmidl* ist der Vertragszweck durch das Ziel der Vertragsparteien festgelegt. Ziele werden wiederum reflektiert durch vertragliche Haupt- und Nebenpflichten[671].

Unter Zugrundelegung obiger Ausführungen ergibt sich gleichzeitig eine Grenze für die datenschutzrechtliche Rechtfertigung. Von einer Rechtfertigung ist nur auszugehen, solange man sich im Rahmen der vertragsgemäßen Pflicht bewegt. Damit bildet die Pflicht aus dem Arbeitsvertrag als Zweckbestimmung die Grenze für § 28 Abs. 1 Nr. 1 BDSG. Folgerichtig lässt sich hieraus der Rückschluss ziehen, dass eine datenschutzrechtliche Rechtfertigung bei einer Meldung von Fehlverhalten Dritter vorhanden ist, wenn die Meldepflicht eine bestehende vertragliche Pflicht des Arbeitnehmers konkretisiert[672].Vor diesem Hintergrund formulieren *Gola/Schomerus* folgerichtig: *„Sofern die Meldepflicht als sog. Whistleblower nur die Pflicht des Arbeitnehmers konkretisiert, Schaden vom Betrieb fern zu halten (§ 241 BGB), liegt die Anweisung, auf einem hierzu aufgezeichneten Weg „relevante" Verfehlungen zu melden, im Rahmen des Direktionsrechts, d.h. die Erhebung und nachfolgende Verarbeitung erfolgt im Rahmen der arbeitsvertraglichen Beziehungen mit dem Meldenden und dem Gemeldeten[673]."*

Anknüpfungspunkt ist wie so oft im Rahmen dieser Untersuchung die Frage, welche konkrete vertragliche Rücksichtnahmepflicht nach § 241 Abs. 2 BGB im Bezug auf die Anzeige von Schäden besteht. Bewegt sich die Anzeigepflicht im Rahmen der in dieser Arbeit konkretisierten Rücksichtnahmepflicht, ist von ei-

[667] *Zimmermann*, RDV 2006, 242 (245).
[668] Ähnlich *Gola/Schomerus*, BDSG, § 28 Rn. 15.
[669] *Zimmermann*, RDV 2006, 242 (245).
[670] *Wisskirchen/Körber/Bissels*, BB 2006, 1567 (1568); *Gliss/Kramer*, Personal 2006, 50 (52).
[671] *Schmidl*, DuD 2006, 353 (358).
[672] Ähnlich *Mengel*, CCZ 2008, 85 (90); *Zimmermann*, RDV 2006, 242 (245).
[673] *Gola/Schomerus*, BDSG, § 28 Rn. 16a.

ner datenschutzrechtlichen Rechtfertigung nach § 28 Abs. 1 Nr. 1 BDSG auszugehen. Insoweit erfolgt die Datenverarbeitung im Rahmen des Vertragszwecks mit dem Hinweisgeber und dem Verdächtigen.

In einem zweiten Schritt hat bei der Prüfung der datenschutzrechtlichen Rechtfertigung unstreitig eine Interessenabwägung nach Maßgabe des Verhältnismäßigkeitsprinzips stattzufinden[674]. Im Rahmen der Verhältnismäßigkeitsprüfung ist zu untersuchen, ob der Arbeitgeber ein erhebliches Interesse an der Datenverarbeitung hat[675]. Ein erhebliches Interesse ist auch einzufordern, beachtet man die Eingriffe in die Rechte der Betroffenen, die mit Nutzung der Whistleblowing-Hotline und der damit einhergehenden Verarbeitung personenbezogener Daten stattfindet.

Nach *Zimmermann* ist ein berechtigtes und schwer wiegendes Interesse dann anzunehmen, wenn es um die Aufdeckung und die Verhinderung von Straftaten im Unternehmen geht[676]. Diese Aussage lässt sich noch weiter konkretisieren. Ein erhebliches Interesse des Arbeitgebers besteht bei Sachverhalten, welche eine Anzeigepflicht des Arbeitnehmers aufgrund seiner vertraglichen Rücksichtnahmepflicht begründen. Das bedeutet, dass ein erhebliches Arbeitgeberinteresse dann besteht, wenn es sich um betriebliches, mit Strafe oder Geldbuße bedrohtes Fehlverhalten handelt, welches geeignet ist, den Arbeitgeber zu schädigen.

Werden auch darüber hinausgehende Hinweise aufgenommen, ist dafür ebenfalls ein erhebliches Interesse des Arbeitgebers notwendig[677]. Nach *Zimmermann* ist für darüber hinausgehende Hinweise kein ähnlich erhebliches Interesse ersichtlich[678]. Dies wird in der Tat auch schwer zu begründen sein.

Im Ergebnis ist von einer datenschutzrechtlichen Rechtfertigung nach § 28 Abs. 1 Satz 1 Nr. 1 BDSG auszugehen, wenn sich die im Rahmen der Ethikrichtlinie statuierte Anzeigeverpflichtung auf die Ausformung der vertraglichen Rücksichtnahmepflicht des Arbeitnehmers beschränkt. Für darüber hinausgehende Hinweise ist sowohl gegenüber dem Hinweisgeber, als auch dem Verdächtigen ein erhebliches Interesse zu begründen, was im Einzelfall schwer, wenn nicht unmöglich sein wird. Festzuhalten bleibt, dass Whistleblowing-Systeme, welche

---

[674] BAG vom 22.10.1986 – 5 AZR 660/85, NZA 1987, 415 ff.; *Wank* in ErfK, BDSG, § 28 Rn. 3; *Gola/Schomerus*, BDSG, § 28 Rn. 16; *Zimmermann*, RDV 2006, 242 (245).

[675] *Zimmermann* prüft zusätzlich im Rahmen der Verhältnismäßigkeit, ob dass Whistleblowing-System Schutz vor Verleumdung bietet. Weiterführend dazu siehe *Zimmermann*, RDV 2006, 242 (245 f.).

[676] *Zimmermann*, RDV 2006, 242 (246); *Müller-Bonanni/Schell*, ArbRB 2006, 299 sprechen von Pflichtwidrigkeiten.

[677] *Zimmermann*, RDV 2006, 242 (246); *Behrendt/Kaufmann*, CR 2006, 642 (646).

[678] *Zimmermann*, RDV 2006, 242 (246).

sämtliche Hinweise über die Hotline zulassen, nicht den datenschutzrechtlichen Anforderungen gerecht werden. Bei Statuierung einer Anzeigeverpflichtung sind die datenschutzrechtlichen Grenzen im Auge zu behalten, da nur in den aufgezeigten Grenzen eine Datenverarbeitung zulässig ist.

b) Rechtfertigung nach § 28 Abs. 1 Satz 1 Nr. 2 BDSG

„*Anders als Verhaltensvorschriften, die dem arbeitsvertraglichen Zweck, d. h. einem geordneten und wirtschaftlich erfolgreichen Ablauf des Wertschöpfungsprozesses dienen, enthalten Ethikrichtlinien in aller Regel Vorgaben, die das 'richtige' oder gar ethische Verhalten betreffen*[679]." Besteht kein Bezug zum Arbeitsverhältnis und damit kein Bezug zum Vertragszweck, kommt eine Datenverarbeitung nur nach § 28 Abs. 1 Satz 1 Nr. 2 BDSG in Betracht. Danach ist eine Datenverarbeitung zulässig, soweit es zur Wahrung berechtigter Interessen der verantwortlichen Stelle erforderlich ist und kein Grund zu der Annahme besteht, dass das schutzwürdige Interesse des Betroffenen an dem Ausschluss der Verarbeitung oder Nutzung überwiegt. Kumulativ setzt die Rechtfertigung ein berechtigtes Interesse des Arbeitgebers voraus und die Feststellung, dass schutzwürdige Interessen der Arbeitnehmer nicht überwiegen[680]. Die Interessenabwägung erfolgt im Einzelfall, konkret bezogen auf die einzelnen Verhaltenspflichten und die daraus korrespondierenden Meldungen[681]. Ein überwiegendes Interesse wird sich in Fällen ohne konkreten Bezug zum Vertragszweck nur schwerlich begründen lassen.

III. Sonderkonstellation: Beauftragung externer Dienstleister

Der Betrieb einer Whistleblowing-Hotline muss nicht unternehmensintern angesiedelt sein, sondern kann ebenso durch externe Dienstleister erfolgen. Diese Sonderkonstellation verdient insbesondere Beachtung, wenn sich das Unternehmen für ein Ombudsmann-System entscheidet und mit der Entgegennahme der Anrufe externe Rechtsanwälte beauftragt. Für die datenschutzrechtliche Zulässigkeit kommt es entscheidend darauf an, ob der externe Dienstleister im Wege der Auftragsdatenverarbeitung oder der Funktionsübertragung tätig wird.

1. Auftragsdatenverarbeitung

Von einer Auftragsdatenverarbeitung kann grundsätzlich ausgegangen werden, wenn der Beauftragte lediglich die Daten erhebt und verarbeitet, ohne jedoch

---

[679] *Wisskirchen/Körber/Bissels*, BB 2006, 1567 (1568).

[680] Weiterführend in diesem Zusammenhang zum berechtigten Interesse und den Empfehlungen der Art. 29-Gruppe siehe *Wisskirchen/Körber/Bissels*, BB 2006, 1567 (1568 ff.).

[681] *Schmidl*, DuD 2006, 353 (358).

einen eigenen Entscheidungsspielraum zu besitzen, der Auftraggeber sich also die Entscheidungsbefugnis vorbehält[682]. In diesem Fall gilt § 11 Abs. 1 Satz 1 BDSG, wonach bei Erhebung, Verarbeitung und Nutzung personenbezogener Daten im Auftrag durch andere Stellen der Auftraggeber für die Einhaltung der Vorschriften des Bundesdatenschutzgesetzes verantwortlich ist. Der Dritte fungiert als verlängerter Arm des Auftraggebers, ohne jedoch die Verantwortlichkeit zu übernehmen. Dem Auftraggeber verbleibt die Herrschaft über die Daten, also die vollumfängliche Verfügungsgewalt und damit die Bestimmung über die Erhebung, Verarbeitung oder Nutzung der Daten[683]. Durch die Tätigkeit eines Dritten im Wege der Auftragsdatenverarbeitung ergeben sich daher keine erhöhten datenschutzrechtlichen Anforderungen. Nach wie vor besteht die Verantwortlichkeit des Auftraggebers, welcher den datenschutzrechtlichen Anforderungen nach § 28 Abs. 1 Nr. 1 BDSG gerecht wird, sofern die Datenerhebung der Zweckbestimmung des Arbeitsverhältnisses dient[684].

Im Rahmen der Auftragsdatenverarbeitung hat der Auftraggeber die besonderen Voraussetzungen des § 11 BDSG zu erfüllen. Nach § 11 Abs. 2 Satz 1 BDSG hat der Auftraggeber den Auftragnehmer (Dritten) sorgfältig auszuwählen. Nach § 11 Abs. 2 Satz 4 BDSG muss sich der Auftraggeber von der Einhaltung der beim Auftragnehmer getroffenen technischen und organisatorischen Maßnahmen überzeugen. Der Auftrag an den Dritten ist schriftlich zu erteilen, vgl. § 11 Abs. 2 Satz 2 BDSG.

2. Funktionsübertragung

Der Anwendungsbereich der Auftragsdatenverarbeitung wird verlassen, sobald dem Auftragnehmer eine eigenständige rechtliche Zuständigkeit für die Aufgabe, deren Erfüllung die Datenverarbeitung oder die Nutzung dient, zugewiesen wird[685]. Wird die Aufgabe, zu deren Erfüllung die Verarbeitung der Daten notwendig ist, übertragen, so kann ein Fall der Funktionsübertragung vorliegen[686]. Dies ist beispielsweise dann anzunehmen, wenn neben der Datenverarbeitung die Vorbereitung und Durchführung weiterer Maßnahmen auf den Dritten übertragen wird[687]. In diesem Fall muss der Dritte selbst die datenschutzrechtlichen Anforderungen nach § 4 BDSG in Verbindung mit § 28 BDSG erfüllen[688]. *Breinlinger/Krader* gehen davon aus, dass hinsichtlich des Hinweisgebers wohl

[682] *Gola/Schomerus*, BDSG, § 11 Rn. 9.
[683] *Gola/Schomerus*, BDSG, § 11 Rn. 3.
[684] So im Ergebnis auch *Müller-Bonanni/Schell*, ArbRB 2006, 299 (300). Ausführlich zur datenschutzrechtlichen Rechtfertigung nach § 28 Abs. 1 Nr. 1 BDSG siehe in diesem Kapitel unter C. II. 3. a).
[685] *Gola/Schomerus*, BDSG, § 11 Rn. 9.
[686] *Gola/Schomerus*, BDSG, § 11 Rn. 9.
[687] *Müller-Bonanni/Schell*, ArbRB 2006, 299 (300).
[688] *Breinlinger/Krader*, RDV 2006, 60 (66).

eine Rechtfertigung nach § 28 Abs. 1 Nr. 1 BDSG in Betracht kommt, da gegenüber ihm noch von einem vertragsähnlichen Vertrauensverhältnis ausgegangen werden kann.

Schwieriger gestaltet sich jedoch die Einordnung, ob im Bezug auf die personenbezogenen Daten des „Verdächtigen" auf § 28 Abs. 1 Nr. 2 BDSG abgestellt werden kann. Danach ist eine Datenverarbeitung zulässig, soweit es zur Wahrung berechtigter Interessen der verantwortlichen Stelle erforderlich ist und kein Grund zu der Annahme besteht, dass das schutzwürdige Interesse des Betroffenen an dem Ausschluss der Verarbeitung oder Nutzung überwiegt. Kritisch diskutiert wird in diesem Zusammenhang, wann von einem überwiegenden Interesse des Betroffenen am Ausschluss der Verarbeitung oder der Nutzung ausgegangen werden kann. *Müller-Bonanni/Schell* gehen generell von einem überwiegenden Interesse des Unternehmens an der Aufdeckung von Missständen und Rechtsverstößen aus[689]. *Breinlinger/Krader* hingegen sind der Ansicht, dass eine Auslagerung von Entscheidungskompetenzen nicht mit der Fürsorgepflicht des Arbeitgebers zu vereinbaren wäre. Nach der Wertung des § 28 Abs. 3 letzter Satz BDSG überwiegen in der Regel die schutzwürdigen Interessen des Betroffenen[690].

Im Ergebnis wirft die Beauftragung eines Dritten im Wege einer Funktionsübertragung zusätzliche datenschutzrechtliche Probleme auf, weshalb grundsätzlich die Auftragsdatenverarbeitung vorzugswürdig ist[691].

IV. Sonderproblem: Benachrichtigung des Verdächtigen

Werden erstmals personenbezogene Daten für eigene Zwecke ohne Kenntnis des Betroffenen gespeichert, ist der Betroffene von der Speicherung, der Art der Daten, der Zweckbestimmung der Erhebung, Verarbeitung oder Nutzung und der Identität der verantwortlichen Stelle zu benachrichtigen, vgl. § 33 Abs. 1 Satz 1 BDSG. Das führt zu einem praktischen Problem. Findet umgehend eine Benachrichtigung des Verdächtigen über den gemeldeten Sachverhalt statt, könnte dies den Ermittlungserfolg beeinträchtigen bzw. zumindest die Aufklärung des Sachverhalts nicht unwesentlich erschweren[692]. Eine Beeinträchtigung bzw. Erschwernis ist beispielsweise durch die Vernichtung von Beweismaterial denkbar[693].

---

[689] *Müller-Bonanni/Schell*, ArbRB 2006, 299 (300).
[690] *Breinlinger/Krader*, RDV 2006, 60 (66).
[691] So auch im Ergebnis *Müller-Bonanni/Schell*, ArbRB 2006, 299 (300).
[692] *Zimmermann*, RDV 2006, 242 (247).
[693] *Breinlinger/Krader*, RDV 2006, 60 (68).

Nach § 33 Abs. 2 Satz 1 Nr. 7 b BDSG besteht keine Pflicht zur Benachrichtigung, wenn die Benachrichtigung die Geschäftszwecke der verantwortlichen Stelle erheblich gefährden würde, es sei denn, dass das Interesse an der Benachrichtigung die Gefährdung überwiegt. Eine Gefährdung des Geschäftszwecks ist dann anzunehmen, wenn andererseits eine Behinderung der Aufklärung zu erwarten wäre[694], also die Überführung des Betroffenen gefährdet wird, z.B. wie bereits erwähnt durch die Vernichtung von Beweismaterial. Nach dem Wortlaut des § 33 Abs. 2 Satz 1 Nr. 7 b BDSG muss die Gefährdung des Geschäftszwecks das Interesse des Betroffenen an der Benachrichtigung überwiegen. Nach häufig vertretener Ansicht ist das wohl nur der Fall, wenn es um die Bekämpfung von Wirtschaftskriminalität geht[695]. Dieser Ansicht ist leicht modifiziert zuzustimmen. Einigkeit besteht nach der hier vertretenen Auffassung dahingehend, dass im Fall von Wirtschaftsdelinquenz ein überwiegendes Interesse am Zurückhalten der Benachrichtigung besteht. Es ist allerdings nicht auf den Bereich der Wirtschaftskriminalität zu begrenzen. Im Einzelfall kann ein Interessenübergewicht auch dann bestehen, wenn es sich um andere Delikte handelt, die nicht in den Bereich der Wirtschaftskriminalität einzuordnen sind. Vorbehaltlich einer Prüfung im Einzelfall kommt ein Interessenübergewicht dann in Betracht, wenn es sich um betriebliches, mit Strafe oder Geldbuße bedrohtes Fehlverhalten handelt, welches geeignet ist, den Arbeitgeber zu schädigen.

Aber auch für den Fall der datenschutzrechtlichen Rechtfertigung nach § 33 Abs. 2 Satz 1 Nr. 7 b BDSG ist die Benachrichtigung zum frühest möglichen Zeitpunkt nachzuholen[696]. *Zimmermann* rät insbesondere zur Vorsicht, wenn die Ermittlungen in eine neue Phase eintreten. Dann ist in jedem Einzelfall zu prüfen, ob mittlerweile die Interessen des Betroffenen überwiegen und eine Verzögerung der Benachrichtigung nicht mehr gerechtfertigt ist[697].

694 *Breinlinger/Krader*, RDV 2006, 60 (68); *Zimmermann*, RDV 2006, 242 (247).
695 *Gola/Schomerus*, BDSG, § 33 Rn. 40; *Zimmermann*, RDV 2006, 242 (247); *Dix* in Simitis, BDSG, § 33 Rn. 111.
696 *Zimmermann*, RDV 2006, 242 (247).
697 *Zimmermann*, RDV 2006, 242 (247).

Kapitel 6

Zusammenfassung und Schlussbetrachtung

Auch wenn im Arbeitsrecht immer auf den konkreten Einzelfall abzustellen ist, bietet die in dieser Untersuchung entwickelte juristische Kategorisierung einer Ethikrichtlinie einen *hilfreichen Leitfaden* für die in der Praxis mit Einführung eines Verhaltenskodex regelmäßig einhergehenden Fragen, welche Einführungsformen in Betracht kommen und ob Mitbestimmungsrechte des Betriebsrats bestehen. Ethikrichtlinien sind in zwei Hauptkategorien zu untergliedern.

Der Bereich des dienstlichen Verhaltens ist zu untergliedern in:

- Ethikrichtlinien, welche die Hauptleistungspflicht des Arbeitnehmers konkretisieren,
- Ethikrichtlinien, welche auf Nebenpflichten des Arbeitnehmers hinweisen und/oder die Nebenpflichten des Arbeitnehmers erweitern, sowie
- Ethikrichtlinien, betreffend das sonstige Verhalten des Arbeitnehmers.

Dem stehen die Richtlinien der zweiten Hauptkategorie gegenüber:

- Ethikrichtlinien, welche das private bzw. außerdienstliche Verhalten regeln.

Aufbauend auf diesen Grundlagen hat die Untersuchung gezeigt, welche arbeitsrechtlichen Aspekte bei der Einführung des dieser Untersuchung zugrundeliegenden Compliance-Systems zu beachten sind.

***Stufe 1* des Compliance-Systems** sieht die Einführung einer Ethikrichtlinie vor. Ausgehend von der Kategorisierung gilt für die Einführung einer Ethikrichtlinie per Direktionsrecht Folgendes: Kraft einseitigem Leistungsbestimmungsrecht können Ethikrichtlinien eingeführt werden, welche die Hauptleistungspflichten und die gesetzlichen und arbeitsvertraglichen Nebenpflichten der Arbeitnehmer konkretisieren. Hingegen ist die Einführung von Ethikrichtlinien, welche die Nebenpflichten der Arbeitnehmer erweitern, nicht von der Reichweite des Direktionsrechts umfasst. Ethikrichtlinien, welche das sonstige dienstliche Verhalten betreffen, können per Direktionsrecht eingeführt werden, sofern die Voraussetzungen des § 106 Satz 2 GewO vorliegen. Verhaltensrichtlinien, welche das außerdienstliche Verhalten der Arbeitnehmer regeln, sind grundsätzlich nicht von der Reichweite des Direktionsrechts umfasst. In Einzelfällen kann das außerdienstliche Verhalten der Arbeitnehmer per Weisungsrecht geregelt werden, wenn ein hinreichend konkreter Arbeitsbezug besteht und sich das außerdienstliche Verhalten auf den betrieblichen Bereich auswirkt und dort zu Störungen führt.

Ausgehend von der Kategorisierung gilt für die Einführung einer Ethikrichtlinie per vertraglicher Abrede Folgendes: Aufgrund der Inhaltsfreiheit des Arbeitsvertrages, vgl. § 105 Satz 1 GewO, können die Vertragsparteien sowohl Vereinbarungen zum dienstlichen als auch zum außerdienstlichen Verhalten treffen. Ebenso können die Nebenpflichten der Arbeitnehmer per Vertrag erweitert werden. Hierbei sind die Besonderheiten der AGB-Kontrolle bei der Erweiterung gesetzlicher oder arbeitsvertraglicher Nebenpflichten des Arbeitnehmers sowie die verfassungsmäßigen Grenzen zu beachten. Als Gestaltungsinstrument im vertraglichen Bereich kommen individuell ausgehandelte Klauseln in Betracht – insbesondere wenn es darum geht, besondere ethische Anforderungen mit Mitarbeitern zu vereinbaren, welche „Schlüsselpositionen" im Unternehmen bekleiden.

Ausgehend von der Kategorisierung gilt für die Einführung einer Ethikrichtlinie per Betriebsvereinbarung Folgendes: Die Konkretisierung von Hauptleistungspflichten und arbeitsvertraglichen Nebenpflichten der Arbeitnehmer innerhalb einer Ethikrichtlinie durch Betriebsvereinbarung ist von der Regelungsbefugnis der Betriebsparteien umfasst. Hingegen können die Betriebsparteien per Betriebsvereinbarung keine Ethikrichtlinien vereinbaren, welche die Erweiterung der Nebenpflichten der Arbeitnehmer vorsehen. Ethikrichtlinien, betreffend das sonstige Verhalten der Arbeitnehmer können in einer Betriebsvereinbarung geregelt werden. Grundsätzlich unterliegt die Regelung des außerdienstlichen Verhaltens der Arbeitnehmer nicht der Regelungsbefugnis der Betriebsparteien. Die Regelungsbefugnis kann sich im Ausnahmefall auf das außerdienstliche Verhalten der Arbeitnehmer erstrecken, wenn hinreichend konkrete betriebliche Belange berührt sind und sich das außerdienstliche Verhalten auf den betrieblichen Bereich auswirkt und dort zu Störungen führt.

Für jede einzelne Ethikrichtlinie ist gesondert zu prüfen, ob das Mitbestimmungsrecht nach § 87 Abs. 1 Nr. 1 BetrVG in Betracht kommt. Ausgeschlossen ist die Mitbestimmung bei Anordnungen, mit denen die Arbeitspflicht unmittelbar konkretisiert und abgefordert wird. In den übrigen Kategorien ist jeweils zu prüfen, ob der Mitbestimmungstatbestand nach § 87 Abs. 1 Nr. 1 BetrVG eröffnet ist, also ob das mitbestimmungsfreie Arbeitsverhalten oder das mitbestimmungspflichtige Ordnungsverhalten betroffen ist. Auch unverbindliche Verhaltensappelle schließen ein Mitbestimmungsrecht nicht per se aus. Entscheidend ist der jeweilige Regelungsinhalt der unverbindlichen Regelung, inwieweit diese also darauf gerichtet ist, die vorgegebene Ordnung des Betriebes zu gewährleisten und aufrechtzuerhalten. Das private bzw. außerdienstliche Verhalten der Arbeitnehmer fällt nicht unter den Mitbestimmungstatbestand. Dieser Bereich ist der Regelungskompetenz der Betriebsparteien entzogen. Besteht aufgrund besonderer Umstände eine eingeschränkte Regelungsbefugnis für die Betriebspartner und damit der Bezug zu betrieblichen Belangen, ist insoweit das Mitbestimmungsrecht zu beachten, sofern die Voraussetzungen des § 87 Abs. 1 Nr. 1 BetrVG vorliegen. Die Mitbestimmung in sozialen Angelegenheiten ist nach § 87 Abs. 1 Einleitungssatz BetrVG eröffnet, soweit eine gesetzliche oder tarifliche Regelung nicht besteht. Vertragliche Rücksichtnahmepflichten sind als gesetzliche Regelungen im Sinne des § 87 Abs. 1 Einleitungssatz BetrVG anzusehen, soweit die Nebenpflichten ausdrücklich durch die Rechtsprechung bestätigt bzw. ausgeformt worden sind.

In *Stufe 2* des Compliance-Systems erfolgt die Statuierung einer Meldeverpflichtung innerhalb der Ethikrichtlinie – die so genannte Whistleblower-Klausel. Unter Berücksichtigung der Untersuchungsergebnisse ist die vertragliche Rücksichtnahmepflicht des Arbeitnehmers, dem Arbeitgeber (drohende) Schäden anzuzeigen im Bezug auf das Fehlverhalten Dritter wie folgt zu konkretisieren bzw. auszuformen:

> *Der Arbeitnehmer ist verpflichtet, ihm bekannt gewordenes Fehlverhalten von anderen Arbeitnehmern und Dritten dem Arbeitgeber anzuzeigen, wenn ein konkreter Verdacht besteht, das Fehlverhalten im sachlichen, räumlichen und personalbezogenen Zurechnungszusammenhang zum Betrieb/Unternehmen steht, das Fehlverhalten dazu geeignet ist, das Unternehmen zu schädigen und das Fehlverhalten mit Strafe oder Geldbuße bedroht ist.*

Die vertragliche Erweiterung der Anzeigeverpflichtung des Arbeitnehmers wird nur in engen Grenzen zulässig sein, sofern die grundrechtlich geschützten Positionen der Beteiligten gewahrt werden. Hält sich die Normierung der Whistleblower-Klausel im Rahmen der hier konkretisierten vertraglichen Rücksichtnahmepflicht, bestehen keine Bedenken hinsichtlich der Einführung per Direktionsrecht, vertraglicher Abrede und Betriebsvereinbarung. Die Erweiterung der vertraglichen Rücksichtnahmepflicht (sog. erweiterte Whistleblower-Klausel) ist weder per Direktionsrecht noch per Betriebsvereinbarung möglich. Hierbei ist auf eine vertragliche Vereinbarung zurückzugreifen, wobei daran zu denken ist, dass die Erweiterung nur in Grenzen der Verfassung zulässig ist. Hinsichtlich der Statuierung einer Anzeigeverpflichtung besteht ein Mitbestimmungsrecht des Betriebsrats nach § 87 Abs. 1 Nr. 1 BetrVG. Dies gilt zumindest solange, bis im Rahmen der richterlichen Rechtsfortbildung eine Anzeigeverpflichtung aus arbeitsvertraglichen Nebenpflichten ausgeformt worden ist. Da die künftige Rechtsprechung nur schwierig zu prognostizieren ist, ist in jedem Fall rein vorsorglich der Betriebsrat bei der Statuierung einer Meldeverpflichtung zu beteiligen.

Stufe 3 **des Compliance-Systems** ist gekennzeichnet durch die Einrichtung eines Kommunikationskanals – hier: der Whistleblowing-Hotline. Der Betriebsrat ist nach § 87 Abs. 1 Nr. 1 BetrVG zu beteiligen, wenn den Arbeitnehmern ein Meldeverfahren über eine Whistleblowing-Hotline vorgegeben wird. Wird als Kommunikationskanal eine Whistleblowing-Hotline eingerichtet, stellt sich zudem die Frage der Mitbestimmung des Betriebsrats in sozialen Angelegenheiten nach § 87 Abs. 1 Nr. 6 BetrVG. Die datenschutzrechtliche Rechtfertigung im Hinblick auf eine Whistleblowing-Hotline erfolgt nach § 28 Abs. 1 Satz 1 Nr. 1 BDSG, sofern sich die im Rahmen der Ethikrichtlinie statuierte Anzeigeverpflichtung auf die Ausformung der vertraglichen Rücksichtnahmepflicht des Arbeitnehmers beschränkt. Für darüber hinausgehende Hinweise ist sowohl gegenüber dem Hinweisgeber, als auch dem Verdächtigen ein erhebliches Interesse zu begründen, was im Einzelfall schwer, wenn nicht unmöglich sein wird. Festzuhalten bleibt, dass Whistleblowing-Systeme, welche sämtliche Hinweise über die Hotline zulassen, nicht den datenschutzrechtlichen Anforderungen gerecht werden. Bei Statuierung einer Anzeigeverpflichtung sind die datenschutzrechtlichen Grenzen im Auge behalten, da nur in den aufgezeigten Grenzen eine Datenverarbeitung zulässig ist.

Zusammenfassend zeigt sich folgendes Bild: Die Einführung von Wirtschaftsethik und Compliance-Programmen kann vor direkten und indirekten Schadensrisiken schützen. Insbesondere unterstreichen die Ergebnisse der Studien zur Wirtschaftskriminalität die Bedeutung von Compliance-Systemen. Wirtschaftskriminalität ist ein unkalkulierbarer Faktor, der jedes Unternehmen treffen kann. Das dieser Untersuchung zugrundeliegende Compliance-System fördert die Bekämpfung der Wirtschaftskriminalität. Das Hinweisgebersystem dient sowohl präventiv zur Vermeidung von wirtschaftsdelinquentem Verhalten, als auch zur Aufklärung und Aufdeckung bereits begangenen Unrechts. Gut organisierte Compliance-Systeme können einen nicht unerheblichen Beitrag im Kampf gegen Wirtschaftskriminalität leisten. Ethische Standards verbessern die Unternehmensreputation. Ethische Standards dienen als Leitbild des Handelns und entfalten vertrauenserweckende Außenwirkung, insbesondere gegenüber Anteilseignern, Kunden, Geschäftspartnern und potenziellen Investoren. Vor diesen Hintergründen kann nur empfohlen werden, dass dieser Untersuchung zugrundeliegende Compliance-System zu installieren. Die Untersuchung hat aufgezeigt, dass für jedes Unternehmen ein individueller *„Königsweg“* gestaltet werden kann. Im Hinblick auf die Normierung einer Whistleblower-Klausel ist aufgrund der Tatsache, dass noch kein dementsprechendes Judikat vorhanden ist und deshalb Rechtsunsicherheit herrscht, Vorsicht geboten. Daher ist bei der Einführung einer Whistleblower-Klausel aus anwaltlicher Vorsicht eine vertragliche Vereinbarung mit dem Arbeitnehmer vorzugswürdig. Abzuwarten bleibt, ob sich das Compliance-System in der Praxis bewährt. Um das herauszufinden, braucht es mutige Unternehmen. Der Startschuss ist gefallen – Auf los geht's los!

Abkürzungsverzeichnis

Abs.	Absatz
AG	Aktiengesellschaft (Zeitschrift)
AGB	Allgemeine Geschäftsbedingungen
AGBG	Gesetz über Allgemeine Geschäftsbedingungen
AGG	Allgemeines Gleichbehandlungsgesetz
AiB	Arbeit im Betrieb (Zeitschrift)
AktG	Aktiengesetz
AöR	Archiv des öffentlichen Rechts (Zeitschrift)
AP	Arbeitsrechtliche Praxis
ArbG	Arbeitsgericht
AR-Blattei SD	Arbeitsrecht-Blattei Systematische Darstellung
ArbRB	Der Arbeits-Rechts-Berater (Zeitschrift)
ArbR-Hdb.	Arbeitsrechts-Handbuch
ArbSchG	Arbeitsschutzgesetz
Art.	Artikel
AuA	Arbeit und Arbeitsrecht (Zeitschrift)
AuR	Arbeit und Recht (Zeitschrift)
BAG	Bundesarbeitsgericht
BAGE	Bundesarbeitsgerichtentscheidungen
BB	Betriebsberater (Zeitschrift)
BDSG	Bundesdatenschutzgesetz
Begr.	Begründer
BenshSlg.	Bensheimer Sammlung
BetrVG	Betriebsverfassungsgesetz
BGB	Bürgerliches Gesetzbuch
BGH	Bundesgerichtshof
BRAO	Bundesrechtsanwaltsordnung
BT-Drucks.	Bundestags-Drucksache
BVerfG	Bundesverfassungsgericht
bzw.	beziehungsweise
ca.	circa
CCZ	Corporate Compliance Zeitschrift
CFO	Chief Financial Officer
CR	Computer und Recht (Zeitschrift)
DB	Der Betrieb (Zeitschrift)
DöD	Der öffentliche Dienst (Zeitschrift)
DuD	Datenschutz und Datensicherheit (Zeitschrift)
ErfK	Erfurter Kommentar
f.	folgende
FA	Fachanwalt Arbeitsrecht (Zeitschrift)

ff.	fortfolgende
FS	Festschrift
GewArch	Gewerbearchiv (Zeitschrift)
GewO	Gewerbeordnung
GG	Grundgesetz
GS	Großer Senat
Hrsg.	Herausgeber
IStR	Internationales Steuerrecht (Zeitschrift)
KSchG	Kündigungsschutzgesetz
KWG	Kreditwesengesetz
LAG	Landesarbeitsgericht
MDR	Monatsschrift für Deutsches Recht (Zeitschrift)
Mrd.	Milliarden
MünchArbR	Münchener Handbuch zum Arbeitsrecht
MünchKomm	Münchener Kommentar
NachwG	Nachweisgesetz
NJW	Neue Juristische Wochenschrift (Zeitschrift)
NJW-RR	Neue Juristische Wochenschrift Rechtsprechungs-Report (Zeitschrift)
Nr.	Nummer
NZA	Neue Zeitschrift für Arbeitsrecht
NZG	Neue Zeitschrift für Gesellschaftsrecht
OWiG	Ordnungswidrigkeiten-Gesetz
RdA	Recht der Arbeit (Zeitschrift)
RDV	Recht der Datenverarbeitung (Zeitschrift)
Rn.	Randnummer
S.	Seite bzw. Satz
sog.	so genannte
SprAuG	Sprecherausschussgesetz
StGB	Strafgesetzbuch
stopp	Strafprozessordnung
TVG	Tarifvertragsgesetz
u.a.	unter anderem, und andere
U.S.C.	United States Code
UWG	Gesetz gegen unlauteren Wettbewerb
vgl.	vergleiche
WM	Wertpapiermitteilungen (Zeitschrift)
WpHG	Wertpapierhandelsgesetz
WPO	Gesetz über eine Berufsordnung der Wirtschaftsprüfer
WRP	Wettbewerb in Recht und Praxis (Zeitschrift)
z.B.	zum Beispiel
ZStW	Zeitschrift für die gesamte Strafrechtswissenschaft

Literaturverzeichnis

***Alford**, Charles Fred*
Whistleblowers – broken lives and organizational power, Ithaca 2002.

***Assmann**, Heinz-Dieter/**Schneider**, Uwe*
Wertpapierhandelsgesetz, 4. Auflage, Köln 2006.

***Bachner**, Michael/**Lerch**, Sascha*
Ethik- und Verhaltensrichtlinien, AiB 2005, S. 229 - 232.

***Backes**, Volker/**Eul**, Harald/**Guthmann**, Markus/**Martwich**, Robert/**Schmidt**, Mirko*
Entscheidungshilfe für die Übermittlung personenbezogener Daten in Drittländer, RDV 2004, S. 156 - 163.

***Barthel**, Thomas/**Huppertz**, Christiane*
Ethikrichtlinien: Arbeitsrecht und Datenschutz bei Whistleblower-Klauseln, AuA 2006, S. 204 - 209.

***Barthel**, Thomas/**Unger-Hellmich**, Dagmar*
Ethikrichtlinien und Mitbestimmung, AuA 2009, S. 78 - 80.

***Bauschke**, Hans-Joachim*
AGG – Allgemeines Gleichbehandlungsgesetz im öffentlichen Dienst, Köln 2007.

***Behrendt**, Markulf/**Kaufmann**, Mario*
Whistleblowing-Hotlines aus arbeits- und datenschutzrechtlicher Sicht – Lösungswege im Unternehmen, CR 2006, S. 642 - 648.

***Benecke**, Martina*
Anmerkung zum Urteil des BAG vom 11.04.2006 – 9 AZR 557/05, AGB-Kontrolle Versetzungsklausel, in: AP, Nr. 17 zu § 307 BGB, 2007.

***Benecke**, Martina*
Die „überflüssige Änderungskündigung" – ein Scheinproblem, NZA 2005, S. 1092 - 1096.

Benecke, *Martina*
Flexibilisierungsklauseln im Arbeitsrecht und AGB-Kontrolle, AuR 2006, S. 337 - 342.

Berkowsky, *Wilfried*
Die betriebsbedingte Änderungskündigung und ihr Streitgegenstand, NZA 2000, S. 1129 - 1136.

Berndt, *Thomas*/***Hoppler***, *Ivo*
Whistleblowing – ein integraler Bestandteil effektiver Corporate Governance, BB 2005, S. 2623 - 2629.

Bernhardt, *Wolfgang*
Ethik ist überall ..., DB 2004, Gastkommentar in Heft 25 vom 18.6.2004.

Birk, *Axel*
Ethikrichtlinien und Whistleblowing – Umgang im Unternehmen, Der Personalleiter 2005, S. 200 - 203.

Birk, *Rolf*
Die arbeitsrechtliche Leitungsmacht, Köln 1973.

Blomeyer, *Wolfgang*
Kündigung und Neuabschluss einer Betriebsvereinbarung über teilmitbestimmungspflichtige Sozialleistungen, DB 1985, S. 2506 - 2510.

Boewer, *Dietrich*
Ist die Rechtsprechung des Bundesarbeitsgerichts zur Änderungskündigung noch zu halten? In: Festschrift für Kurt Bartenbach zum 65. Geburtstag, Köln 2005, S. 587 – 598.

Boos, *Karl-Heinz*/***Fischer***, *Reinfrid*/***Schulte-Mattler***, *Hermann*
Kreditwesengesetz, 3. Auflage, München 2008.

Borgmann, *Bernd*
Ethikrichtlinien und Arbeitsrecht, NZA 2003, S. 352 - 357.

Borgmann, *Bernd*/***Faas***, *Thomas*
Das Weisungsrecht zur betrieblichen Ordnung nach § 106 S. 2 GewO, NZA 2004, S. 241 - 244.

Breinlinger, *Astrid*/***Krader***, *Gabriela*
Whistleblowing – Chancen und Risiken bei der Umsetzung von anonym nutzbaren Hinweisgebersystemen im Rahmen des Compliance-Managements von Unternehmen, RDV 2006, S. 60 - 70.

Bröhl, *Knut*
Änderungskündigung zwischen Bestandsschutz und Anpassungsdruck, BB 2007, S. 437 - 447.

Buchert, *Rainer*
Der externe Ombudsmann – ein Erfahrungsbericht, CCZ 2008, S. 148 - 152.

Bürkle, *Jürgen*
Weitergabe von Informationen über Fehlverhalten (Whistleblowing) und Steuerung auftretender Probleme durch ein Compliance-System, DB 2004, S. 2158 - 2161.

Bussmann, *Kai-D.*/***Salvenmoser***, *Steffen*
Der Wert von Compliance und Unternehmenskultur, CCZ 2008, S. 192 - 196.

Büssow, *Thomas*/***Taetzner***, *Tobias*
Sarbanes-Oxley Act Section 404: Internes Kontrollsystem zur Sicherstellung einer effektiven Finanzberichterstattung im Steuerbereich von Unternehmen – Pflicht oder Kür?, BB 2005, S. 2437 - 2444.

Deinert, *Olaf*
Ethik, Whistleblower und Mitbestimmung, AuR 2008, S. 90 - 91.

Deiseroth, *Dieter*
Whistleblower-Schutz, Betrifft Justiz 2004, S. 296 - 308.

Deutsches Rechts-Lexikon
Band 2, G-P, 3. Auflage, München 2001.

Diehn, *Thomas*
AGB-Kontrolle von arbeitsrechtlichen Verweisungsklauseln, NZA 2004, S. 129 - 135.

Dieterich, *Thomas*
Grundgesetz und Privatautonomie im Arbeitsrecht, RdA 1995, 129 - 136.

***Dieterich**, Thomas/**Neef**, Klaus/**Schwab**, Brent (Hrsg.)*
Arbeitsrecht-Blattei Systematische Darstellung (AR-Blattei SD), Mo - Sch, 1215 - 1440.2, 123. Ergänzungslieferung, Heidelberg 2004.

***Diller**, Martin*
Der Arbeitnehmer als Informant, Handlanger und Zeuge im Prozess des Arbeitgebers gegen Dritte, DB 2004, S. 313 - 319.

***Dörner**, Hans-Jürgen*
Neues aus dem Befristungsrecht, NZA 2007, S. 57 - 63.

***Dreier**, Horst (Hrsg.)*
Grundgesetz Kommentar Band I Artikel 1 - 19, 2. Auflage, Tübingen 2004.

***Düsel**, Jens*
Gespaltene Loyalität, Frankfurt am Main 2008.

***Eisenbeis**, Ernst/**Nießen**, Christoph*
Auf Kollisionskurs: Ethikrichtlinien nach US-amerikanischem Vorbild und deutsches Arbeitsrecht. In: Festschrift für Wolfgang Leinemann zum 70. Geburtstag, Neuwied 2006, S. 697 - 721.

***Erbs**, Georg/**Kohlhaas**, Max*
Strafrechtliche Nebengesetze, Band 3, Loseblattsammlung, 173. Ergänzungslieferung, München 2009.

***Ermann**, Walter (Hrsg.)*
Bürgerliches Gesetzbuch, 12. Auflage, Köln 2008.

***Etzel**, Gerhard/**Bader**, Peter u.a. (Hrsg.)*
Gemeinschaftskommentar zum Kündigungsschutzgesetz und zu sonstigen kündigungsschutzrechtlichen Vorschriften, 8. Auflage, Neuwied 2007.

***Fastrich**, Lorenz*
Betriebsvereinbarung und Privatautonomie, RdA 1994, S. 129 - 140.

***Felix**, Dagmar*
Einheit der Rechtsordnung, Tübingen 1998.

***Fitting**, Karl (Begr.)*
Betriebsverfassungsgesetz, 23. Auflage, München 2006.

***Fitting**, Karl (Begr.)*
Betriebsverfassungsgesetz, 24. Auflage, München 2008.

***Fox**, Loren*
Enron: the rise and fall, New York 2003.

***Gänßle**, Peter*
Verhaltensbedingte Kündigung bei Whistleblowing, FA 2005, S. 66 - 69.

Gliss**, Hans/**Kramer, Philipp
Aufforderung zur Anzeige, Personal und Recht 2006, S. 50 - 52.

***Göhler**, Erich*
Gesetz über Ordnungswidrigkeiten, 14. Auflage, München 2006.

***Gola**, Peter/**Schomerus**, Rudolf*
Bundesdatenschutzgesetz, 9. Auflage, München 2007.

***Graser**, Daniela*
Whistleblowing – Arbeitnehmeranzeigen im US-amerikanischen und deutschen Recht, Frankfurt am Main 2000.

***Großbach**, Peter/**Born**, Walter*
Die „whistleblower"-Gesetzgebung in den USA, AuR 1989, S. 374 – 377.

***Hammer**, Michael*
Die betriebsverfassungsrechtliche Schutzpflicht für die Selbstbestimmungsfreiheit des Arbeitnehmers, Heidelberg 1998.

***Hauschka**, Christoph* (Hrsg.)
Corporate Compliance, München 2007.

***Hecker**, Jan*
Aufsichtspflichtverletzungen bei Zuwiderhandlungen Unternehmensfremder, GewArch 1999, S. 320 - 325.

***Henssler**, Martin/**Willemsen**, Heinz Josef/**Kalb**, Heinz-Jürgen*
Arbeitsrecht-Kommentar, 3. Auflage, Köln 2008.

***Herbert**, Manfred/**Oberrath**, Jörg-Dieter*
Die soziale Rechtfertigung der betriebsbedingten Änderungskündigung, NJW 2008, S. 3177 - 3182.

***Herbert**, Manfred/**Oberrath**, Jörg-Dieter*
Schweigen ist Gold?, NZA 2005, S. 193 - 199.

***Hromadka**, Wolfgang*
Das allgemeine Weisungsrecht, DB 1995, S. 2601 - 2606.

***Hromadka**, Wolfgang*
Die Änderungskündigung – eine Skizze, DB 2002, S. 1322 - 1326.

***Hromadka**, Wolfgang*
Nochmals: Die „überflüssige" Änderungskündigung, NZA 2008, S. 1338 - 1339.

***Hromadka**, Wolfgang/**Maschmann**, Frank*
Arbeitsrecht Band 1, Individualarbeitsrecht, 4. Auflage, Berlin 2008.

***Hromadka**, Wolfgang/**Maschmann**, Frank*
Arbeitsrecht Band 2, Kollektivarbeitsrecht und Arbeitsstreitigkeiten, 4. Auflage, Berlin 2007.

***Jarass**, Hans D./**Pieroth**, Bodo*
Grundgesetz, 9. Auflage, München 2007.

***Junker**, Abbo*
Grundkurs Arbeitsrecht, 7. Auflage, München 2008.

***Junker**, Abbo*
Konzernweite „Ethikregeln" und nationale Betriebsverfassungen, BB 2005, S. 602 - 605.

***Kaiser**, Dagmar*
Sprecherausschüsse für leitende Angestellte, Heidelberg 1995.

***Kessel**, Christian/**Jüttner**, Andreas*
Der Vorbehalt der Individualabrede im unternehmerischen Geschäftsverkehr, BB 2008, S. 1350 - 1355.

***Kock**, Martin*
Allgemeines Gleichbehandlungsgesetz – Überblick über die arbeitsrechtlichen Regelungen, MDR 2006, S. 1088 - 1093.

Kock, *Martin*
Einführung einer Ethikrichtlinie im Unternehmen, MDR 2006, 673 - 676.

Kolle, *Tina*/**Deinert**, *Olaf*
Liebe ist Privatsache – Grenzen einer arbeitsvertraglichen Regelung zwischenmenschlicher Beziehungen, AuR 2006, S. 177 - 184.

Kort, *Michael*
Ethik-Richtlinien im Spannungsfeld zwischen US-amerikanischer Compliance und deutschem Konzernbetriebsverfassungsrecht, NJW 2009, S. 129 - 133.

Kort, *Michael* .
Verhaltensstandardisierung durch Corporate Compliance, NZG 2008, S. 81 - 86.

Lakies, *Thomas*
Die Weisung des Arbeitgebers (§106 GewO) – Inhalt und Grenzen, BB 2003, S. 364 - 369.

Ledergerber, *Zora*
Whistleblowing unter dem Aspekt der Korruptionsbekämpfung, Bern 2005.

Leisinger, *Klaus M.*
Whistleblowing und Corporate Reputation Management, München 2003.

Lemke, *Michael*
Ordnungswidrigkeitengesetz, Heidelberg 1999.

Löwisch, *Manfred*
Kommentar zum Sprecherausschussgesetz, Heidelberg 1989.

Mahnhold, *Thilo*
Compliance und Arbeitsrecht, Frankfurt am Main 2004.

Mahnhold, *Thilo*
„Global Whistle" oder „deutsche Pfeife" – Whistleblowing-Systeme im Jurisdiktionskonflikt, NZA 2008, S. 737 - 743.

Maschmann, *Frank*
Neue Herausforderungen für das Arbeitsrecht, AuA 2009, S. 72 - 77.

***Mengel**, Anja*
Arbeitsrechtliche Besonderheiten der Implementierung von Compliance-Programmen in internationalen Konzernen, CCZ 2008, S. 85 - 91.

***Mengel**, Anja/**Hagemeister**, Volker*
Compliance und arbeitsrechtliche Implementierung im Unternehmen, BB 2007, S. 1386 - 1393.

***Mengel**, Anja/**Hagemeister**, Volker*
Compliance und Arbeitsrecht, BB 2006, S. 2466 - 2471.

***Mengel**, Anja/**Ullrich**, Thilo*
Arbeitsrechtliche Aspekte unternehmensinterner Investigations, NZA 2006, S. 240 - 246.

***Mestmäcker**, Ernst-Joachim*
Zur gesellschaftsrechtlich organisierten Berufsfreiheit, in: Festschrift für Harry Westermann zum 65. Geburtstag, Karlsruhe 1974, S. 411 - 426.

***Meyer**, Uwe*
Ethikrichtlinien internationaler Unternehmen und deutsches Arbeitsrecht, NZA 2006, S. 3605 - 3609.

***Müller**, Michael*
Whistleblowing – Ein Kündigungsgrund?, NZA 2002, S. 424 - 437.

***Müller-Bonanni**, Thomas/**Sagan**, Adam*
Arbeitsrechtliche Aspekte der Compliance, BB Special 5/2008, S. 28 - 32.

***Müller-Bonanni**, Thomas/**Schell**, Jan*
Datenschutzrechtliche Aspekte sog. „Whistleblower-Hotlines“, ArbRB 2006, S. 299 - 302.

***Müller-Glöge**, Rudi/**Preis**, Ulrich/**Schmidt**, Ingrid (Hrsg.)*
Erfurter Kommentar zum Arbeitsrecht, 9. Auflage, München 2009.

***Nestler**, Claudia/**Salvenmoser**, Steffen/**Bussmann**, Kai-D.*
Wirtschaftskriminalität 2007 Sicherheitslage der deutschen Wirtschaft, Frankfurt am Main 2007.

***Oelkers**, Felix/**Vernunft**, Cord*
Einseitige Änderung von Arbeitsbedingungen, NJW-Spezial 2008, Heft 17, S. 530 - 531.

***Ohle**, Mario Matthias/**Albrecht**, Stephan*
Die neue Bonusregelung des Bundeskartellamtes in Kartellsachen, WRP 2006, S. 866 - 874.

***Ohlendorf**, Bernd/**Bünning**, Birte*
Ethikrichtlinien: Mitbestimmung nach BetrVG, AuA 2006, S. 200 - 203.

***Ossenbühl**, Fritz*
Die Freiheiten des Unternehmers nach dem Grundgesetz, AöR 1990, S. 1 - 32.

***Palandt**, Otto (Begr.)*
Bürgerliches Gesetzbuch, 68. Auflage, München 2009.

***Pelz**, Christian*
Steuerliche und strafrechtliche Schritte zur Bekämpfung der Korruption im Auslandsgeschäft, WM 2000, S. 1566 - 1572.

***Peter**, Gabriele/**Rohde-Liebenau,** Björn*
Whistleblowing – ein neues Thema für die Betriebsratsarbeit, AiB 2004, S. 615 - 621.

***Pieroth**, Bodo/**Schlink**, Bernhard*
Grundrechte Staatsrecht II, 22. Auflage, Heidelberg 2006.

***Preis**, Ulrich*
Der Arbeitsvertrag, 2. Auflage, Köln 2005.

***Preis**, Ulrich/**Greiner**, Stefan*
Anmerkung zum Urteil des BAG vom 10.10.2002 – 2 AZR 472/01 in: RdA 2003, S. 240 - 248.

***Regelin**, Frank Peter/**Fisher**, Raymond*
Zum Stand der Umsetzung des Sarbanes-Oxley Act aus deutscher Sicht, IStR 2003, S. 276 - 288.

***Richardi**, Reinhard (Hrsg.)*
Betriebsverfassungsgesetz mit Wahlordnung – Kommentar, 11. Auflage, München 2008.

***Richardi**, Reinhard (Hrsg.)*
Betriebsverfassungsgesetz mit Wahlordnung – Kommentar, 10. Auflage, München 2006.

***Richardi**, Reinhard/**Wlotzke**, Otfried (Hrsg.)*
Münchener Handbuch zum Arbeitsrecht, 2. Auflage, München 2000.

***Rogall**, Klaus*
Dogmatische und kriminalpolitische Probleme der Aufsichtspflichtverletzung in Betrieben und Unternehmen (§ 130 OWiG), ZStW 98 (1986), S. 574 - 623.

***Rohde-Liebenau**, Björn*
Whistleblowing, Düsseldorf 2005.

***Rohde-Liebenau**, Björn*
Eine Hotline allein ist noch kein Whistleblowing-System, BB 2008, Heft 46, M 16.

***Rudolf**, Beate/**Mahlmann**, Matthias*
Gleichbehandlungsrecht, Baden-Baden 2007.

***Säcker**, Franz Jürgen/**Rixecker**, Roland*
Münchener Kommentar zum Bürgerlichen Gesetzbuch, Band 4, Schuldrecht Besonderer Teil II, 5. Auflage, München 2009.

***Sauer**, Olaf*
Regeln fürs Verpfeifen, Personal 2005, S. 56 - 59.

***Sauer**, Olaf*
„Whistleblowing" – notwendiger Bestandteil moderner Personalpolitik?, DöD 2005, S. 121 - 124.

***Schaffland**, Hans-Jürgen/**Wiltfang**, Noeme*
Bundesdatenschutzgesetz, Berlin 1990.

***Schaub**, Günter (Hrsg.)*
Arbeitsrechts-Handbuch, 12. Auflage, München 2007.

***Schimmelpfennig**, Hans-Christoph*
Die externe Ombudsstelle – Risiko für die Wirksamkeit außerordentlicher Kündigungen?, CCZ 2008, S. 161 - 166.

***Schlachter**, Monika*
Mitbestimmung bei der Einführung von „Ethikregeln“ in transnationalen Wirtschaftseinheiten, in: Festschrift für Richardi, München 2007, S. 1067 - 1080.

***Schmidl**, Michael*
Datenschutz und Whistleblowing-Hotlines, DuD 2006, S. 353 - 359.

***Schmidt-Salzer**, Joachim*
Massenproduktion, lean production und Arbeitsteilung – organisationssoziologisch und -rechtlich betrachtet, BB 1992, S. 1866 - 1877.

***Schmitt**, Bettina A.*
Whistleblowing – “Verpfeifen“ des Arbeitgebers, Hamburg 2003.

***Schmitt-Rolfes**, Günter*
Der Whistleblower, AuA 2009, S. 7.

***Schneider**, David/**Sittard**, Ulrich*
Ethikrichtlinien als Präventivmaßnahmen i.S. des § 12 AGG?, NZA 2007, S. 654 - 657.

***Schönefeldt**, Ute*
Whistleblowing als neues Instrument im Ethikmanagement, Personalführung 2005, S. 36 - 42.

***Schönke**, Adolf/**Schröder**, Horst*
Strafgesetzbuch, 27. Auflage, München 2006.

***Schuster**, Doris-Maria/**Darsow**, Ingebjörg*
Einführung von Ethikrichtlinien durch Direktionsrecht, NZA 2005, S. 273 - 277.

***Schwind**, Hans-Dieter*
Kriminologie, Heidelberg u.a. 2008.

***Senge**, Lothar*
Karlsruher Kommentar zum Gesetz über Ordnungswidrigkeiten, 3. Auflage, München 2006.

***Sick**, Bastian*
Der Dativ ist dem Genitiv sein Tod, Band 1, Köln 2005.

Simitis, *Spiros (Hrsg.)*
Bundesdatenschutzgesetz, 6. Auflage, Baden-Baden 2006.

Singer, *Reinhard*
Die Grundrechte im deutschen Arbeitsrecht, in: Grundrechte und Privatrecht aus rechtsvergleichender Sicht, Jörg Neuner (Hrsg.), Tübingen 2007, S. 245 - 264.

Soergel, *Th. (Hrsg.)*
Bürgerliches Gesetzbuch, Schuldrecht III/1, Band 4/1, 12. Auflage, Stuttgart u.a. 1997.

Staudinger, *J. von*
Kommentar zum Bürgerlichen Gesetzbuch, Buch 2, Recht der Schuldverhältnisse, §§ 305-310, Neubearbeitung 2006, Berlin 2006.

Steinkühler, *Bernhard/**Raif**, Alexander*
Wird Whistleblowing künftig einfacher?, AuA 2008, S. 406 - 408.

Thüsing, *Gregor*
Inhaltskontrolle von Formulararbeitsverträgen nach neuem Recht, BB 2002, S. 2666 - 2674.

Thüsing, *Gregor/**Lambrich**, Thomas*
AGB-Kontrolle arbeitsvertraglicher Bezugnahmeklauseln – Vertragsgestaltung nach der Schuldrechtsreform, NZA 2002, S. 1361 - 1370.

Triskatis, *Claudiana*
Ethikrichtlinien im Arbeitsrecht, Frankfurt am Main 2008.

Wagner, *Bernhard Andreas*
Ethikrichtlinien – Implementierung und Mitbestimmung, Baden-Baden 2008.

Weber-Rey, *Daniela*
Whistleblowing zwischen Corporate Governance und Better Regulation, AG 2006, S. 406 - 411.

Wiese, *Günther*
Schutz und Teilhabe als Zwecke notwendiger Mitbestimmung in sozialen Angelegenheiten und deren Rangverhältnis, ZfA 2000, S. 117 - 148.

***Wiese**, Günther*
Zum Zweck des Betriebsverfassungsrechts im Rahmen der Entwicklung des Arbeitsrechts, in: Festschrift für Rudolf Kissel zum 65. Geburtstag, München 1994, S. 1269 - 1287.

***Wiese**, Günther/**Kreutz**, Peter u.a. (Hrsg.)*
Betriebsverfassungsgesetz Gemeinschaftskommentar, Band II: §§ 74 - 132, 8. Auflage, München 2005.

***Wisskirchen**, Gerlind*
Der Umgang mit dem Allgemeinen Gleichbehandlungsgesetz – Ein „Kochrezept" für Arbeitgeber, DB 2006, S. 1491 - 1499.

***Wisskirchen**, Gerlind*
Arbeitsrechtliche Fallstricke bei Verhaltens- oder Ethikrichtlinien, Personalführung 2006, S. 62 - 67.

***Wisskirchen**, Gerlind/**Jordan**, Christopher/**Bissels**, Alexander*
Arbeitsrechtliche Probleme bei der Einführung internationaler Verhaltens- und Ethikrichtlinien (Codes of Conduct/Codes of Ethics), DB 2005, S. 2190 - 2195.

***Wisskirchen**, Gerlind/**Körber**, Anke/**Bissels**, Alexander*
„Whistleblowing" und „Ethikhotlines", BB 2006, S. 1567 - 1572.

***Wolff**, Alexander/**Timm**, Henning*
AGB-Kontrolle beim Formulararbeitsvertrag, AuA 2005, S. 468 - 471.

***Wybitul**, Tim*
Mitbestimmung bei Compliance – Richtlinien, AuA 2007, S. 695 - 696.

***Zimmermann**, Georg von*
Whistleblowing und Datenschutz, RDV 2006, S. 242 - 249.

Jessica Donato

Whistleblowing

Handlungsempfehlungen für eine nutzenstiftende Umsetzung in deutschen börsennotierten Unternehmen

Frankfurt am Main, Berlin, Bern, Bruxelles, New York, Oxford, Wien, 2009.
XXVI, 274 S., 8 Abb.
Controlling und Management. Herausgegeben von Thomas Reichmann und Martin K. Welge. Bd. 40
ISBN 978-3-631-59559-6 · geb. € 54,80*

Die Unternehmensskandale vergangener Jahre, aber gerade auch die vermehrten Enthüllungen von Bilanzdelikten, Korruption, Bespitzelung oder Misswirtschaft der jüngeren Zeit machen es deutlich: Die bestehenden Kontroll- und Überwachungsmechanismen in deutschen börsennotierten Unternehmen sind nach wie vor unzureichend. Um diesem Defizit entgegenzuwirken, untersucht die Autorin mit dem *Whistleblowing* ein Instrument, welches, durch die Einbeziehung der Unternehmensangehörigen als interne Hinweisgeber, dazu geeignet ist, den genannten Missständen schon frühzeitig zu begegnen und dabei gleichzeitig öffentlichkeitswirksame und für die Unternehmen rufschädigende Skandale vermeiden hilft. Im Rahmen einer konzeptionellen Analyse wurde hierfür ein an den zuvor identifizierten Nutzenaspekten ausgerichtetes Idealmodell zur angemessenen Implementierung und Ausgestaltung von Hinweisgeber-Systemen entwickelt, welches dazu dienen soll, (noch) mehr Unternehmen vom Sinn und der Notwendigkeit solcher Systeme zu überzeugen und die Optimierung von *Whistleblowing*-Strukturen zu unterstützen.

Aus dem Inhalt: Whistleblowing – eine Einführung · State of the Art des *Whistleblowing* (begriffliche, inhaltliche und rechtliche Dimension) · Nutzenaspekte von *Whistleblowing*-Systemen (Prinzipal-Agenten-Problematik) · Handlungsempfehlungen zur Umsetzung von *Whistleblowing*-Systemen (Implementierung und Ausgestaltung)

Printed by
CPI books GmbH, Leck

FSC
www.fsc.org
MIX
Papier | Fördert
gute Waldnutzung
FSC® C083411

Kolibri 360 GmbH
Ferdinand-Jühlke-Straße 7
99095 Erfurt, Deutschland
produktsicherheit@kolibri360.de